飛鳥への招待

飛鳥学冠位叙任試験問題作成委員会 著

今尾文昭 編

中央公論新社

飛鳥への招待——目次

飛鳥への招待

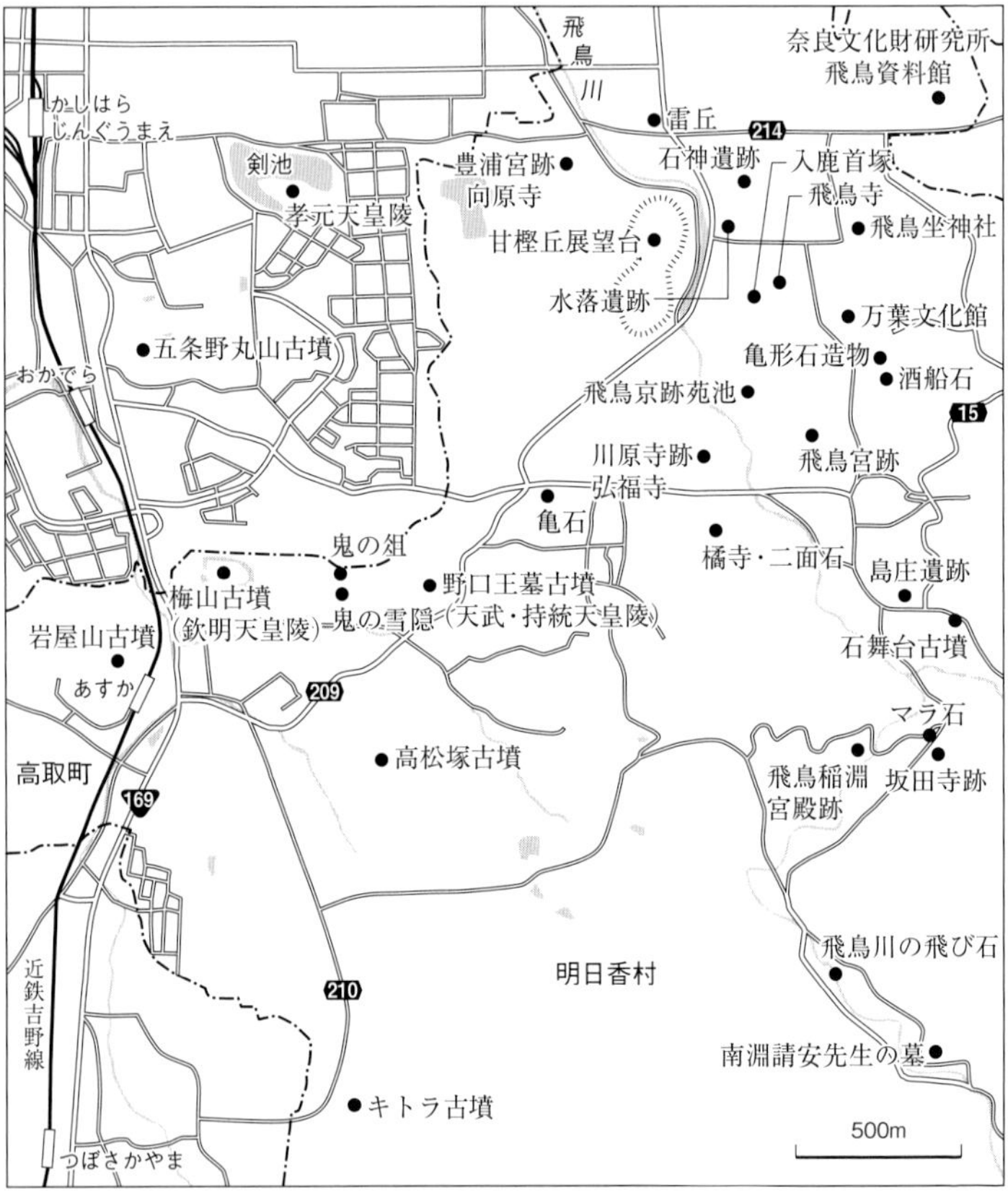

飛
鳥
川
奈良文化財研究所
飛鳥資料館
かしはら
じんぐうまえ
雷丘
214
剣池
豊浦宮跡
向原寺
石神遺跡
入鹿首塚
飛鳥寺
孝元天皇陵
甘樫丘展望台
飛鳥坐神社
水落遺跡
万葉文化館
五条野丸山古墳
亀形石造物
おかでら
酒船石
飛鳥京跡苑池
15
川原寺跡
飛鳥宮跡
弘福寺
亀石
鬼の俎
橘寺・二面石
島庄遺跡
梅山古墳
野口王墓古墳
(欽明天皇陵)
鬼の雪隠
(天武・持統天皇陵)
岩屋山古墳
石舞台古墳
あすか
209
マラ石
高取町
高松塚古墳
飛鳥稲淵
宮殿跡
坂田寺跡
169
飛鳥川の飛び石
明日香村
近
鉄
吉
野
線
210
南淵請安先生の墓
キトラ古墳
500m
つぼさかやま

飛鳥主要図

はじめに

ほぼ四半世紀前のこと、「飛鳥学」を著わした一書のむすびに古代史の和田萃《あつむ》氏は、「飛鳥保存の大前提として、飛鳥に住む人々の生活基盤の充実がある。その上で、景観の保全や遺跡の保護がなされなければならない。しかし飛鳥を観光地化するとの発想は逆コースではないだろうか。むしろそうではなくて、発掘調査が積極的に進められ、発見された遺跡や遺物を分かりやすく展示・公開するとともに、飛鳥の自然を出来るだけ残していく方向にこそ、飛鳥保存の根底があり、飛鳥の魅力を増す方策かと思われる。回り道ではあるが、こうした方法によって、真に飛鳥を愛する人達が、繰り返し飛鳥を訪れるようになるのではないだろうか。」と記しています（「飛鳥学の系譜」河上邦彦・菅谷文則・和田萃『飛鳥学総論』人文書院、一九九六年）。

公益財団法人古都飛鳥保存財団が主催する「飛鳥学冠位叙任試験」は、「飛鳥学」の定着をめざす催しとして、二〇一一年九月にはじまりました。子供から大人まで飛鳥に対する学びを問います。冠位叙任試験（飛鳥版科挙）とはいえ、室内での実施とは限りません。飛鳥現地を秋の一日に周遊して解答を得るスタイルもあります。和田氏が構想した「飛鳥の魅力」を繰り返し確認する一日となります。問題作成は事務局となる財団が呼びかけた研究者とボランティアの「飛鳥里山クラブ」が集まりつくられた「飛鳥学冠位叙任試験問題作成委員会」が行なっています。

十年を経るあいだの二〇一七年四月に「飛鳥学」への招待を企図した新聞連載がはじまりました。委員会メンバーが、平易な文章で飛鳥時代のおよそ百年間の通史をリレー式で解説しています。最新の発掘調査や研究成果を積極的に盛り込むことも心掛けられました。読売新聞奈良地域版の水曜日朝刊（隔週）に掲載され、二〇二〇年四月まで合計六七回に及びます。連載が蓄積するうちに、やがてまとまり書籍となれば、より多くの人の目に留まり、それは「飛鳥の魅力」を深めることにつながるという確信を得ることになりました。これが本書刊行の契機です。

本書の内容は、三部構成です。

第一部は、新聞連載の「「飛鳥学」冠位叙任試験より」に各執筆者が加筆しました。古代史・考古学・万葉学・民俗学などの分野にまたがります。「高松塚古墳　世紀の発見」にはじまり、「古代史覆す　文字の力」（本書では改題）でおわる六四本からなります。時代を降る全体構成ですが、執筆者の専門領域によっては縦横に時代と地域を語る内容です。遺跡名や古墳名、また天皇号の成立時期についても、それぞれの見識に沿った表記としています。

第二部は、座談会形式で「飛鳥との出会い」、「飛鳥の時代区分」、「最近の調査」、「飛鳥の未来」について五名で意見交換しました。奈良文化財研究所飛鳥資料館、奈良県立橿原考古学研究所、奈良県立万葉文化館、明日香村教育委員会で実際に飛鳥の発掘調査や展示を担当する機関に所属する出席者によるものだけに、新鮮な話題が提供されて熱を帯びた談議になりました。

第三部は、飛鳥を学び知り、現地を体感する三本の紀行です。一は、近鉄橿原神宮前駅を起点として、おもに寺院や宮殿をめぐります。豊浦から飛鳥、岡、川原、橘、島庄、稲渕方面の遺跡を紹介しています。二は、近鉄飛鳥駅を起点として、おもに古墳を探訪します。越から真弓、檜前、阿部山、野口、平田方面を紹介します。三は、飛鳥ゆかりの万葉歌の故地を歩きました。読者の皆さんが本書を携えて飛鳥を訪ねるに便利なように、所要時間と距離のめやす、地図と写真を載せました。

さて、本書刊行の契機にあがる古都飛鳥保存財団は、行政と民間の橋渡しとして飛鳥の歴史遺産を広く社会に普及啓蒙する活動を営んで来ましたが、本年は一九七一年四月の発足から五十周年を迎えます。財団が刊行した『季刊 明日香風』（一九八一年〜二〇一五年）は、「飛鳥学」の内容充実に寄与した雑誌として知られています。また、来年は一九七二年三月の高松塚古墳の壁画発見から五十年となります。さらに奈良県・橿原市・桜井市・明日香村では「飛鳥・藤原の宮都とその関連資産群」のユネスコによる世界文化遺産の登録に向けた準備が進められています。本書の刊行は時宜に適うものとなりました。

飛鳥は新たな時代に入ります。そのうえで今後とも「飛鳥の魅力」があせることなく、発信されることを願ってやみません。人々が飛鳥に期待するものも多様化しています。しかし、基調となるのは歴史的景観のなかに残る遺跡や古墳への知的探究心です。それに伴走する学識の提示が肝要なことは言うまでもありません。本書の刊行がその一助となれば望外の慶びです。

最後となりましたが、図版掲載への承諾をいただいた奈良文化財研究所・奈良県立橿原考古学研究所・明日香村教育委員会をはじめとする関係機関ならびに関係者に深く感謝いたします。また飛鳥学冠位叙任試験の発足時の助言者として読売新聞大阪本社橿原支局長関口和哉氏、新聞連載の編集は元支局長西田大智氏、前支局長原田和幸氏が担当しました。本書出版に際しましては、中央公論新社文庫編集部藤平歩氏に飛鳥まで出向いていただき、幾度となくやりとりを重ねて一冊にまとまりました。ここに明記します。

二〇二一年一月一三日

飛鳥学冠位叙任試験問題作成委員会
代表委員　今尾文昭

第一部　「飛鳥学」編

飛鳥学冠位叙任試験問題作成委員会

飛鳥学冠位叙任試験（飛鳥版科挙）とは

　飛鳥学冠位叙任試験は、毎年秋に飛鳥で開催されます。飛鳥にまつわる歴史・文化など、幅広い知識を問います。成績に応じて冠位十二階を参考に、飛鳥時代さながらの冠位と官職が授与されます。問題の難易度ごとに入門編・中級編・上級編、小・中学生を対象にした小舎人編があり、成績優秀者は叙任式に招かれます。問題作成委員会は事務局を（公財）古都飛鳥保存財団におき、現在、代表委員と委員の合計11名で構成されています。

1　高松塚古墳　世紀の発見

高松塚古墳は、明日香村平田にある直径二三メートルの小さな円墳です。江戸時代には文武天皇陵説もありましたが、長く忘れられた存在でした。一九七〇年九月、橿原考古学研究所（橿原市）の所員が付近で古墳分布調査を行います。その時に、竹藪のなかで小古墳を見つけるのです。しかも、地元の人がショウガを貯蔵しようと穴を掘ったところ、凝灰岩《ぎょうかいがん》を加工した石材が現れたという話を聞き及びます。これが高松塚古墳でした。終末期（七世紀以降）古墳を特徴づける「切石」が使われているということで、考古学者の注意にのぼるようになりました。

折しも、周辺の道路計画事業が持ち上がり、村が予算を計上して橿原考古学研究所に調査を依頼します。当時の所長、末永雅雄氏の指揮の下に網干善教氏、伊達宗泰氏が担当し、関西大学と龍谷大学の考古学専攻生が主力となって発掘調査が行われました。

やがて日本考古学界の常識を覆す発見につながります。奥行二・六メートル、幅一メートル、高さ一・一メートルの埋葬施設（横口式石槨《よこぐちしきせっかく》）の壁面に、四神《しじん》や男子、女子の群像をはじめとする飛鳥時代の壁画が描かれていることがわかったのです。一九七二年三月のことです。

画題や表現、描法には七世紀代を中心とした中国の隋唐代の墓や朝鮮の高句麗古墳の壁画に通じる点が数多くありました。日本列島では、被葬者が眠る古墳の部屋に絵を描くことは、六世紀頃に九州を中心に流行します。彩色された武器や馬、円文などを描いた王塚古墳（福岡県桂川《けいせん》町）、墓室入口の外壁に弓をもつ人物などをレリーフした鍋《なべ》田《た》横穴《よこあな》群（熊本県山鹿《やまが》市）などが有名です。これらには日本独自の装飾文様が描かれています。一方、高松塚古墳の調査は本格的な古墳壁画の存在を初めて世に知らしめたのです。

高松塚古墳壁画の西壁女子群像（1972年撮影、明日香村教育委員会提供）

壁画の意味を解くため考古学、古代史、美術史、風俗史、東洋史、天文学など多分野にわたる学者が総がかりで知恵をしぼりました。手元に高松塚古墳を紹介した一般書が四冊あります。いずれも発見からわずか半年以内に刊行された三〇〇ページを超す本です。

その一冊をみると、新聞や雑誌の寄稿を再録したもので、執筆者は学者だけでなく評論家、作家、新聞記者など総勢五十五人、合計六十本にものぼります。本の刊行は新たな課題に取り組む、学問上の探究心の結晶です。

当時、考古学に関心を抱きはじめていた高校生の私は、壁画の色彩を伝える珍しいカラー刷りの新聞が、家に届くのを今か今かと心待ちにしたことを覚えています。熱かったのは大人だけではなかったのです。

（今尾文昭）

飛鳥の美 みやびな目ざめ

カメラ・ニュース

森永マミー ジュシュ プレゼント 実施中

冬が終った今だから 世界の逸品 じゅうたん がこのお値段!!

銀座 松坂屋

出庫物市

ルームクーラー大処分!

新宿 三越

冷蔵庫大バーゲン

ミニハウスと物置

子供服バーゲン

春のレディスパンタロンとジーンズバーゲン

春の 高級呉服 大奉仕会

大島紬と手織紬

小紋と帯

高松塚古墳壁画の発見を伝える新聞（1972年3月27日付・読売新聞夕刊）

2

唐か高句麗か、壁画のルーツをたどる

高松塚古墳の壁画は、東壁と西壁の手前に男子群像、奥に女子群像、東壁中央に青龍《せいりゅう》、西壁中央に白虎《びゃっこ》、北壁中央に玄武《げんぶ》の四神《しじん》図（南壁の朱雀《すざく》を欠く）、東壁上部に日像、西壁上部に月像、天井に天球を二十八に区分して表した星宿《せいしゅく》図があります。副葬品では中国製の海獣葡萄鏡《かいじゅうぶどうきょう》なども見つかりました。

壁画のルーツはどこか、朝鮮の高句麗か、中国の唐かと議論が白熱しました。

発見当初、注目を集めたのは女子群像でした。女性たちの団扇《うちわ》や如意《にょい》（先端がワラビのように曲がった道具）などによく似た持ち物が、唐の永泰公主《えいたいこうしゅ》墓（則天武后の孫娘、七〇六年築造、陝西省）にも描かれているという意見が出ました。

人物群像は青龍・白虎を挟んで手前に男性四人ずつ、奥に女性四人ずつの合計十六人を描き分けています。画題の意味として、儀式に臨む人々であり、男女の位置は宮廷内における役割の違いを反映したという考えがあります。

高松塚古墳壁画の白虎（西壁、明日香村教育委員会提供）

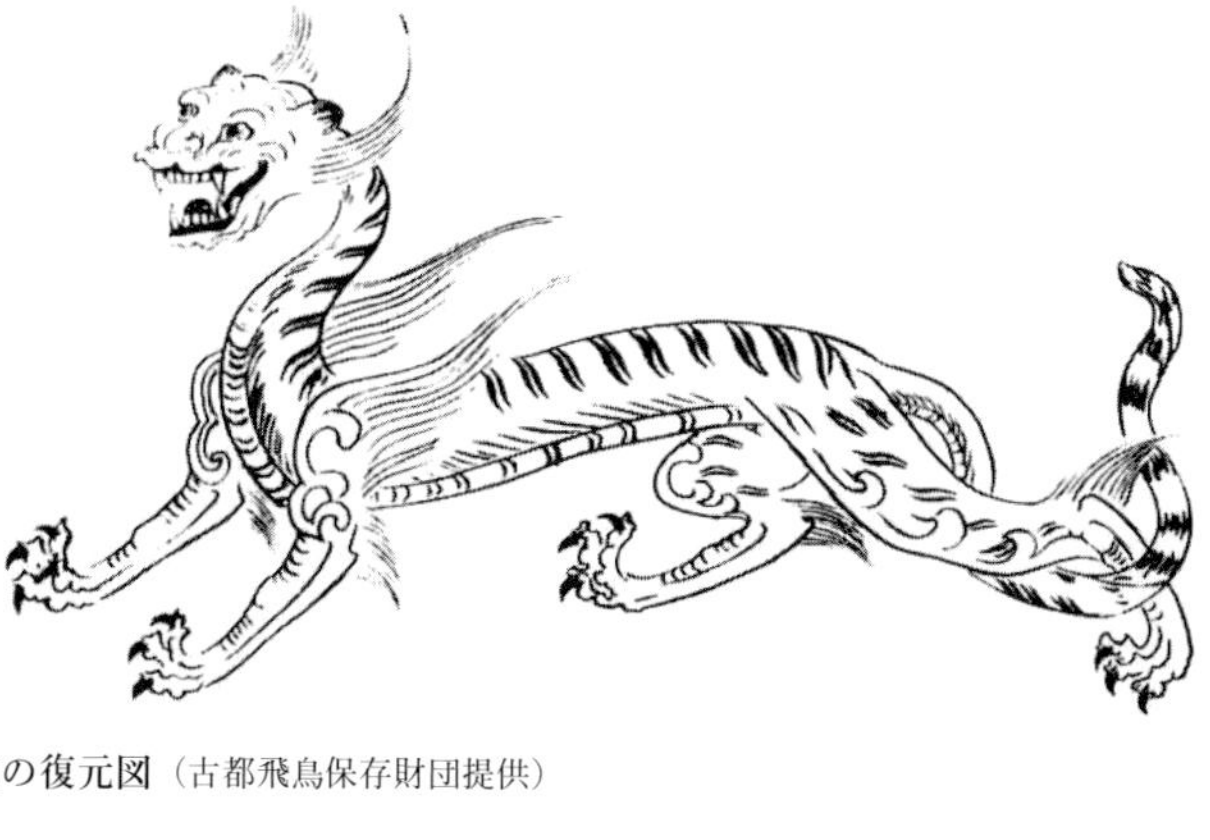

白虎の復元図（古都飛鳥保存財団提供）

四神図は当初、高句麗古墳の影響が多く指摘されました。しかし、青龍と白虎の「姿」に注目すると、前脚を突き出し、垂れた尾が後脚にからまり、先端で跳ねる特徴は、唐の壁画墓にもみられます。蘇定方《そていほう》墓（唐の将軍、六六七年没、陝西省）の墓道西壁の白虎が、その典型例です。

次に「配置」に着目します。墓道入口の東西壁が定位置となる唐の墓に対し、四神を被葬者の棺《ひつぎ》を納めた部屋の四壁いっぱいに描くのは、高句麗古墳の特徴です。北朝鮮の平壌近郊にある六世紀末から七世紀初めの江西大墓《こうせいたいぼ》や江西中墓《ちゅうぼ》が、その代表例です。

私は、唐か高句麗かの二者択一ではなく、双方が融合したものと理解しています。四神の姿や描法といった技術面のモデルは唐ですが、四神が埋葬空間の主題となるのは高句麗です。この発案は飛鳥、藤原の宮廷で活躍した高句麗系渡来人によるのではないでしょうか。

さて、壁画が発見された一九七二年は激動の年でした。一月のグァム島から残留日本兵の帰還にはじまり、五月の沖縄返還、九月の日中国交正常化、翌年早々のベトナム戦争のパリ和平協定調印へと続きます。日本が東アジアの一員であることを改めて気付かされる時代の風潮の中で、三月の高松塚古墳壁画の発見がありました。これ以降、日本古代史に対して単一の地域文化として解明できるものではなく、東アジア諸地域との交流史の中でとらえる必要性を考古学、古代史関係者ばかりではなく、多くの人々が強く感じるようになったのです。

（今尾文昭）

3　飛鳥　日本国誕生の記憶

明日香村北部にある甘樫丘《あまかしのおか》から東方を見ると、水田が広がる中に「飛鳥」はあります。ひときわ大きな屋根を持つのが飛鳥寺です。周辺の山々や水田景観、四季折々にみせる美しい集落の景色は、この地が「心のふるさと」と呼ばれる由縁です。しかし、それだけではありません。水田や集落の下には一四〇〇年前の遺跡が数多く眠っています。日本が、国家として確立した「日本国誕生」を示す記憶なのです。

では、なぜ「アスカ」と呼ばれたのでしょうか。渡来人が安住した地を「安宿《アンスク》」と名付けたという説や、「イスカ」という鳥からとった説、地形を示す「スカ」に由来する説などがあり、いまだ定説はありません。

飛鳥地域と呼ばれる範囲は、一般的には奈良盆地南部の明日香村を中心に橿原市、桜井市、高取町の一部を含みます。飛鳥学でもこの範囲を対象としています。しかし古代において、厳密に「飛鳥」と呼ばれていたのは、飛鳥寺と飛鳥宮跡の場所（現在の明日香村飛鳥・岡）だけでした。

五九二年、推古天皇は豊浦宮《とゆらのみや》（現在の明日香村豊浦）で即位しました。その前の欽明天皇や用明天皇は現在の桜井市南部に宮を置いていたので、豊浦宮は、飛鳥時代の幕開けを告げる宮殿と言えます。以降、舒明天皇や斉明天皇は飛鳥地域に宮を置き、奈良・平城京に遷都する七一〇年（和銅三年）までを飛鳥時代と呼んでいます。

　なぜ飛鳥が都に選ばれたのでしょうか。当時、渡来人の力を得て急速に勢力を増した豪族、蘇我氏の影響が考えられます。蘇我馬子《そがのうまこ》はこの辺りの開発に力を入れ、五八七年に国内最古の本格的伽藍《がらん》を持つ飛鳥寺を発願《ほつがん》します。さらに、甘樫丘や多武峰《とうのみね》に囲まれた小さな盆地は、守りやすい地形だったことも一因でしょう。

　馬子を叔父とする推古天皇は、崇峻

甘樫丘から見た飛鳥

飛鳥宮跡

天皇が暗殺された後、わずか一か月で豊浦宮に遷宮していることから、蘇我氏の邸宅を改修して宮としたのではないでしょうか。その後、豊浦宮は豊浦寺になったという記録もあります。明日香村豊浦の向原寺《こうげんじ》境内の発掘調査では、豊浦寺の講堂跡が見つかり、さらにその下層からは石敷きを伴う建物跡も確認されました。これが豊浦宮の遺跡と考えられています。今、向原寺ではこの石敷きを見ることができます。推古天皇が歩いたかもしれない場所で、往時に思いを馳《は》せてみてはいかがでしょうか。

（相原嘉之）

4 小墾田宮 所在地はどこか？

豊浦宮《とゆらのみや》（現在の明日香村豊浦）で即位した推古天皇は六〇三年十月、小墾田宮《おはりだのみや》へと遷《うつ》りました。『日本書紀』によると、小墾田宮は、正殿や朝堂などの建物を整然と配置した宮殿だったことがわかります。その後、小墾田宮は皇極天皇、斉明天皇の時代の史料にも表れ、さらに『続日本紀』には奈良時代の淳仁天皇、称徳天皇の時代に「小治田宮《おはりだのみや》」の表記で離宮として記されています。

遷宮の背景には、六〇〇年の第一回遣隋使《けんずいし》があったと考えられます。帰国した遣隋使から「国家」としての仕組みの未熟さを知らされました。『日本書紀』にはその後、冠位十二階の制定、十七条憲法の制定と発布、史書編纂《へんさん》の開始、官道の設置など、「国家」のソフト、ハード両面の整備が急速に進んだと記されています。小墾田宮の造営も、模範とする東アジアを意識した諸政策の一つで、外国の賓客《ひんきゃく》を迎えるのにふさわしい宮殿を整えたのでしょう。

小墾田宮の所在地については論争があり、豊浦宮跡から北約一五〇メートルにある古宮《ふるみや》遺跡とされてきました。一九七〇年の発掘調査で推古天皇の頃の庭園跡が確認されましたが、宮殿の中

古宮遺跡（明日香村教育委員会提供）

心部にあたる正殿などの建物は確認できず、断定には至りませんでした。

飛鳥川を隔てた対岸の雷丘《いかづちのおか》（明日香村雷）東裾にある「雷丘東方遺跡」で、八七年に奈良時代の井戸が見つかりました。そこから「小治田宮」と墨書された十数点の土器が出土し、奈良時代の離宮・小治田宮の所在地が確定しました。その後も奈良時代の倉庫や建物跡が広範囲にあることが判明し、さらに飛鳥時代の溝や池などの一部も確認されていることから、推古天皇の小墾田宮の有力な候補地にもなっています。

しかし、候補地は他にもあります。飛鳥寺に北接し、石神《いしがみ》遺跡（明日香村飛鳥）の東側です。六〇八年に来日した隋の使者・裴世清《はいせいせい》が朝廷への道中に通った山田道は、飛鳥寺北辺と推定され、この道の北側は「小墾田」という地名でした。石神遺跡の東隣接地で瓦葺き建物跡の一部

雷丘東方遺跡の井戸から出土した「小治田宮」と墨書された土器
（明日香村教育委員会提供）

も見つかっていることから、ここに飛鳥時代初期の重要施設があったことは間違いありません。まだ中心部の発掘調査はされていませんが、私はここが小墾田宮ではないかと考えています。

小墾田宮の解明は、飛鳥時代の中でも特に謎が多い初期の政治のあり方を考える重要なテーマなのです。

（相原嘉之）

5 仏教伝来　蘇我氏が受容

仏教と神祇《じんぎ》信仰は、古代以来の代表的な宗教です。仏教は、インド周辺から起こり、中国を経て、朝鮮半島から倭（日本）へ伝来し、後世に大きな影響を与えました。

渡来人による私的な信仰は別として、国家間の交渉による公的な仏教伝来（公伝）は六世紀のことです。朝鮮半島の百済の聖明王《せいめい》が、欽明天皇に仏像と経典などを伝えました。公伝の年代は『日本書紀』によると五五二年ですが、『上宮聖徳法王帝説《じょうぐうしょうとくほうおうていせつ》』『元興寺《がんごうじ》伽藍《がらん》縁起《えんぎ》并《ならびに》流記《るき》資財《しざい》帳《ちょう》』では五三八年とされています。二つの年代については、五三八年が有力とも言われています。しかし、公伝の年代を巡っては様々な見解が出されており、容易に決められないようです。いずれにせよ、百済からの公伝は欽明天皇の頃と考えられます。

六世紀は盛んに大陸文化を取り入れていた時代です。『日本書紀』の継体天皇や欽明天皇の時の記事によれば、要請に応じて百済から派遣された五経博士《ごきょうはかせ》（儒教学者）と各種の専門家（博士）によって儒教や医、易、暦などの知識が伝えられました。仏教の伝来もこうした国際化の一つです。一方で百済には聖明王（『三国史記』では聖王）の要請に応じて中国の梁《りょう》から経典と博士、技術者などが派遣されているので、百済が日本に知識や技術を与えた外交手法は、中国をまねた感じがします。当時、朝鮮半島は高句麗、新羅、百済が争う不安定な時代で、百済には倭から軍事援助を得る見返りという思惑もありました。

　仏教はわが国へ公伝したものの、すぐに国家的に受け入れられたわけではありません。欽明天皇は仏教受容の是非を臣下に諮りました。有力豪族の蘇我氏は受容を勧めますが、日本古来の神を重視する物部氏との対立が起こりました。天皇は蘇我稲目《そがのいなめ》に聖明王からおくられた仏像を授け、稲目は向原《むくはら》の家を清めて寺としました。その後、天皇は疫病の流行を仏像のせいにした物部尾輿《もののべのおこし》らの意見を聞き入れ、仏像を難波の堀江に流し棄て、

現在の飛鳥寺（奈良文化財研究所提供）

寺を焼いてしまいました。

敏達天皇の時代にも百済や新羅から経典、仏像、僧、技術者などがおくられました。五八四年、渡来人の司馬達等《しばたつと》の娘が日本で初めて出家し、「善信尼《ぜんしんに》」と名乗りました。最初の出家者が渡来系の女性であることは、興味深い点です。仏教に帰依した蘇我馬子《うまこ》は、石川宅（橿原市石川町付近か）に仏殿をおきました。『日本書紀』はこれを「仏法の初め」と記します。本格的な伽藍《がらん》が建てられる前の、個人の邸宅における仏教です。

飛鳥寺の金銅釈迦如来坐像（飛鳥大仏）

さらに馬子は、大野丘の北に塔を建てました。かつては和田廃寺（橿原市和田町）の土壇が候補地でしたが、発掘調査したところ七世紀後半の遺構だったため、近年は植山古墳（同市五条野町）周辺が大野丘と考えられています。

この後、崇仏派の馬子と排仏派の物部守屋《もりや》は対立を深めていくことになります。

（石橋茂登）

6 飛鳥寺塔心礎埋納品が語る

崇仏派の蘇我馬子は用明天皇二年（五八七年）、排仏派の物部守屋《もののべのもりや》を攻め滅ぼしました。この戦いで馬子やその軍勢にいた厩戸皇子《うまやと》（聖徳太子）は四天王などに、勝利したら寺を建てることを誓います。こうして厩戸皇子が発願《ほつがん》したのが難波の四天王寺（大阪市天王寺区）、馬子が発願したのが飛鳥の法興寺すなわち飛鳥寺（明日香村）です。

飛鳥寺は日本初の本格的な伽藍《がらん》をもつ寺院です。崇峻天皇元年（五八八年）、百済から仏舎利《ぶっしゃり》（釈迦の遺骨や代用の宝石）とともに僧と技術者である寺工、鑪盤《ろばん》（鋳造）博士、瓦博士、画工が来日し、造営が始まりました。推古天皇元年（五九三年）一月十五日、塔の中心となる心柱の礎石（心礎《しんそ》）の中に仏舎利が置かれ、翌日、心柱が建てられました。平安末期の歴史書『扶桑略記《ふそうりゃっき》』によれば、馬子ら百人余りが百済服で参列したといいます。

推古天皇は、銅と刺繡《ししゅう》でそれぞれ丈六（一丈六尺＝約四・八メートルの身長）の仏像製作を仏師の鞍作鳥《くらつくりのとり》に命じます。刺繡の仏像は、大きなタペストリーと推測されますが、現存していません。今、飛鳥大仏として親しまれる仏像には、この丈六金銅仏の顔や指などが残されているといわれています。

一九五六～五七年、奈良国立文化財研究所（当時）は飛鳥寺跡の発掘調査を行いました。その結果、塔を三つの金堂が囲む特異な伽藍配置が判明し、百済や高句麗の寺院との関係も考えられています。また、塔中心部から多量の埋納品がみつかりました。飛鳥寺の塔は鎌倉時代の一一九六年に落雷で焼失しましたが、その時、舎利と埋納品の一部を掘り出し、石櫃《いしびつ》に納めて再び埋めていたのです。地下三メートルに据えられた巨大な心礎の周辺には創建当時の位置のまま馬具や鎧《よろい》、耳環《じかん》（耳飾り）、金銅製の飾金具《かざりかなぐ》などが残されていました。これらは心柱を建てた後、周囲に置かれた品と考えられます。馬具や武具を塔心礎に納めるのは独特で、他の古代寺院では知られていません。まるで古墳の副葬品のようです。

飛鳥寺塔心礎の発掘調査（1957年、奈良文化財研究所提供）

一方、石櫃内の玉類や土中から発見された金銀などの多くは、心柱を建てる前、心礎中央にうがたれた舎利孔に、舎利とともに納めたものでしょう。最近の調査で玉類の中に一四点の小さな真珠が確認されました。真珠は、金銀とともに仏教の七宝《しちほう》に含まれることもあり、埋納品の仏教的な性格をよく示しています。

耳環や勾玉《まがたま》、刀子《とうす》（小刀）などは、百済の舎利埋納品の例が知られています。近年、韓国で古代寺院の発掘調査が進み、日本の古代の舎利埋納品は朝鮮半島の強い影響を受けていることが明らかとなってきました。飛鳥寺の瓦の文様も百済と似ており、やはり百済の影響を濃厚に感じます。

塔心礎埋納品の主な遺物は飛鳥資料館（明日香村）で展示しています。

（石橋茂登）

飛鳥寺の中門と南門の発掘調査（奈良文化財研究所提供）

7 明らかになってきた聖徳太子の実像

かつて聖徳太子は、推古天皇を助ける摂政となり、冠位十二階や十七条憲法を定め、中国に遣隋使を送った偉大な人物として知られ、長く一万円札の〈顔〉としても親しまれました。ところが、最近の高校の教科書では、推古朝の政治改革は、蘇我馬子、推古天皇が太子と協力して進めたと記されます。その呼び名も、聖徳太子より、「厩戸王《うまやとおう》」の方が優先されるようになりました。

こうした人物像の変遷は、二十年ほど前に提唱された新説の影響です。その新説は、『日本書紀』や法隆寺関係の史料に記された太子の業績に対して全面的な疑問を呈し、「聖徳太子は、奈良時代の権力者・藤原不比等《ふじわらのふひと》らが創作した架空の人物」であり、「実在したモデルは、斑鳩宮《いかるがのみや》と法隆寺を建てた王族、厩戸王」であると指摘しました。

太子作とされてきた仏教経典の注釈を記した「三経義疏《さんぎょうぎしょ》」に対する疑惑も、太子の業績を否定する動機の一つとなりました。「法華義疏《ほっけぎしょ》」「勝鬘経義疏《しょうまんぎょうぎしょ》」「維摩経義疏《ゆいまぎょうぎしょ》」の三つで、「法華義疏」は太子自筆とされる巻物が法隆寺に伝来しました（現在は皇室所蔵の御物《ぎょぶつ》）。だが、このうち「勝鬘経義疏」は、中国・敦煌《とんこう》出土の「勝鬘経」の注釈書と七割が同文であったため、中国の学者の著作を遣隋使が持ち帰ったものと推定され、太子の業績とすることに、疑いがかけられたのです。

しかし、『日本書紀』の編纂《へんさん》開始は六八一年で、太子の死（六二二年）からわずか五十九年後のことです。この前後には太子本人を知る人物も存命中だったでしょう。また、「帝紀《ていき》」「旧辞《きゅうじ》」など、編纂の素材となった古伝の存在も無視できません。『日本書紀』の完成年（七二〇年）だけを強調し、藤原不比等らの伝記捏造《ねつぞう》を想定するのは妥当でしょうか。

聖徳太子の冥福を祈って制作されたとされる法隆寺金堂の釈迦三尊像。光背銘に「上宮法皇」と刻んでいる（読売新聞社提供）

太子のことを、法隆寺金堂釈迦三尊像の光背銘は「上宮法皇《じょうぐうほうおう》」、『上宮聖徳法王帝説《じょうぐうしょうとくほうおうていせつ》』は「聖徳王」「聖王」と呼んでいます。この二つは最古の太子伝として著名なもので、特に光背銘は、六二三年に止利《とり》仏師（鞍作鳥）がこの仏像を造った際に刻まれたとみられるものです。太子は死去直後から「法皇」「聖徳王」と呼ばれていた可能性が高いのです。

一方、「三経義疏」の研究も進み、これらは中国南朝・梁《りょう》（五〇二〜五五七年）の学僧が著した注釈書を手本に、一部自説を交えながら、和風の漢文で書いたものと確認されました。中国仏教の半世紀前の教科書を基に、必死に学習に励む日本人の姿が浮上します。その人物こそ聖徳太子とみてよいでしょう。太子は、最新の中国仏教を理解した超人ではありませんが、当時としては並外れた才能をもつ努力の人だったようです。

（西本昌弘）

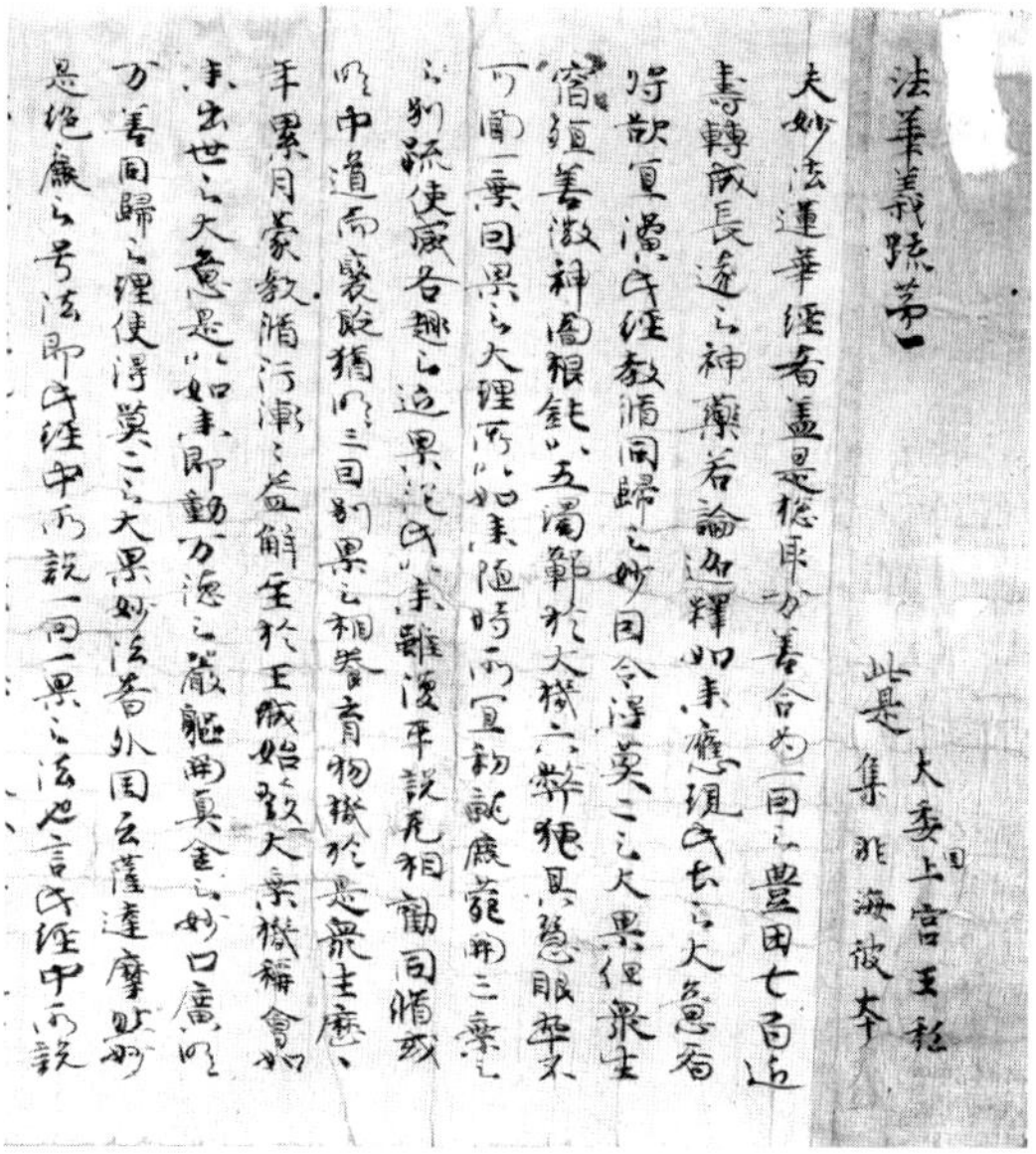

「法華義疏」の冒頭部（宮内庁蔵）

8 百済・新羅の改革主導者と聖徳太子の呼び名

聖徳太子の業績を日本列島内だけではなく、隣国である朝鮮半島の百済や新羅の歴史も踏まえて考えてみるとどうなるでしょうか。

百済には四世紀後半に漢字と仏教が伝わりますが、それらの受容が本格化するのは、武寧王《ぶねい》（在位五〇一～五二三年）と聖王（同五二三～五五四年）の時代です。この時代には地方組織や官僚制が整備され、聖王が遷都した泗沘《しひ》（現在の韓国忠清南道・扶余《プヨ》）には、定林寺《じょうりんじ》などの大寺院が建立されました。

聖王は五四一年に中国南朝の梁《りょう》に使者を送り、仏教を崇拝した梁の武帝（同五〇二～五四九年）より、「涅槃経《ねはん》」などの注釈書、毛詩博士《もうし》（「詩経」の学者）、工匠、画師《えし》を与えられました。百済が梁から得た仏教や儒教に関わる文物は、やがて新羅や日本にも送られます。生前は明王と呼ばれたこの王は、死後に聖王の名を贈られました。日本では仏教を伝えた聖明王《せいめい》としてよく知られています。

新羅には六世紀初頭に仏教が伝わり、貴族の反対を受けますが、法興王《ほうこう》（同五一四〜五四〇年）の五二七年に仏教が公認されました。法興王の時代には、律令（法令）や冠位・服制《ふくせい》が定められ、年号が創始されます。法興王というのは死後の贈り名ですが、新羅の国土を四方に拡大し、国史の編纂《へんさん》を行った次の真興王《しんこう》（同五四〇〜五七六年）は、生前に「真興大王」と名乗りました。

このように、仏教や儒教の本格的な受容期に、百済王や新羅王が主導して、寺院を造営し、法令や冠位・服制を定め、さらに中国に遣使して、文物を導入しようとしたことは注目されます。百済や新羅では、改革を主導した国王に「聖王」「法興王」などという名が贈られました。日本でも厩戸皇子《うまやと》（聖徳太子）が、

聖徳太子及び二王子像（宮内庁蔵）

死去直後に「聖王」「聖徳王」などと呼ばれたのは、同様の理由によるものでしょう。

推古朝の日本が、六〇三年に冠位十二階、六〇四年に十七条憲法を定め、六〇〇年や六〇七年などに遣隋使を派遣したのは、百済や新羅の歩んだ道を、約半世紀遅れで追っているようにみえます。百済、新羅では国王が改革を主導しましたが、日本では女帝の推古天皇や大臣《おおおみ》の蘇我馬子を助けて、聖徳太子がこれを主導したということなのでしょう。

東アジアにおける仏教や儒教の定着過程からみて、倭国（日本）の王子が百済の聖王や新羅の法興王と同じような役割を果たすことは、十分にあり得ることです。聖徳太子という呼び名は、むしろ自然なもので、その業績も正当に評価されてよいと思います。

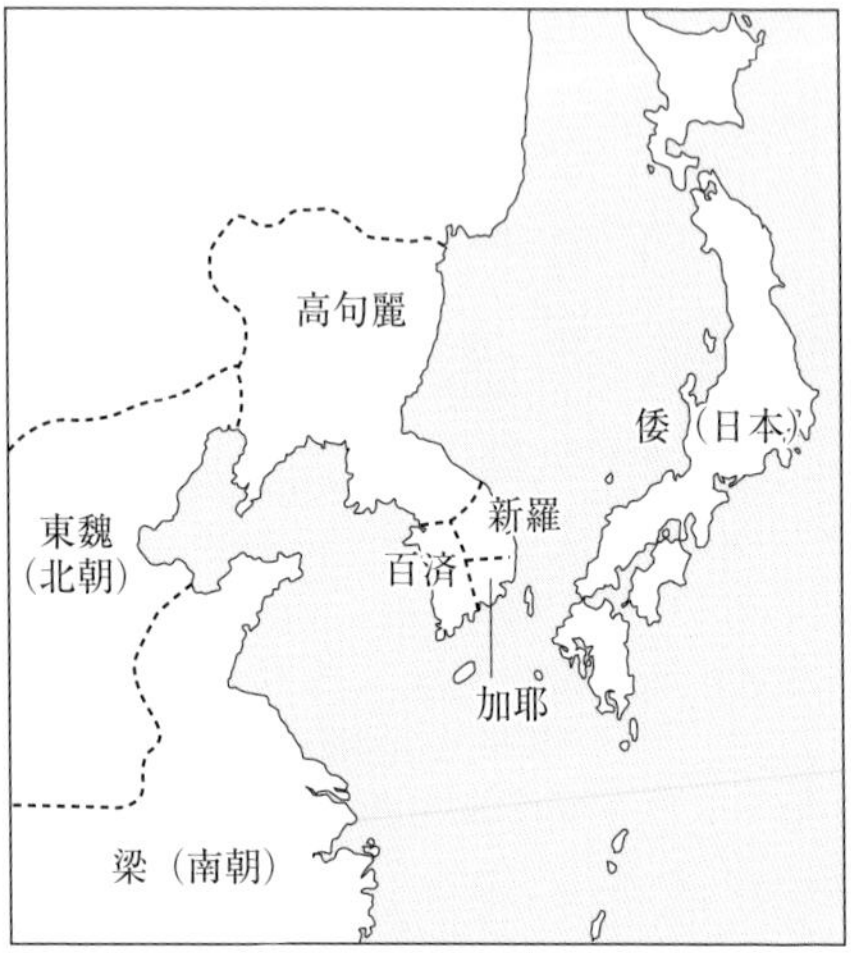

6世紀の東アジア

（西本昌弘）

9 蘇我氏一族の力を示す石舞台古墳

墳丘上部を覆った盛り土を失い、巨大な横穴式石室《よこあなしきせきしつ》の石組みが地表に露出する「石舞台古墳」（明日香村島庄）は、飛鳥を代表する人気スポットといえるでしょう。何回訪れても、最大のもので推定重量77トンという巨石の迫力には、とにかく圧倒されます。そしてその度に、このような古墳に葬られた人物の権力とはいかなるものであったのかと、思いをはせざるをえません。

石舞台古墳の被葬者を飛鳥時代の豪族、蘇我馬子《そがのうまこ》とする説は、早くも一九一二年に歴史学者の喜田貞吉《きださだきち》によって提唱されています。馬子は敏達、用明、崇峻、推古四代の天皇の下で、実に五十四年間にわたって政権の最高執政官である大臣《おおおみ》の地位にあり、権勢を振るいました。『日本書紀』はその人物像を、「武略、弁才に優れ、三宝（仏・法・僧のこと。仏教を指す）をつつしみ敬った」と評しています。

馬子は六二六年に亡くなり、「桃原墓《ももはらのはか》」に葬られました。桃原の地名は、古くは『日本書紀』の雄略天皇の時代に、朝鮮半島から渡ってきた渡来系の人々を「上《かみつ》桃原・下《しもつ》桃原・真神原《まかみのはら》」に集団で住まわせたとする記述に見えます。真神原は、飛鳥寺がある現在の明日香村飛鳥地区一帯

石舞台古墳石室を南から見る（岡林撮影）

を指します。そこから飛鳥川に沿って上流側の一帯が下桃原、上桃原と呼ばれていたことがわかります。石舞台古墳が所在する島庄は、その立地から、まさにかつての桃原の地にあたると考証できます。

石舞台古墳は一辺約五〇メートルの大型方墳で、出土した土器類や横穴式石室の編年的位置などから、七世紀前半に築造されたと考えられています。同時期としては最大クラスの古墳であり、その点でも馬子の墓にふさわしいといえるでしょう。また、築造によって先に存在していた小古墳が少なくとも七基破壊されたことが発掘調査で確かめられています。古墳を壊して別の古墳を造営することは極めて異例で、当時の蘇我氏の権勢をうかがわせる所業とみることができます。

『日本書紀』には、馬子の死からまる二年が経過した六二八年三月、蘇我氏の一族がこぞって馬子の墓所に宿営し、古墳づくりに従事していた、という興味深い記述があります。桃原墓は二年を経てなお完成していなかったわけです。当時、石舞台古墳のような大古墳の築造には、多くの同族を抱える大集団であった蘇我氏の力を結集しても、なお数年単位の期間が必要だったのでしょう。

（岡林孝作）

東から見た石舞台古墳全景（岡林撮影）

10 渡来系集団と蘇我氏の台頭

蘇我氏は、大和朝廷の初期に活躍したとされる伝説的な人物である武内《たけのうちの》（建内）宿禰《すくね》の子、蘇我石河宿禰《そがのいしかわのすくね》が祖とされています。本宗家の系譜はその後、満智《まち》、韓子《からこ》、高麗《こま》と続き、氏族繁栄の礎を築いた稲目《いなめ》、石舞台古墳の被葬者とされる馬子《うまこ》、そして乙巳《いっし》の変（六四五年）で滅ぼされた蝦夷《えみし》、入鹿《いるか》の親子の順に伝えられたとされています。

蘇我の名は、現在の橿原市曽我《そが》町に地名として残っています。町内には式内大社の宗我坐宗《そがにいますそ》我都比古《がつひこ》神社が鎮座し、また東隣の同市小綱《しょうこ》町には入鹿を祀《まつ》る入鹿神社があります。こうしたことから、蘇我氏の本拠地は元々、畝傍山《うねびやま》の西方、曽我川に沿った一帯にあったと考えられています。

蘇我氏が急速に台頭したのは、稲目が大臣《おおおみ》の地位に就いた六世紀中頃のことです。稲目は五七〇年に亡くなるまで三十四年にわたってその地位にありました。その間、欽明天皇に堅塩媛《きたしひめ》、小《お》姉君《あねのきみ》の二人の娘を嫁がせ、多くの皇子女をもうけています。用明、崇峻、推古の各天皇は、稲目の外孫にあたります。多数の屯倉《みやけ》（朝廷の直轄領）を新たに設置するなど、朝廷の財政基盤強化にも手腕を振るいました。

また、朝鮮半島の百済との外交関係を強化し、外国の宗教であった仏教の受容に熱心であったことからも、開明的な人物像がうかがわれます。

このことは、蘇我氏が東漢《やまとのあや》氏をはじめとする渡来系集団を支配下におさめていたことと無関係ではないでしょう。東漢氏は、『日本書紀』

南方から見た飛鳥宮跡（奈良県立橿原考古学研究所提供）

によれば、応神天皇の時代に渡来した阿知使主《あちのおみ》を祖とし、渡来系集団を統率していたとされる有力豪族です。渡来系の新たな技術を背景とした経済力や軍事力は、蘇我氏の繁栄を支えるものでした。

蘇我氏と飛鳥との関係は、そうした渡来系集団が飛鳥とその周辺に多数居住していたことと密接にかかわります。『日本書紀』には、稲目が「軽《かる》の曲殿《まがりどの》」（橿原市大軽《おおがる》町付近）のほか、「小墾《おはり》田《だ》の家」「向原《むくはら》の家」（いずれも明日香村豊浦付近）などの邸宅を営んでいたと記しています。渡来系集団の力を利用して飛鳥の開発を進め、本拠地を飛鳥へと移していったと考えられます。

稲目から大臣の地位を継いだ馬子は五八七年、先代以来の政敵、物部氏を滅ぼし、ついに絶対的な権力を掌握します。馬子が飛鳥の真《ま》神原《かみのはら》に壮大な氏寺、飛鳥寺の造営を開始したのはその翌年のことです。その造営は、飛鳥の地が蘇我氏のものであることを内外に示す意味もあったのです。

（岡林孝作）

11 難波と飛鳥を結ぶ幹線ルート

『日本書紀』によると、六〇八年（推古十六年）、中国・隋の使者、裴世清《はいせいせい》が、遣隋使の小野妹子《おののいもこ》とともに来日しました。玄界灘を渡って瀬戸内海を船で進んだ一行は、飛鳥（現在の明日香村）への玄関口にあたる難波《なにわ》（大阪市）を出発。海石榴市《つばいち》（桜井市）で、飾り馬七十五頭の出迎えを受け、そこから推古天皇の宮殿である小墾田宮《おはりだのみや》に向かいました。

飛鳥からみると、やや遠回りになる海石榴市で壮麗な出迎えをしていることから、難波から海石榴市までは陸路ではなく、河川を利用していたと考えられています。

大阪市中央部を南北に延びる上町《うえまち》台地の東方から生駒山西麓までの間には当時、河内湖（潟）と呼ばれる湿地が広がっていました。旧大和川もその間に流れ込んでいました。上町台地の先端付近にあった難波津《なにわづ》（港）から水運で大和川を遡り、海石榴市で上陸し、そこからは陸路の山田道を通って、飛鳥へと入ったと考えられています。

この水運ルートを代替する陸路として整備されたのが、『日本書紀』の六一三年（推古二十一年）に記される「大道」だったと考えられます。

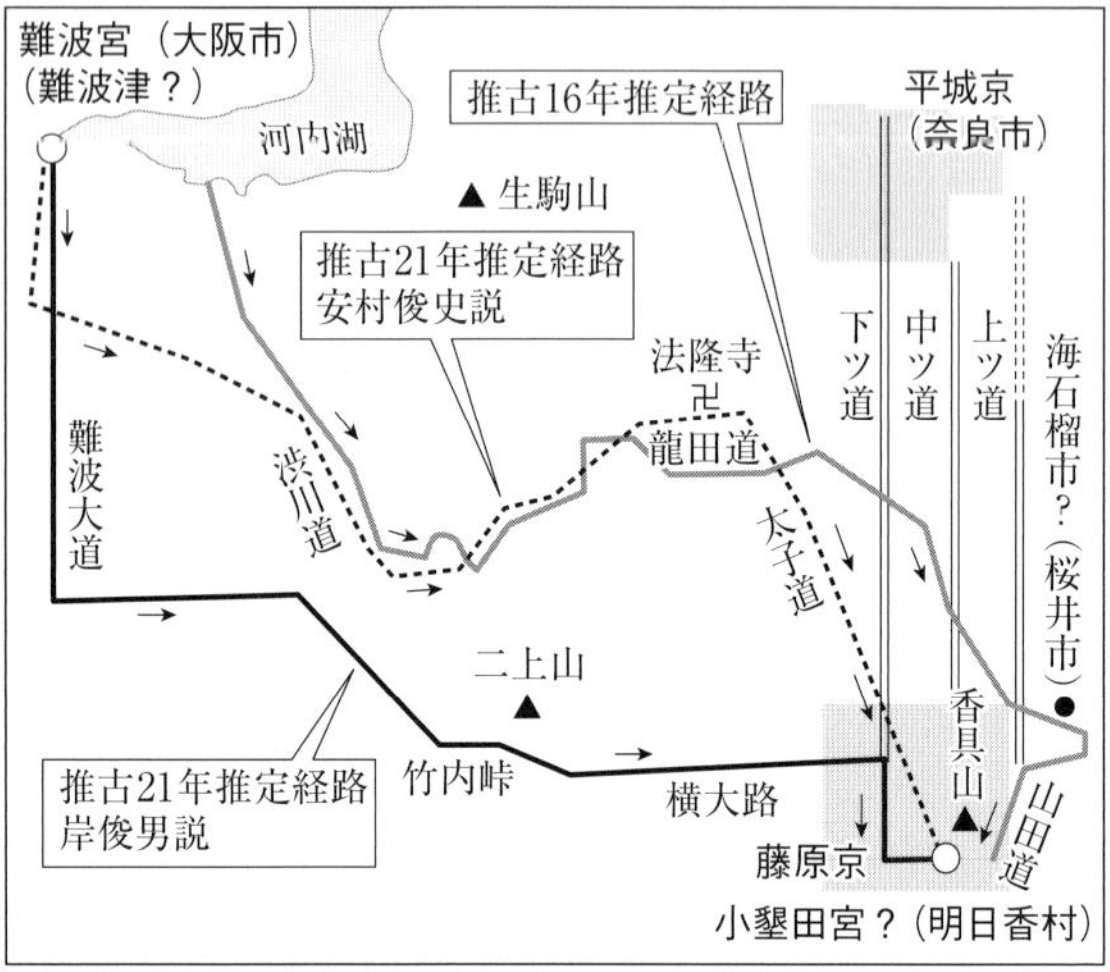

『日本書紀』には、「自難波至京置大道（難波より京《みやこ》に至る大道《おおち》を置く）」とあります。「京」とは、小墾田宮のある飛鳥のことです。四十年以上前に古代史学者の岸俊男氏は、そのルートを難波宮《なにわのみや》から真南にのびる難波大道と、これに直交する竹《たけの》内《うち》街道とみて、さらに二上山南側の竹内峠を越え、横大路を通って飛鳥へ入ると推定しました。このルートが、現在の定説となっています。

しかし、このルートにも課題があります。これを指摘したのは、大阪府柏原市立歴史資料館長の安村俊史氏です。推古天皇の時代にはまだ難波宮はなく、難波大道が造られたのも七世紀中頃以降であることが、発掘調査でわかりました。さらに、難波宮の下層で見つかった建物跡は、正確に南北に沿って建てられたのではなく、上町台地の地形に合わせてやや斜行していることも判明しました。

これらのことから安村氏は、起点は難波津であり、上町台地の地形に合わせて斜行する道路を考え、四天王寺（大阪市天王寺区）辺りで南東に曲がり、旧大和川に沿う通称「渋川道《しぶかわみち》」を通り、龍田道で大和に入り、斑鳩《いかるが》から太子道を飛鳥へと向かうルートを想定しています。この道沿いには、四天王寺や法隆寺（斑鳩町）など古代寺院が立ち並んでいました。したがって、こちらのルートの方が蓋然性が高いといえます。

このような広域的な幹線道路の整備は、物資や人々の移動だけでなく、情報の伝達にも必要不可欠なものでした。そして国賓を迎える道路として、国家の威信をかけて整備されたのです。

（相原嘉之）

12 飛鳥と藤原京の道路計画

一九九六年、私は明日香村川原の川原下《かわはらしも》ノ茶屋《ちゃや》遺跡で発掘調査を行い、飛鳥時代後半の幅一二メートルの東西道路と幅三メートルの南北道路の交差点を見つけました。そこは、飛鳥で最大の方墳として話題になった小山田《こやまだ》古墳（七世紀中頃）のすぐ南側です。小山田古墳は造営後すぐに破壊され、官衙や邸宅になっています。交差点から北へとのびる道路は、まさに、小山田遺跡へと向かう進入路と考えられます。

東西道路を東へ向かうと、川原寺と橘寺の間を通過して、飛鳥宮の「エビノコ郭《かく》」西門に着きます。エビノコ郭は、天武・持統天皇の宮だった飛鳥浄御原宮《あすかきよみはらのみや》の大極殿との説もある宮殿です。東西道路は、九六年の調査の後も側溝が数か所で確認され、谷を埋めて道路を造っていることから、下ツ道まで一直線につながっていたと考えられます。道路に面して寺院や宅地が配置され、高官の邸宅跡とされる五条野向イ遺跡とも進入路で結ばれていました。

一方、広域的な幹線道路の一つである山田道は、現在の近鉄橿原神宮前駅（橿原市）の東出口から雷丘《いかづちのおか》（明日香村雷）を通過し、奈良文化財研究所飛鳥資料館（同村奥山）前を通って、桜井市山田付近から北へと方向を変えると推定されています。発掘調査で山田道の側溝も幾つかの地点で確認しており、その位置が確定しています。

しかし、この山田道のうち飛鳥川から山田までの区間は、七世紀中頃になって整備されました。それまでこの区間は湿地になっており、山田道はもう少し南を通っていたと考えられています。いわゆる「古山田道」で、七世紀中頃に湿地を埋め立てて、直線の「新山田道」に造り直したのです。

しかし、新古いずれの山田道からでも、飛鳥宮へは、飛鳥寺を西側から南に回り込み、飛鳥宮の東門から入らなければなりませんでした。このように既存施設を迂回《うかい》して宮殿に入ることを避けるためには、新しい道路が必要となります。

川原下ノ茶屋遺跡（明日香村教育委員会提供）

そこで造られたのが、今回の東西道路です。下ッ道から飛鳥宮まで、幅一二メートルの一直線の道路。まさに飛鳥宮へのメインストリートとして、斉明天皇の時代に造られたと考えられています。

次の藤原京の都市計画は、山を削り谷を埋め、碁盤の目状に道路を整然と造る現在のニュータウンのようです。これに対し、飛鳥地域の都市は、既存施設を避けて道路網が造られ、都市域の拡大とともに整備されました。幹線道路の下ッ道から直線の東西道路ものびていきました。まさに市街地が拡大する過程で、現代のバイパス道路などが整備されていくようなものです。このような違いが、飛鳥と藤原京の都市計画に表れているのです。

(相原嘉之)

13
大和三山は三角関係!?

人には男女、動物にも雌雄の性別がありますが、日本には山にまで男女に分けて語り継がれている神話伝説があるのが、不思議です。『万葉集』には、大和三山について中大兄皇子のこんな歌があります。

香具山《かぐやま》は　畝傍《うねび》ををしと　耳梨《みみなし》と　相争《あひあらそ》ひき　神代《かみよ》より　かくにあるらし　古《いにしへ》も　然《しか》に　あれこそ　うつせみも　妻を　争ふらしき（巻一―一三）

大和三山は、橿原市にある香具山（標高一五二メートル）、畝傍山（同一九九メートル）、耳成山（同一三九メートル）のことで、古代から国の名勝地になっていますが、この三山に男女の性別があり、香具山が、畝傍山を巡って耳成山と争ったと詠んでいます。

古代の人々は山のどこを見て、何を感じて男女に分けたのでしょうか。円錐形の優美な姿を見て女山・姫山、雄々しい形なら男山・男体山と、山の姿形で判断したのでしょうか？　あるいは神にも男女の性別があるので、山に祀られている神によって分けたとも考えられますが、正確にはよくわかっていません。

桜井市の三輪山は、山そのものがご神体ですが、神話伝説では女に子供を産ませたとありますから男でしょう。一方、山姥《やまんば》や山姫などの山の神、山の妖怪は女神として崇《あが》められ、畏《おそ》れられました。山姥や山姫は山の神に仕える巫女《みこ》が長い間、山に籠もって妖怪化したという説もありますが、いつの間にか世間の奥様方に乗り移り、「うちの山の神がね」と、ぼやくダンナ様がかつてはたくさんおりました。

山を男女に分けたことか

橿原市内にたたずむ大和三山（北からの航空写真、世界遺産「飛鳥・藤原」登録推進協議会提供）

ら恋愛やケンカが起きる、いわゆる三角関係のトラブルなどの神話伝説が発生したのです。その代表が大和三山の争いですが、同様の話は全国に点在しています。一例をあげると、岩手県の南部三山伝説。歌人・石川啄木がこよなく愛した秀麗な姫神山。北上川を挟んで西にある岩手山。この二山は夫婦だったのですが、民俗学者・柳田国男の『遠野物語』で有名な早池峰山《はやちねさん》と三角関係のトラブルがあったと語られています。早池峰山は女神が祀られているので、岩手山を巡って二山の女神がもめたのでしょう。

さて、大和三山ですが、この三山の男女の性別は今も決着がついていません。歌の「畝傍をを《を》しと」を、「雄々《をを》し」（畝傍山を男らしい者として）、「を愛《を》し」（畝傍山を愛《いと》しい者として）などと解釈する説がありますし、能楽の『三山《みつやま》』では、香具山が男、畝傍、耳成が女として語られています。一男二女なのか、二男一女の争いなのか。

皆さんもこの三角関係に介入して、この三山を様々な角度から眺め、山に登り、畝傍は男か女か、香具山、耳成はどちら？　と探って判定してみてください。

（大森亮尚）

14 歴代天皇 遷都に夢

初代の神武天皇が都にふさわしい地を求めて日向（今の南九州）から東征し、奈良の橿原に都を定めて以来、天皇が即位する度に遷都を繰り返してきたと、『古事記』や『日本書紀』は記しています。

遷都といってもさほど遠くへ引っ越すわけではなく、時折、大阪方面へ遷《うつ》ることもありましたが、橿原、桜井、天理、飛鳥など、ほとんど奈良県内を小刻みに移動してきました。

天皇が代わると都も替わるのは、新天皇の下で人心の一新を図るためなのか、あるいは、「理想郷」を造ろうとする天皇の夢、希望なのか。

奈良・平城京で即位した聖武天皇は在位中に恭仁京《くにきょう》（京都府木津川市）、紫香楽宮《しがらきのみや》（滋賀県甲賀市）、難波宮（大阪市）と転々と遷す不安定な都城運営をされましたから、それに従う臣下たちは大変だったでしょう。

しかし、七九四年（延暦十三年）に桓武天皇が平安京を設けてから遷都の動きはほぼ止まり、明治まで千年の都が京都で営まれました。二〇一九年、平成の天皇が退位され、新天皇が誕生しましたが、東京からどこかへ遷都するという話は聞こえてきませんでした。

遷都を繰り返した時代と、動かなくなった時代、この変化をどう理解すればいいのでしょう？

六六七年、人々の反対を退け、近江大津宮《おうみおおつのみや》に遷都したのが天智天皇ですが、皇子の時、叔父の孝徳天皇が治政を執った難波宮から、無断で一族を引き連れて飛鳥に帰っていながら、自分が皇位につくと飛鳥を捨て、大津へ遷都、という次第です。その天智天皇の没後、六七二年に壬《じん》申《しん》の乱が起こり、勝利した弟の

飛鳥京跡苑池の北池を遠望する

天武天皇は都を再び飛鳥に戻しました。その時の歌が「大君は神にしませば赤駒《あかごま》の腹這《はらば》ふ田居《たゐ》を都と成《な》しつ」（『万葉集』巻十九―四二六〇）という歌です。

大君（天皇）は神でいらっしゃるので、赤駒が腹這う荒れはてた田んぼをあっという間に都になさった、と、まさに神業と褒《ほ》め讃える歌です。この歌の次に、「大君は神にしませば水鳥のすだく水沼《みぬま》を都と成しつ」（巻十九―四二六一）という同じような歌があります。五年ぶりの飛鳥での新都造営を人々は喜び、祝福したのでしょう。

最近の研究では新都といっても、母の斉明天皇が設けた後飛鳥岡本宮《のちのあすかおかもとのみや》を再利用したのが、この飛鳥浄御原宮《あすかきよみはらのみや》といわれていますが、とにかく人心の安定を図るためには一度、飛鳥に戻る必要があったのでしょう。

しかし、天武天皇の心のどこかに遷都の夢があったようで、近畿各地を調べ、六八四年には信濃にまで視察団を派遣して都城計画を立てていたようです。

もし、天武天皇が信濃に遷都していたら日本の歴史はどうなっていたでしょう。

将来、東京からどこかへ遷都するという夢はもうないのでしょうか？　そんな遷都の過去、未来を考えてみるのも面白いでしょう。

（大森亮尚）

15 飛鳥時代の息吹を伝える『万葉集』

『万葉集』は、約四五〇〇首（全二十巻）の和歌が収められた、現存する日本最古の歌集です。主に飛鳥時代から奈良時代にかけての歌が収められています。

当時はまだひらがなやカタカナがなく、外国語の文字であった漢字で和歌などを書き記していました。独特の漢字の使い方をしており、中でも漢字をひらがなのように使う例が『万葉集』に特に多くみられることから、「万葉仮名」と通称されています。万葉歌だけでなく『古事記』や『日本書紀』、木簡などにもみられます。

ところが、独特な用法の漢字だけで書かれた『万葉集』は、平安時代には読めなくなってしまったようです。九五一年（天暦五年）には、時の村上天皇が、当代一流の知識人たちに『後撰《ごせん》和歌集』の編纂《へんさん》と同時に、『万葉集』に書かれている歌の正しい読み方を解明するよう命じています。それ以来、いかに訓読すべきかという研究は現在も続いています。

簡単にコピーができなかった時代、『万葉集』は人の手から手へと書き写されることで伝えられてきました。編纂当初の原本は現存しませんが、そうした写本という形で当初の姿がある程度伝わっています。

現存する最古の写本は、平安時代中期の「桂本」（宮内庁蔵）です。恋歌を収めた巻四の一部だけが現存しています。平安時代の写本はほかにも「藍紙《らんし》本」や「元暦校本《げんりゃくこうほん》」など複数現存していますが、すべての歌がそろった写本として現存最古のものは、鎌倉時代の「西本願寺本」（石川武美記念図書館蔵）です。江戸時代には、大名や豪商の女性の嫁入り道具の一種として、表紙に金銀泥で絵を描いた美しい写本もつくられました。

巻一の一番歌は五世紀後半に在位したとされる雄略天皇の歌と伝わります。次の二番歌は、国見《くにみ》の歌で知られる舒明天皇（在位六二九～六四一年）の歌です。その間には百年以上の開きがあります。このことから雄略天皇が理想の天皇像であるため、巻頭に歌を配置したのではな

「万葉集（嫁入本）**」**（奈良県立万葉文化館蔵）**の表紙**（一部）**。美しい装飾が施されている**

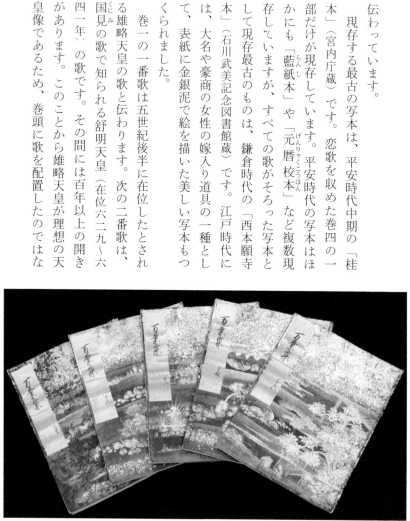

いかといわれています。

次の舒明天皇歌も、飛鳥時代の画期となる天皇の歌として位置付けられたと指摘されています。舒明天皇は推古天皇亡き後、飛鳥岡本宮《おかもとのみや》で天下を治め、同地にはその後、歴代の天皇宮が営まれました。天智天皇や天武天皇の父でもありました。

いつ、だれが、何のために編纂したのかよくわかっていない『万葉集』ですが、飛鳥時代への特別な思いをうかがい知る〈言葉の文化遺産〉と言えるのではないかと思います。

（井上さやか）

16 遷都後の思いをのせる明日香風

現在の明日香村には、近世の農村を彷彿《ほうふつ》とさせるのどかな田園風景が広がっていますが、かつてはここが現代の永田町や霞が関、兜町に相当するような国の中枢でした。

六世紀末からの約百年間、都が置かれていた飛鳥の地は、様々な国や地域の人々が闊歩《かっぽ》する国際都市でもありました。たとえば、日本初の本格的な寺院として建設された飛鳥寺の大伽藍《がらん》があり、その境内の禅院に、インドから仏典を持ち帰った唐の高僧・玄奘《げんじょう》に師事し、行基の師ともなった道昭《どうしょう》が、大量の経典を将来しました。飛鳥川沿いには外国からの賓客をもてなす大陸風の庭園もつくられ、王宮のすぐそばには最古の貨幣などを造っていた官営工房があり、渡来系の最新技術が用いられていました。

『万葉集』では、そんな飛鳥から藤原京へ遷都した後、次のような歌が詠まれています。

采女《うねめ》の　袖《そで》吹きかへす　明日香風　都《みやこ》を遠《とほ》み　いたづらに吹く（巻一―五一）

作者である天智天皇の皇子・志貴《しき》皇子は、息子が光仁天皇となったことから、没後に田原天皇と追尊されましたが、この歌を詠んだ頃は皇位とは無縁だったと考えられます。

甘樫丘にある志貴皇子の万葉歌碑（犬養孝揮毫）

飛鳥宮跡にある志貴皇子の万葉歌碑（平山郁夫揮毫）

采女とは、天皇の身の回りの世話をする女性たちで、地方豪族の一族の中から選ばれました。十三歳以上三十歳以下の容姿端麗な者であることと定められており、さらに家柄や教養も優れた女性たちだったとされます。

そんな采女たちの美しい袖を吹き返していた明日香風も、都が遷《うつ》り遠くなってしまった今は、ただむなしく吹くことだと、誰もいなくなった飛鳥を詠んでいます。

しかし実は、飛鳥宮と藤原宮とは直線で三キロ余り、徒歩でも四十分程度の距離です。それなのになぜ、都が遠くなってしまった、と詠んだのか。その背景には、社会状況の大きな変化に伴う隔世の感があったとみられます。律令制に基づく中央集権化は天皇以外をすべて臣下としました。明日香風はいわば過去の象徴であり、現在との厳然とした違いを認識するからこその「遠さ」ではなかったかと考えられます。

「古代の人々は素朴だった」というのは現代人の勝手な幻想ですが、歌から当時生きていた人の感情を想像してみるのも『万葉集』の楽しみ方の一つではないかと思います。

この歌は飛鳥宮を象徴する歌として、犬養孝揮毫《きごう》の歌碑が甘樫丘《あまかしのおか》中腹に、日本画家の平山郁夫揮毫のものが歴代の宮跡があった飛鳥宮跡に、それぞれ建立されています。

（井上さやか）

17　舒明大王による宮殿と大寺の造営

現存最古の歴史書『古事記』は、対象とする時代範囲が明確です。「大抵《おおよそ》記せる所は、天地開闢《かいびゃく》より始めて、小治田御世《をはりだのみよ》に訖《をは》る」とあり、この世の始まりから、飛鳥川のほとりの小墾田宮《おはりだのみや》で治政を執った推古大王（天皇）までのことを記したと説明します。

次の舒明《じょめい》大王（天皇）は、「今」につながっており、語られるべき「上古」、つまり昔ではないとするのが『古事記』を編纂《へんさん》する上での考え方です。このことを飛鳥・藤原地域の発掘調査の成果から検討したのが、考古学者の金子裕之氏でした。

田村王子すなわち舒明大王は、即位直後の六三〇年（舒明二年）に小墾田宮から飛鳥岡のほとりに宮を遷《うつ》します。これを「岡本宮《おかもとのみや》」と呼んだと『日本書紀』は記します。飛鳥浄御原宮《あすかきよみはらのみや》に至る飛鳥の宮殿の始まりです。宮殿は、妻の皇極（斉明）、子の天武、孫の持統（天武の妻）へと受け継がれ、拡充整備されます。金子氏は、ここに舒明大王を始祖とし、血縁的なつながりとともに都づくりが継承される実質的な状況が考古学により実証できると主張しました。

宮殿があった具体的な場所が狭義の「飛鳥」です。狭義の飛鳥とは『日本書紀』などの史料上

南から見た吉備池の全景。池の右下の張り出しが金堂基壇跡、中央が塔基壇跡（奈良文化財研究所提供）

にみえる飛鳥のことです。およそ北は飛鳥寺がある明日香村飛鳥から、南は現在、村役場がある岡までの南北約一キロ、東西約五〇〇メートルの範囲です。主に飛鳥川右岸一帯の平坦《へいたん》地です。舒明大王は、ここを政治の中心にしようと行動を起こしました。

実際に県立橿原考古学研究所による付近の発掘調査では、七世紀半ばとみられる宮殿遺構の下層に、主軸が北から二〇度ほど西に傾く建物や柱列、石溝が見つかっています。これを舒明大王の飛鳥岡本宮と考えるのが定説となっています。

そして、新たに六三九年には百済大宮《くだらのおおみや》と百済大寺《おおでら》の造営に着手します。百済大寺の所在地は長く不明のままでしたが、一九九七年に始まる奈良国立文化財研究所（当時）の発掘調査で、香具山（橿原市）の北東にある吉備池廃寺（桜井市吉備）が百済大寺にあたる可能性が高まっています。皿池《さらいけ》といわれる農業用の溜め池のひとつの吉備池周辺では、以前から飛鳥時代の瓦が採集されていました。瓦窯跡とも寺院跡とも考えられてきましたが、発掘調査によって吉備池の南堤にある東西二か所の張り出しが、それぞれ金堂基壇跡（東西三七メートル、南北二八メートル）と塔基壇跡（一辺三二メートル）になることがわかりました。飛鳥寺を超える破格の大きさです。さらに、未発見ですが、『日本書紀』の記述通りならば、西側にならんで百済大宮があるはずです。

七世紀前半に最初の官寺（天皇発願による国家の寺）の建立と新たな都づくりが、香具山の北方一帯で始まりました。「岡」や「百済」といったそれまでの「豊浦」や「小墾田」とは異なる場所で、新時代を開拓しようとした舒明大王の事績は、実際の遺跡からも明らかになろうとしています。

（今尾文昭）

西から見た金堂基壇（奈良文化財研究所提供）

18 舒明大王の初葬地か　小山田古墳

飛鳥（明日香村）にあった舒明《じょめい》大王（天皇）の岡本宮《おかもとのみや》は、六三六年（舒明八年）六月に火災に遭います。そのため、『日本書紀』は、田中宮（橿原市田中町付近か）に遷《うつ》ったことを記します。

翌七月には、大派《おおまた》王子（皇子）が、「高官を含めて役人たちの勤務に緩みがあり、時間に決まりをつけるように」との指示を出しますが、それを、直接に受けた大臣《おおおみ》（最高執政官）の蘇我蝦夷《えみし》が従わなかったと記します。舒明大王と大派王子は、敏達大王（天皇）からみれば孫と子の関係で、大派王子は、舒明大王一族の中心人物です。その指示に、蝦夷はそむいたというのです。綱紀粛正に従わない尊大な政権幹部として『日本書紀』は描いています。

宮廷には不穏な空気が漂っていました。そんな中、舒明大王は飛鳥に宮を戻さず、六三九年七月に百済川のほとりに百済大宮《くだらのおおみや》と百済大寺《おおでら》を造り始めます。早くも十二月には九重塔が建ったとあります。九重塔は同時期に朝鮮半島・百済の弥勒《みろく》寺や新羅《しらぎ》の皇龍寺でも建てられました。人々は東アジア世界の最先端技術を目の当たりにしたことでしょう。

百済大寺と考えられる桜井市の吉備池廃寺の塔基壇跡は一辺三二メートルあり、九重塔にふさわしい規模を持ちます。金堂基壇跡は、蘇我馬子が建てた飛鳥寺中金堂の約二・五倍です。

六四〇年頃の舒明大王の王権の発展と蘇我氏の権勢に格差があったのでしょうか。寺や古墳の規模は権力の大きさを見える形で象徴するものですが、対立する権力の可視化は、しばしば悲惨な結末に向かいます。

小山田古墳の北辺の掘り割り。左側が墳丘の裾にあたる（2014年12月、読売新聞社提供）

乙巳《いっし》の変（大化改新《たいかのかいしん》）が起こる四年前、六四一年（舒明十三年）十月に舒明大王は百済（大）宮に没します。盛大な殯《もがり》（葬送の前に遺体を棺《ひつぎ》に仮安置する儀式）が催され、先にふれた大派王子の代役として巨《こ》勢《せ》臣《おみ》徳《とこ》太《だ》が誄《しのびごと》を発しています。そして、六四二年十二月に滑谷岡《なめはざまのおか》に葬られた後、翌年九月には押坂《おしさかの》

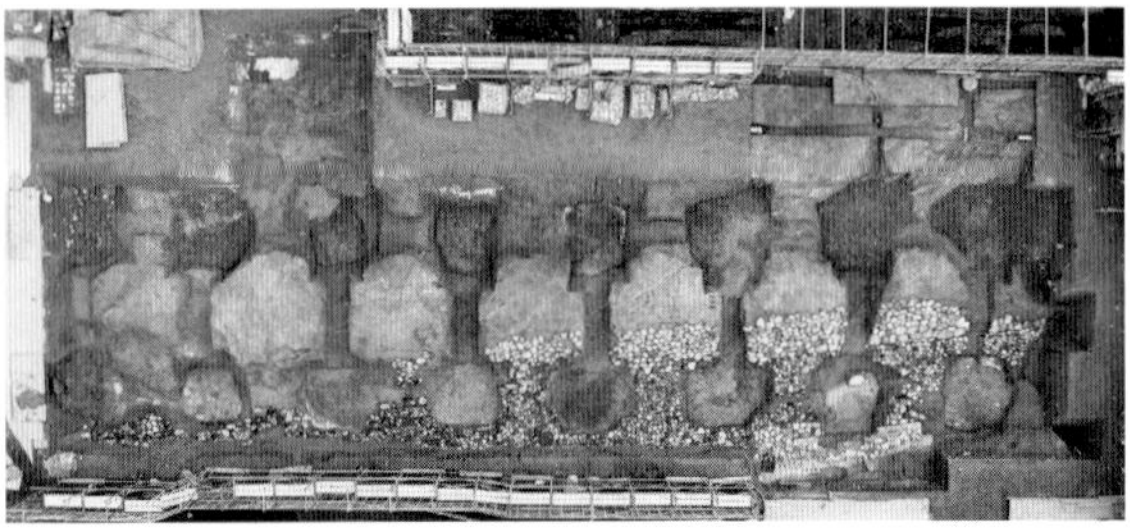

上空から見た小山田古墳の北辺（写真の上が北。奈良県立橿原考古学研究所提供）

陵《みささぎ》に改葬されます。押坂陵は桜井市忍阪《おっさか》にある八角墳、段《だん》ノ塚《づか》古墳と考えられます。

初葬地の滑谷岡はどこか。県立橿原考古学研究所の発掘調査で、存在が明らかになった明日香村川原の小山田《こやまだ》古墳が候補にあがります。墳丘に使われた石材や造り方が、段ノ塚古墳に共通します。理由は、それだけではありません。

小山田古墳は飛鳥最大の方墳です。二〇一四年に三面（底面と両法面《のりめん》）石張りの掘り割りが見つかって以降、二〇一七年には、横穴式石室の入口となる羨門《せんもん》の痕跡が見つかっています。さらに二〇一九年には南側の東西の一辺が八〇メートルを超えることが明らかになりました。墳丘規模から類推すれば、全長三〇メートルもの日本最大の横穴式石室を備えた可能性さえあります。蘇我馬子の墓とされる石舞台古墳が一辺約五〇メートル、石室が約二〇メートルですから約一・五倍の大きさです。

小山田古墳を蘇我蝦夷の「大陵《おおみささぎ》」にあてる意見もあります。しかし、蘇我馬子の寺（飛鳥寺）と古墳（石舞台古墳）を超越する新たな寺と古墳の出現は、舒明大王の事績に関係したとするのが妥当だと私は考えています。

（今尾文昭）

19 入鹿暗殺「乙巳の変」の伏線

「乙巳《いっし》の変」（六四五年）は古代のクーデターとしてよく知られ、政界の頂点にいた蘇我《そが》氏が滅亡したといわれます。その過程を『日本書紀』の記述を中心に見ていきます。

中臣鎌足《なかとみのかまたり》は皇極《こうぎょく》三年（六四四年）正月、軽皇子《かるのみこ》（後の孝徳天皇）の宮に出入りするようになります。皇子から格別の世話を受けて感動し、「天下を治めるのはこの人だ」と確信しました。また、蘇我入鹿《いるか》が君主と臣下の秩序をわきまえず、国政をほしいままにしていることに憤っていました。

鎌足は、皇族の中に協力者を求め、中大兄皇子《なかのおおえのみこ》に接触する機会をうかがっていたところ、チャンスが巡ってきます。法興寺《ほうこうじ》（飛鳥寺）の槻《つき》の木の下で蹴鞠《けまり》をしている時、偶然、中大兄皇子の靴が脱げました。その時とばかりに、仲間に加わっていた鎌足は靴を拾いあげてささげました。二人はそこから親しくなり、互いの思いを語り合うようになります。

この槻の木の広場とみられるものが、飛鳥寺西方《せいほう》遺跡（明日香村飛鳥）です。明日香村教育委員会の発掘調査で、礫《れき》（小さい石）敷きの広場と建物跡が見つかっています。

『日本書紀』では、中大兄皇子と鎌足は、隋《ずい》で学んだ学問僧、南淵請安《みなぶちのしょうあん》の下で儒教を習い、行き来する道中で肩を並べて相談したと記します。さらに、入鹿と同族の蘇我倉《くら》山田石川麻呂《やまだのいしかわまろ》を味方に引き入れて計画を練りました。

この頃、蘇我蝦夷《えみし》、入鹿父子が、それぞれの墓として大《おお》陵《みささぎ》、小陵《こみささぎ》を造営したり、上宮《じょうぐう》王家（聖徳太子の子孫）を滅ぼしたり、好き勝手に振る舞う記述が多く見られます。

では、入鹿とはどのような人物だったのでしょうか。皇極二年（六四三年）十月、蝦

飛鳥寺西方遺跡の発掘。中央左手に入鹿首塚がある（2013年2月、明日香村教育委員会提供）

夷は病のために朝廷に出仕《しゅっし》せず、天皇から大臣《おおおみ》（最高執政官）に授けられる紫冠を入鹿に授け、自分の大臣の位を息子に譲りました。大臣は、天皇が即位した時に任命するのが通例です。入鹿は自ら国政を執り、その勢いは蝦夷をも超え、盗賊も恐れるほどであったといいます。

しかし、その意外な一面を記す史料もあります。藤原氏の伝記『藤氏家伝《とうしかでん》』（奈良時代）には、入鹿は鎌足らとともに学問僧旻《みん》の下で周易《しゅうえき》（儒教の経典）を習い、成績優秀で入鹿の右に出る者はいなかったとあります。

皇極三年（六四四年）十一月、蝦夷、入鹿父子は、飛鳥の甘樫丘《あまかしのおか》に大規模な邸宅を構え、武器を蓄え、兵士に厳重に警備させました。『日本書紀』のこの記事が乙巳の変の伏線となっています。

そして、皇極四年（六四五年）六月十二日、飛鳥板蓋宮《あすかいたぶきのみや》で入鹿暗殺の計画が実行されます。朝鮮半島の高句麗《こうくり》、百済《くだら》、新羅《しらぎ》の使者が持参した文書を皇極天皇の前で読み上げる儀式と称して、入鹿を呼び出しました。蘇我倉山田石川麻呂が文書を読み上げている最中に、中大兄皇子らが躍り出て、天皇の目前で入鹿を斬り倒したのです。

（鶴見泰寿）

20 「乙巳の変」は皇位継承争いか？

乙巳《いっし》の変（六四五年六月十二日）の翌日、蘇我入鹿《そがのいるか》の父蝦夷《えみし》は、甘樫丘《あまかしのおか》（明日香村豊浦）の邸宅に立てこもりますが、護衛のはずの東漢氏《やまとのあやうじ》らは逃げ散り、蝦夷も殺されました。

六月十四日、皇極《こうぎょく》天皇は位を弟の軽皇子《かるのみこ》に譲り、乙巳の変を主導した中大兄皇子《なかのおおえのみこ》が皇太子となります。

皇位継承者が決まるまでには、複雑な経緯がありました。皇極天皇は当初、中大兄皇子に位を譲ろうとします。ところが、中大兄皇子が中臣鎌足《なかとみのかまたり》に相談したところ、軽皇子に譲るのがよいとなり、考えを変えた天皇は軽皇子に譲位しようとしますが、軽皇子は再三固辞し、古人大兄《ふるひとのおおえ》皇子を位に就かせようとします。古人大兄皇子は、舒明《じょめい》天皇の皇子で、中大兄皇子の兄です。しかし、古人大兄皇子は皇位を拒んで出家してしまい、最終的に軽皇子が即位し、孝徳《こうとく》天皇となりました。

同時に朝廷の布陣も新しくなりました。左大臣に阿倍内麻呂《あべのうちまろ》（阿倍倉梯麻呂《くらはしまろ》）、右大臣に蘇我倉《くら》山田石川麻呂《やまだのいしかわまろ》が就任します。この二人は孝徳天皇の信頼が厚かったようです。中臣鎌足は内臣《うちつおみ》

（補佐役）として朝廷に参画することになりました。

乙巳の変は、これらの人たちが権力を掌握するために企てられたものと考えることもできるのではないでしょうか。蘇我氏の一族である石川麻呂が大臣に就任していることは、乙巳の変が、蘇我氏全体ではなく、蝦夷、入鹿父子を排除することのみを目的としたことを示しています。

さて、即位を辞退した古人大兄皇子は出家して吉野《よしの》に入りましたが、大化元年（六四五年）九月十二日、

飛鳥寺西方遺跡の発掘。左上に入鹿首塚と飛鳥寺を望む（2013年12月、明日香村教育委員会提供）

臣下だった吉備笠臣垂《きびのかさのおみしだる》の密告によって謀反の罪で斬り殺されてしまいます。古人大兄皇子は、母が蘇我馬子の娘であり、蘇我入鹿とは従兄弟《いとこ》にあたる関係です。入鹿の権力の下では最有力の皇位継承者となり、軽皇子の立場を脅かす存在でした。

入鹿が滅ぼされることで、古人大兄皇子は後ろ盾を失うことになりました。古人大兄皇子が乙巳の変後間もなく殺されたことを考え合わせると、乙巳の変は、皇位継承争いの側面が色濃いものだったといえます。

乙巳の変は、天皇を中心とする政治改革を実行する上で、蘇我氏が障害となったためにおこなわれたという見方が一般的ですが、鎌足の計画通りに軽皇子を即位させることが、第一の目的だったとも考えられます。

そしてこの後、宮は飛鳥（明日香村岡）から難波《なにわ》（大阪市中央区）に遷《うつ》され、「大化改新」と呼ばれる一連の諸制度の充実が図られます。天皇を超える勢力を誇ったとされる蘇我本宗家《ほんそうけ》を滅ぼしたことは、その後の中央集権を確立していく上で強い影響を与えたことでしょう。

（鶴見泰寿）

21 「改新否定論」と発掘調査の成果

『日本書紀』は六四六年の正月元日に、改新の詔《みことのり》が発布《はっぷ》されたことを特記しています。その第一条には、豪族が持つ田荘《たどころ》（私有地）と部曲《かきべ》（私有民）などの廃止と公地公民制への移行、第二条には、国《こく》・郡《ぐん》・里《り》など地方行政組織の設定、第三条には、戸籍・計帳《けいちょう》・班田収授法の作成のことなど、のちの律令国家につながる諸制度の整備が語られています。

かつてはこの改新の詔を、天皇を中心とする中央集権制国家の樹立を示すものと考え、大化改新《たいかのかいしん》は、明治維新にも匹敵する重要な政治改革と位置づけられていました。

ところが、一九六〇年代中頃に古代史学界で「改新否定論」が提起されると、潮目が変わります。改新の詔は『日本書紀』の編者が、のちの大宝令《たいほうりょう》の条文によって書き換えたもので、そのまま信用することはできず、実際に公地公民制や国・郡・里制が成立するのは、改新の詔から四十、五十年後の天武、持統両天皇の時代だというのです。

蘇我本宗家が滅亡した乙巳《いっし》の変は実在したが、大化改新という政治改革の存在は疑問視されることになりました。六〇年代後半に藤原宮跡（橿原市）から「評《ひょう》」と記された木簡が発見され、

左／「稲稲　戊申年」と読み取れる紀年銘木簡（読売新聞社提供）
右／木簡の書き起こし図（同）

大宝律令が施行される七〇一年より以前の地方組織は「国・郡」ではなく、「国・評」であったことが判明したことも、こうした議論に影響を与えています。

しかし、『日本書紀』が「郡」と書いているものが、実際には「評」であったとしても、七世紀中頃に全国に「評」が置かれたことは疑いのない事実です。伊勢神宮の祭祀《さいし》や行事を記した「皇太神宮儀式帳《こうたいじんぐうぎしきちょう》」（八〇四年成立）などは、孝徳天皇の朝廷が六四九年に「天下立評《てんかりっぴょう》」、つまり全国に評を設置したと伝えています。この頃には「里」は「五十戸《さと》」と表記されていました。国・郡・里制の成立は七〇一年ですが、国・評・五十戸制は六四五年からほどなくして成立しており、全国支配体制が整えられていた可能性が高いのです。

一九五四年から続く難波宮《なにわのみや》跡（大阪市）の発掘調査からも、大化改新の実像が浮かびあがってきます。難波宮跡には前期と後期の二期の遺構が重複していますが、前期難波宮では、藤原宮の原型ともみられる大規模な正殿・朝堂院区画が発見されました。この両区画は、重要な政務と儀式を行う場所です。

前期難波宮は天武天皇の時代の遺構と考えられた時期もありましたが、一九九九年に「戊申《ぼしん》年」（六四八年）と記された木簡が出土したことで、六四五年に飛鳥（明日香村）から遷《うつ》された「難波長柄豊碕宮《なにわながらとよさきのみや》」にさかのぼることがほぼ確定しました。巨大な正殿・朝堂院区画は、官僚制や儀式の整備を示すもので、律令国家の形成に向けての動きを物語っています。「改新否定論」が議論を深化させたことは確かですが、大化改新の画期性を完全に否定することはできないでしょう。（西本昌弘）

木簡が出土した前期難波宮跡の遺構（手前、大阪府警建設地。1999年11月、読売新聞社提供）

22 国際情勢が影響した難波遷都

六四五年に孝徳天皇や中大兄皇子が、都を飛鳥（明日香村）から難波《なにわ》（大阪市）へ遷《うつ》したのは、東アジア情勢の激変に対処するためであったと考えられます。

六四二年に朝鮮半島の百済《くだら》が、新羅《しらぎ》領の大加耶《だいかや》に侵攻し、加耶をめぐる両国の紛争が再燃しました。高句麗《こうくり》では、将軍の泉蓋蘇文《せんがいそぶん》がクーデターを起こし、中国の唐に対する強硬派が実権を握ります。唐・新羅陣営と高句麗・百済陣営の本格的な抗争の時代が始まりました。

こうした朝鮮半島情勢に俊敏に対応できるよう、外国使節が入港して、交渉を行う場であった難波に政権の中枢を移したのです。難波には小郡《おごおり》・大郡《おおごおり》など内政用・外交用の庁舎が古くから置かれていたので、当初はこうした旧来の施設を修理して、内裏《だいり》や政庁に転用したのでしょう。難波長柄豊碕宮《なにわながらとよさきのみや》の造営は、遷都からほどなく開始されたと思われ、六五二年に完成して、かつてない壮大な宮殿が姿を現しました。

この間、改新政府は新たな冠位制を定め、全国に評《ひょう》を置くなど、官僚制や地方組織を整備する一方で、百済・新羅との交渉を進め、六五三、六五四年には相次いで遣唐使を派遣しました。

　ところが、難波宮が完成した翌年の六五三年、皇太子の中大兄皇子は突然、飛鳥への帰還を宣言しました。反対する孝徳天皇を難波に残し、母の皇極上皇、孝徳天皇の皇后で妹の間人《はしひと》皇女、弟の大海人皇子らを引き連れ、倭飛鳥河辺行宮《やまとのあすかかわべのあんぐう》に移りました。大臣以下の役人らもみな従ったとあります。

　飛鳥河辺行宮を、明日香村稲渕《いなぶち》の稲淵《いなぶち》宮殿跡とする意見がありますが、ここは古代に「飛鳥」と呼ばれた地域の範囲外とみられるため、むしろ石舞台古墳のある同村島庄付近とみる方がよいと思います。中大兄皇子は、乙巳《いっし》の変の直前に蘇我馬子の嶋家《しまのいえ》（飛鳥河の

蘇我馬子の邸宅（嶋家）**の一部とみられる大型建物跡が出土した島庄遺跡**（中央）。**右上は、馬子の墓とされる石舞台古墳、下に飛鳥川が流れる**（2004年3月、読売新聞社提供）

7世紀中頃の東アジア

傍《かたわ》らの家）に接して宮殿を建てていたので、この嶋の宮殿を飛鳥河（川）の辺《ほとり》の行宮という意味で、飛鳥河辺行宮とも称したのではないでしょうか。

この中大兄皇子の嶋の宮殿は蘇我氏を滅ぼし、王家に勝利をもたらした記念すべき施設として、その後も長く尊重されたようです。

六五三年には半島情勢が小康を迎えており、これが中大兄皇子らの飛鳥帰還を可能にしました。この年には、孝徳天皇の子の有間皇子は十四歳になっていました。孝徳天皇の在位がこのまま続けば、有間皇子への皇位継承論が浮上する可能性があります。それを防ぎ、孝徳天皇を無力化するためにも、中大兄皇子は難波を離れる必要があったのでしょう。

難波に一人残された孝徳天皇は、中大兄皇子の仕打ちを恨み、退位しようとして、山碕《やまさき》（京都府大山崎町など諸説ある）に宮を造らせましたが、翌年には難波宮で没し、大坂磯《し》長陵《ながのみささぎ》（大阪府太子町の山田上ノ山古墳に治定《じじょう》）に葬られました。少しでも飛鳥に近い地を望んだのでしょう。河内・大和国境付近に孝徳天皇は眠っているのです。

（西本昌弘）

23 有間皇子の悲劇を想う万葉人の歌心

『万葉集』には、悲劇的な人物に同情的な編集態度がうかがえます。罪に問われて処刑された人物の歌も収載されており、中でも、わずか十九歳で刑死した有間皇子がよく知られています。

『日本書紀』によれば、孝徳天皇の皇子であった有間皇子は、父親の死後、有力な皇位継承候補だったことから中大兄皇子を警戒して、病気で正気を失ったかのように装ったということです。乙巳《いっし》の変以降の粛清の嵐を見ながら育った有間皇子としては、それが精一杯の処世術であったのかもしれません。しかし、牟婁温湯《むろのゆ》（和歌山県白浜町）で湯治をして病気が治ったことを斉明天皇に報告したところ、今度は斉明天皇が六五八年十月から翌年一月にかけて牟婁温湯へ行幸することとなり、その間に事件が起こります。

この時の留守官であった蘇我赤兄《そがのあかえ》は、当時の人々が「狂心《たぶれごころ》の渠《みぞ》」とそしった用水路掘削など、斉明天皇が行った大規模な土木工事や重税を挙げて批判し、挙兵を勧めたとあります。

そこで有間皇子も謀反を決意しますが、途端に謀反人として捕まる事態となり、罠にかけられたことが明らかとなりました。有間皇子は、斉明天皇の行幸先へ連行され、中大兄皇子に尋問された際に「天と赤兄と知らむ。吾全《あれもは》ら解《し》らず」と、おとしいれられたことを述べています。その後、護送途中の藤白《ふじしろ》の坂（和歌山県海南市）で絞首されました。

そんな悲劇の渦中にあった有間皇子が自らの死を悼んで詠んだ歌が、『万葉集』に二首残されています。

有間皇子の自《みづか》ら傷《いた》みて松が枝を結べる歌二首

磐代《いはしろ》の　浜松が枝《え》を　引き結び　真幸《まさき》くあらば　また還り見む（巻二―一四一）

家にあれば　笥《け》に盛《も》る飯《いひ》を　草枕《くさまくら》　旅にしあれば　椎《しひ》の葉に盛る（巻二―一四二）

磐代《いわしろ》（同県みなべ町）の浜の松の枝を結び合わせて無事を祈るが、もし命あって帰路に通ることがあればまた見られるだろう（巻二―一四一）、家にいたなら食器に盛る飯を、草を枕とする旅の途中なのでシイの葉に盛ることよ（巻二―一四二）という歌で、『万葉集』の三大部立の一つである「挽歌《ばんか》」の冒頭に位置付けられています。

三大部立とは、万葉歌を内容から三つのジャンルに分類したもので、行幸や儀礼などにまつわる歌を「雑歌《ぞうか》」、男女の恋愛を中心にした歌を「相聞《そうもん》」、人の死に関する歌を「挽歌」と呼んでいます。この二首は旅の無事を祈る内容ですが、挽歌の冒頭に登場するのは、有間皇子の運命を知る人が読む時、そこに死を予感した若き皇子の姿が浮かび上がるからだと考えられます。

『万葉集』には有間皇子の二首に続いて、長意吉麻呂《ながのおきまろ》や山上《やまのうえの》憶良《おくら》による追悼の歌が載り（巻二—一四三～一四五）、さらに事件から四十三年後の七〇一年の紀伊行幸の際にも柿本人麻呂が同様の歌を詠んでいます（巻二—一四六）。

有間皇子の悲劇は、それほどに人々の同情を誘い、語り継がれて、一種の歌物語が形成されていたものとみられます。

（井上さやか）

藤白の坂にある有間皇子の歌碑（左）と墓標（井上撮影）

24 悲劇の姉弟　大伯皇女と大津皇子

『万葉集』には、罪に問われて処刑された人物の歌が収載されています。後世の『古今和歌集』など、天皇らに命じられて作られた勅撰《ちょくせん》集ではありえない現象であり、『万葉集』が国の公式な歌集ではなかった可能性を示唆します。そのように〈罪人〉とされた悲劇の皇子の一人が、謀反の罪で刑死した大津皇子です。

大津皇子には、大伯皇女《おおくのひめみこ》（大来皇女とも）という同母姉がいました。姉弟《きょうだい》の両親は、天武天皇と大田皇女《おおたのひめみこ》で、大田皇女は、鸕野讃良皇女《うののさららのひめみこ》（後の持統天皇）の同母姉でした。姉妹の父親は天智天皇であり、そろって叔父にあたる天武天皇に嫁いだことになります。当時は、婚姻の形態が現代のような「一夫一妻」ではなく、母親が違えば、きょうだい同士で結婚することもありましたし、叔父と姪《めい》で結婚することもありました。

大田皇女は早くに亡くなっており、姉弟はお互いを頼みとして生きていたのではないかと想像されます。しかし、大伯皇女は六七三年四月に伊勢神宮に奉仕する「斎宮」に任命され、伊勢へ赴くことになりました。後に大津皇子は、禁じられていたはずのその場所へひそかに会いに行ったとあります。大伯皇女は、夜更けに都へ帰っていく弟を見送り、その場に立ち続けて明け方の露に濡れたという歌を残しています。

大津皇子の竊《ひそ》かに伊勢の神宮《かむみや》に下りて上り来まし時に、大伯皇女の作りませる御歌二首
わが背子《せこ》を　大和へ遣《や》ると　さ夜深《ふ》けて　暁露《あかときつゆ》に　わが立ち濡れし（巻二―一〇五）
二人行けど　行き過ぎ難き　秋山を　いかにか君が　独り越ゆらむ（巻二―一〇六）

たった一人の弟の行く末を案じる姉の姿が目に浮かぶようです。

『日本書紀』によれば、六八六年九月九日に天武天皇が崩御し、十月二日に大津皇子の謀反が発覚、翌日、死をたまわったということです。あまりにも早い処刑と、皇子に加担したとされた周囲の人々はほとんど免罪されたことなどから、事件そのものが、天武天皇と持統天皇の子である草壁皇子を皇位につけるための謀略であったとみられています。

1991年に発掘された「大伯皇子宮」と書かれた木簡（奈良文化財研究所提供）

『日本書紀』には、大津皇子は立ち居振る舞いが立派で、学才に秀でた優れた人物であり、日本の漢詩文の隆盛は、彼から始まったとも記されています。『万葉集』だけでなく、現存最古の日本漢詩集『懐風藻《かいふうそう》』（七五一年成立）にも優れた作品を残し、同書に載る伝記には皇子の死を惜しむ文言もみられます。だからこそ、『万葉集』に大津皇子にまつわる一連の歌々が収められたのではないかと考えられています。

大伯皇女は罪人の姉として斎宮を解任され、六八六年十一月に帰京しました。以降、七〇一年に没するまで史書に登場せず動向は不明でしたが、飛鳥池工房遺跡（明日香村）から「大伯皇子宮」と書かれた木簡が出土し、帰京後も宮を営んでいたことがうかがえます。

（井上さやか）

25 土器で知る古代の炊飯

「ごはん」と言えば、ふつう米飯を、さらに広くは食事そのものを指しますが、こうした言葉の使い方は米食文化圏に共通しているそうです。

世界では「主食」という概念を持たない文化の方が多いなか、コメを主食として位置づける食文化が、稲作が盛んなアジア地域に分布しています。日本もこの例に漏れず、米食の歴史は遠く弥生時代にまでさかのぼります。ここでは、古代の飯炊きについて少し考えてみましょう。

現代では一般に炊飯器でコメを炊いていますが、古代の炊事はどのようにしていたのでしょうか。飛鳥時代の遺跡からは、多くの土器が出土します。その大部分は破片ですが、外面が黒く煤《すす》けていたり、内面に焦げが付着していたりする土器片をえり分け、根気よく接合してゆくと、球形や楕円《だえん》形の胴体に、短い広口《ひろくち》が開いた土師器《はじき》が姿を現します。

これが古代の煮炊き具「土師器甕《かめ》」です。火の回りが良さそうな丸い胴体に付着した煤は、甕をかまどにかけ、煮炊きに用いていたことを示しています。また、甕の内面に残る焦げは、きっと煮炊きされた食物の残滓《ざんし》でしょう。事実、藤原宮（橿原市）の西南官衙《かんが》地区（現在の官庁街）

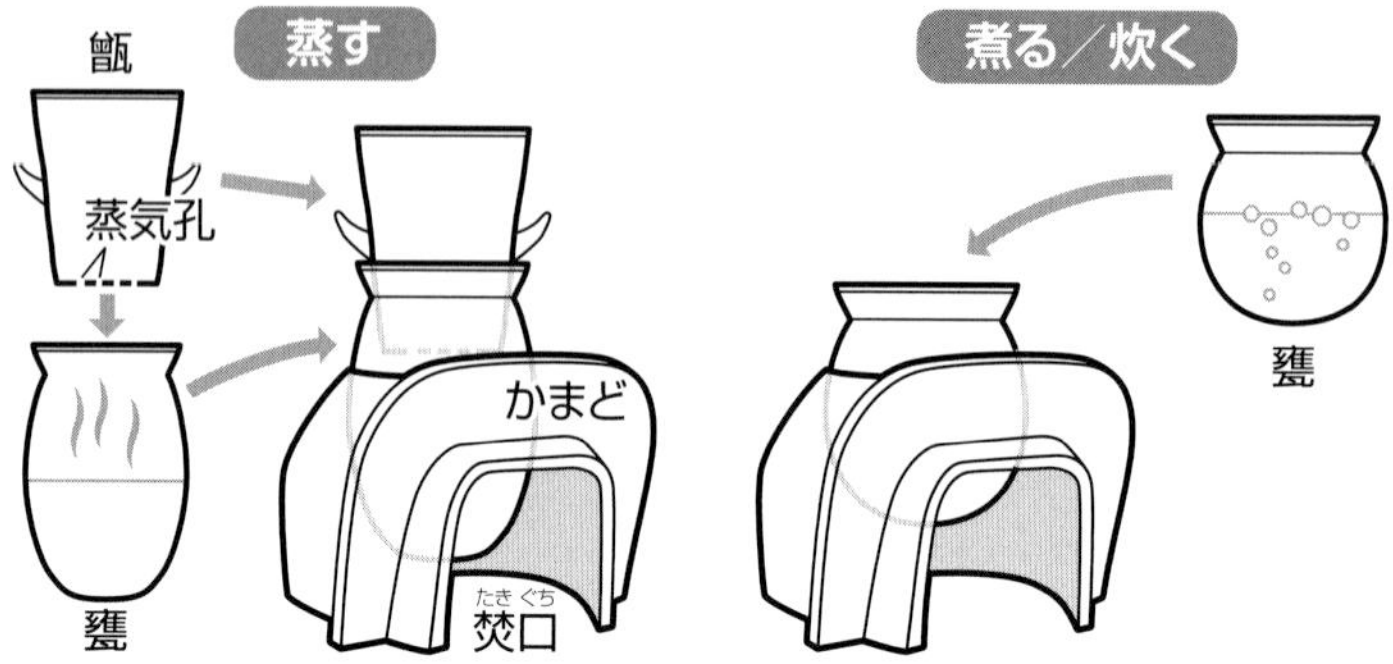

飛鳥時代の炊事のイメージ図。当時の人々は、このように土師器甕や甑を使って、炊飯をしたと考えられる

の井戸から出土した土師器甕に付着していた粒状の炭化物が、電子顕微鏡による観察によってイネ籾《もみ》および玄米状態のイネ粒と判定されたことがあります。

土師器には甕の他、甑《こしき》やナベもあります。甑は、底部に蒸気孔《あな》をもつ寸胴《ずんどう》形の炊さん具で、「蒸す」ための煮炊き具です。しかしながら、経験的にいって、土師器の甑は、甕に比べて数が少ないように思います。甑は主に木製のものを用いたともいわれます。

炊飯の方法は一般に、「炊き干《ぼ》し法」と「湯取り法」に区別できます。炊き干し法はコメ（粳米《うるちまい》）に対しておよそ一・二倍の水で炊き、釜の中の蒸気もコメに吸収させて蒸らす炊き方で、現在の炊飯器の主流です。湯取り法は、多めの湯でコメを煮立て、芯がなくなったあたりで煮汁を捨てる炊き方で、粘り気の少ない米飯に仕上がるそうです。主に長粒米の炊き方として東南アジアに分布しています。

一方、かまどに架けた甕で湯を沸かし、その上に架けた甑で、糯米《もちごめ》を蒸しあげる「蒸し飯法」もあります。糯米は炊くと焦げ付きやすく、生煮えになりやすい。だから蒸気加熱するわけです。この方法でできるのが、今日で言う「おこわ（強飯《こわいい》）」です。

飛鳥時代の炊飯法も、この三つの類型のうち、どれかに当てはまると思われますが、実はよくわかっていません。甑を用いた「蒸し飯法」はもちろんありましたが、甕を用いてどのように飯を炊いたのかは、さらに詳しい研究が必要だと思われます。

古代の人々は、コメだけを食べていたわけではありませんが、それでも必要なカロリーの大部分をコメから摂取していたと考えられます。その割合は、現代の日本人のそれを大きく上回ることでしょう。当然、足りない栄養素が出てきます。次項はそれを補う副食について取り上げます。

（森川実）

飛鳥時代の長胴形の土師器甕。口径23センチで、外面には煤が付着している（奈良文化財研究所提供）

26 貴族も庶民も食した海藻

わかめ、昆布、のり、寒天。これらは、いずれも海藻ならびに海藻を原料とする加工食品です。前項では、古代における炊飯事情を取り上げましたが、今度は古代の海藻食がテーマです。

海藻は穀類とは違い、カロリーベースで重視されることはありませんが、食物繊維やビタミン、ミネラルを豊富に含み、副食の材料としては優れています。米食依存では、不足しがちな栄養素を補う意味もあってか、日本人は古代から海藻類を食事に取り入れてきました。それらは隠岐国（現在の島根県）や尾張国（愛知県）など海に面した国々の調納品（租税の一種）として、種々の魚介類とともに、はるばる都まで運ばれてくる重要な食物だったのです。

しかし、古代に食用されていた海藻の名前は、現代のものとは少し違っています。例えば、藤原宮（橿原市）で出土した木簡に記されている海藻類の名前には、メ（軍布）、ニギメ（尓支米）、イギス（伊伎須）、モズク（毛豆久）、ナノリモ（奈乃利毛）、ノリ（乃利）、ミル（弥留）、心太（コロブト）があります。モズクやノリは今でもすぐにわかりますが、ニギメやイギスとなってくると急に難しくなります。

藤原宮跡資料室にある復元された古代の「庶民の食事」。玄米飯（左）**やアラメ汁**（右）**などがある**（奈良文化財研究所提供）

このうち、現在のワカメにあたるのはメ（軍布）で、「若軍布」と書けば、ワカメの新芽にあたるといいます。ニギメもワカメの一種とされます。イギスは今でも日本海側や瀬戸内海などで食用されている海藻類の一つです。心太は、寒天の原料であるテングサを指します。その一方で、現在の昆布にあたる海藻は、奈良時代にはヒロメと呼ばれており、陸奥国（宮城県などを含む東北地方）から平城京へ運ばれてきていましたが、藤原宮出土の木簡には見つかっていません。

奈良時代の「正倉院文書」には、写経所での給食で出されたと思われる食材として、ワカメ（海藻）、アラメ（滑海藻・荒海藻）、コルモハ・ココロブト（大凝菜・心太）、フノリ（布乃利）、ミル（海松）、モズク（毛豆久）などが幾度も登場します。

日々の給食で振る舞われたのは、米飯に野菜と海藻、そして醤（ひしお、醸造調味料の一種）、末醤、酢などの調味料でした。現代の観点から言えば、たんぱく質の不足がやや気になりますが、日々の食事の中で、海藻は様々な形で提供されたのではないでしょうか。

奈良文化財研究所の藤原宮跡資料室（橿原市木之本町）では、「貴族の食事」、「下級役人の食事」、そして「庶民の食事」と、古代の献立を復元して展示しています。例えば、貴族の膳では、豪華十三品目のうち二品（ところてんとワカメ汁）が海藻を用いたもので、庶民の膳では、玄米飯と黒々としたアラメ汁が、それぞれ異様な存在感を放っています。後者はお世辞にも「美味《うま》そう」には見えないのですが、かえってそのことが、ともかく腹を満たすという「食うこと」の本質をよく表しています。

飛鳥時代の食事は、およそこのような献立だったのでは？　という事実をひと通り踏まえたうえでの想像が、これらの復元食として結実しているわけで、正しいかどうかを別にしてもなかなか楽しいものです。

（森川実）

27 史跡守った「声の直訴状」

昭和三十〜四十年（一九五五〜六五年）代の高度経済成長のうねりは、大和盆地南端の小さな明日香村にも容赦なく押し寄せました。この村で生まれ育った私はまだ子供でしたが、村内を行き交う工事用のトラックが急に増えたのを覚えています。隣接する市町ではブルドーザーのエンジン音がうなり、木々の茂みは、赤土をむき出しにして、白いコンクリートの擁壁に守られる宅地へと変貌していきました。

明日香村は一寒村でしたが、一部の研究者や知識人らには、学術的価値や古代史のロマンあふれる宝庫として高い関心を持たれていました。一九六六年に制定された「古都保存法」で「古都」に指定されます。村内の一定地域が保存対象になりましたが、時代の流れは激しく、見る間にベッドタウン化していくのは必然ともみられる状況にありました。

そんな折も折、生業とする漢方脈診（漢方の診察法の一種）が千数百年の昔、飛鳥に伝わったことを知った一人の漢方医が、飛鳥に興味を持ち、足しげく訪れるようになります。その人、御《み》井《い》敬三《けいぞう》は目が不自由で、大阪市内で開業して脈で患者を診《み》、針と灸《きゅう》で治療する漢方の先生でした。

甘樫丘にて佐藤栄作首相（左）に労られる御井敬三氏（中央）と夫人（1970年6月28日、古都飛鳥保存財団提供）

御井は、飛鳥の空気のおいしさ、わずかに見えるいにしえからの素朴な風景に、この国の原点を感じたのでしょう。そのうち農家の小屋を借りて別荘にするほど、飛鳥への思いを強くしていきます。

しかし、開発の波は隣市境界にまで達し、一刻の猶予もないほどに切迫していました。御井は自宅を開放して、地元の若者に日本文化の素晴らしさを説き、飛鳥の歴史的価値について話し合いを重ねました。やがて地元住民の中に飛鳥保存への強い意識が芽生え始めるようになります。

飛鳥を守らなければ、後世に残さなければ、守るには国が動かなければ、法律で開発を止めなければ――。そう熱く語る御井の姿に、患者だった松下幸之助（パナソニック創業者）も動かされた一人でした。松下は「その思いを首相に届けたらどうか。私が届ける」と約束しました。御井は自らテープに吹き込み、松下が当時の佐藤栄作首相に手渡しました。いわゆる「声の直訴状」です。一九七〇年の年頭のことです。

その年の六月には、佐藤首相が村を訪れ、甘樫丘《あまかしのおか》の頂上で御井に握手を求め、直訴状への感謝を伝えました。まさにこれが、飛鳥保存が個人の思いから国の施策に移った瞬間でもありました。飛鳥保存財団（現、古都飛鳥保存財団）も、そんな流れの中で翌七一年に設立され、官民が一体となった飛鳥保存が軌道に乗っていくことになります。

直訴状には「明日香の風致と史跡を保護する処置を早急にとってください。明日香古京法というような特別の法令によって……」という一節があります。八〇年に施行された「明日香村における歴史的風土の保存及び生活環境の整備等に関する特別措置法」、いわゆる「明日香法」に見事に反映されました。

もちろん多くの人々の努力の上に飛鳥保存があり、今の村があります。しかし、あの時の一人の鍼灸医《しんきゅうい》の思いが嚆矢《こうし》となったことは、間違いないと思います。

（杉平正美）

上空から見た飛鳥宮跡（古都飛鳥保存財団提供）

28

史跡と生活 調和へ一歩

明日香村が一九六六年に「古都」に指定された「古都保存法」は、古都の歴史的な建造物や遺跡などを周辺の自然環境と一体的に保存することを目的としていました。明日香村のほか、京都市や神奈川県鎌倉市、奈良市、橿原市、斑鳩町など八市一町一村が「古都」に指定されています。

この法律で、村内の約三九〇ヘクタールが「歴史的風土保存区域」に定められました。そのうち石舞台古墳や飛鳥宮跡周辺はさらに規制が厳しい「歴史的風土特別保存地区」となり、建物の新築や増改築、宅地の造成、木の伐採などはもちろん、屋外の看板設置まで県知事の許可が必要となりました。これで飛鳥の保存にめどが立ったかのように思われましたが、都市開発の流れは予想外の早さで進み、山々が削られて誕生した「団地」が、じわりじわり村に迫ってきました。

当時、村内の主産業である農林業は若者の村外就職などによる後継者不足、小規模営農による生産力、競争力の弱さなどにより、苦境に立たされていました。保存区域の指定で一部とはいえ景観保全はなされましたが、住民の求める豊かな生活が後回しになりかけていました。

「保存か、開発か」。間もなく村の将来を巡って、こうした議論が熱を帯びてきます。火をつけ

極彩色壁画の発見で高松塚古墳に詰め掛けた考古学ファン（1972年3月、読売新聞社提供）

たのは、「飛鳥を守る特別な法律を作り、村も村民の暮らしも国で保護すべきだ」という主張をテープに吹き込んだ鍼灸医《しんきゅうい》・御井敬三《みいけいぞう》の「声の直訴状」が、当時の佐藤栄作首相に届けられたことでした。さらに、考古学者の末永雅雄と万葉学者の犬養孝が会長、副会長となり、研究者らによる「飛鳥古京を守る会」が一九七〇年三月に結成されました。国会議員らによる「飛鳥古京を守る議員連盟」も発足しました。

村を視察した佐藤首相は七〇年十二月、「飛鳥地方における歴史的風土および文化財の保存等に関する方策について」を閣議決定します。古都保存法の保存区域と特別保存地区の拡張に加え、県道の改良や飛鳥川の整備、公園、歴史資料館、宿泊施設、案内所の設置、民間による財団法人の設立などを決めました。これを受け、国営飛鳥歴史公園や飛鳥資料館の整備が始まり

●明日香法制定までのあゆみ

1966年1月	「古都保存法（古都における歴史的風土の保存に関する特別措置法）」制定
69年2月	飛鳥宮跡約55ヘクタール、石舞台古墳地区約5ヘクタールを歴史的風土特別保存地区に指定
70年初頭	鍼灸医の御井敬三氏が、「声の直訴状」を松下幸之助氏（パナソニック創業者）を介して佐藤栄作首相に提出
70年3月	「飛鳥古京を守る会」結成（末永雅雄会長）
5月	「飛鳥古京を守る議員連盟」発足（会長は当時運輸大臣だった橋本登美三郎氏）
6月	佐藤栄作首相が、明日香村を視察し、「国、県、村が協力し、住民が納得できるよう保存したい」と発言する
12月	佐藤内閣が、「飛鳥地方における歴史的風土および文化財の保存等に関する方策について」を閣議決定
71年4月	「飛鳥保存財団」（現、古都飛鳥保存財団）が発足
72年3月	高松塚古墳で極彩色壁画が発見される
80年5月	「明日香村における歴史的風土の保存及び生活環境の整備等に関する特別措置法」（明日香法）制定

ます。折しも七二年に高松塚古墳の極彩色壁画が発見されて考古学ブームが起こり、諸政策推進の大きな後押しになりました。

しかし、これらの施策は史跡や観光面の整備に大きく貢献した反面、住民生活を改善させるには十分ではなく、観光公害という新たな問題も発生し村民から不満の声も上がり始めました。こうした問題の解決を目指し、八〇年に施行されたのが、「明日香法」です。

明日香法は村全域で開発を厳しく規制しつつ、道路や下水道、学校、農業の基盤整備など住民生活を向上させる事業への国の財政支援などが盛り込まれました。「保存か、開発か」の葛藤は、貴重な歴史遺産を守ることとそこに暮らす住民の豊かな生活との調和を図るために、新たな一歩を踏み出しました。

（杉平正美）

古都飛鳥保存財団　半世紀の歩み　29

「飛鳥保存財団」（現、古都飛鳥保存財団）は一九七一年に設立され、間もなく半世紀の歴史を刻みます。一九七〇年の佐藤栄作内閣の閣議決定で、民間による財団法人の設立が要請され、発足したのです。

初代理事長には松下幸之助（パナソニック創業者）が就任しました。他の理事には経団連会長の植村甲午郎、大阪商工会議所会頭の佐伯勇（第二代理事長）ら経済界の大物、歴史学者の坂本太郎、考古学者の末永雅雄、万葉学者の犬養孝、文学者の川端康成、日本画家の東山魁夷など各界を代表する顔ぶれが名を連ね、国を挙げて飛鳥保存に取り組む決意を示すかのような陣容でした。

財団は七二年三月、明日香村の近鉄飛鳥駅前に総合案内所をオープンさせます。まさにタイミングを合わせたかのように高松塚古墳の極彩色壁画が発見され、一気に増えた飛鳥ファンを迎えることになりました。余談ですが、壁画の発見時、私は十九歳。当時、村役場の職員だった父が、壁画が夜間に壊されないよう夜警をしていました。父に夜食を差し入れるため、真っ暗な道を恐る恐る発掘現場まで行ったことを思い出します。寝ずに見張るほど、壁画は、社会に大きな影響を与えたのです。

飛鳥保存に必要な資金に充てる寄付金つき壁画の記念切手が発行されたのは七三年三月のことでした。追加発行分を含めて一億二〇五〇〇万枚が販売され、当時の金額で六億七四〇〇〇万円もの配分金が財団に交付され、それを原資に七六年十月、高松塚壁画館が完成します。発見当初の壁画を和紙に岩絵の具で忠実に再現した模写などが展示され、二〇二〇年には累計入館者数が六百五十万人を数え、今でも毎年十万人近くが訪れる飛鳥有数の観光スポットとなっています。

さらに一九七四年、財団は研修宿泊所「祝戸荘」を開業、廉価で泊まれる施設として、祝戸地区に建設されました。二〇年のコロナ

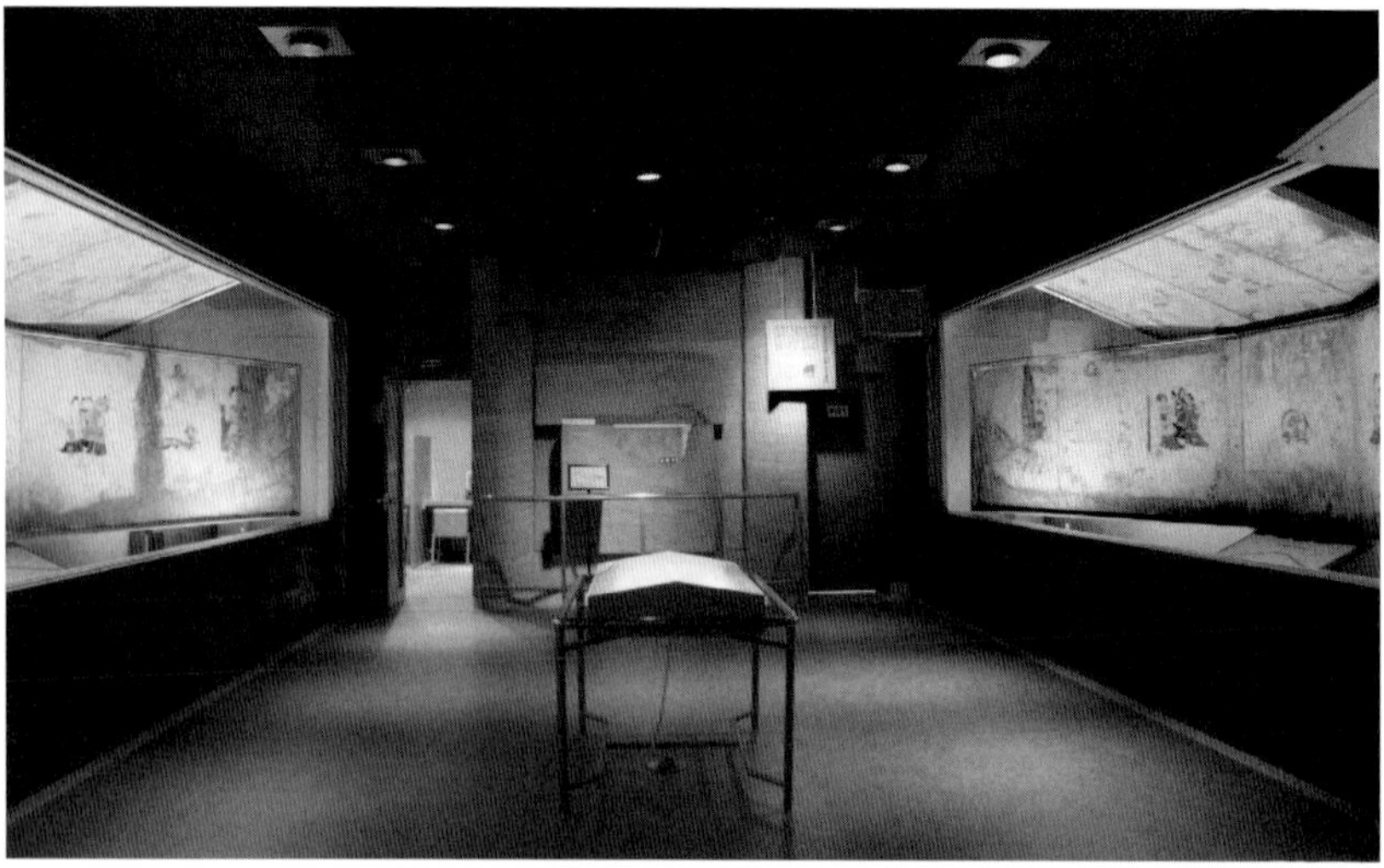

発見当初の壁画の模写などを展示する高松塚壁画館（古都飛鳥保存財団提供）

禍により残念ながら休業しましたが、再オープンを探っています。

設立十周年記念事業として八一年に創刊したのが季刊誌「明日香風」でした。創刊号のタイトルは「万葉のロマンと歴史の謎」。二〇一五年四月発行の第一三四号をもって資金的な問題などで休刊しましたが、本当に多くの研究者の方々に執筆いただき、まさに飛鳥学の集大成ともいえる大きな財産になりました。

季刊「明日香風」の創刊号～第3号（古都飛鳥保存財団提供）

財団は一一年に現在の「古都飛鳥保存財団」となり、一三年には公益法人制度改革によって公益財団法人に移行し、今に至っています。

飛鳥保存は、国による支援で大きく前進しましたが、当財団設立趣意書にある「政府の施策が重要であることは申すまでもありませんが、それのみでは必ずしも十分とは申せないのであります。むしろその多くの分野は、民間においてこそ効果的に実施しうるものがあろうと思うのであります」が存在意義だと考えています。これからも行政と民間との橋渡し役となり、わずかながらも飛鳥保存に貢献していきたいと考えています。


（杉平正美）

30 制限される古墳の築造

古墳時代に続く飛鳥時代は、古墳が終焉《しゅうえん》を迎えた時代でした。飛鳥時代を通じて古墳は次第に小さくなり、造られる数も減り、七一〇年の平城遷都《へいじょうせんと》の頃には全く造られなくなります。古墳という同じ形式の墓を共有することで支配者層が仲間意識を確認し、墳丘の形や大きさによって、身分の上下関係などの政治的秩序を〈視覚化〉していたのが古墳時代的な社会の仕組みだったと考えられます。飛鳥時代には、天皇を中心とする中央集権的な国家体制が整備されていく中で、そのような古墳の役割も変質し、やがて不要になったということでしょう。

それと同時に、飛鳥時代には、根強く残る古墳築造の伝統に対する規制も行われました。その具体例が、『日本書紀』の大化《たいか》二年（六四六年）三月二十二日の条に見えるいわゆる「大化薄葬令《たいかのはくそうれい》」です。

「薄葬」とは、多くの人々を動員した土木工事で大きな墓を造り、財物を湯水のように使い尽くす「厚葬《こうそう》」に対して、必要最小限の簡素な埋葬を意味します。薄葬令の冒頭には、中国・魏《ぎ》の創始者、曹操《そうそう》、曹丕《そうひ》父子の厚葬を戒める言葉が引用されています。続いて、王以下の皇族や豪族が築造できる古墳の墳丘や石室の規模、築造に動員できる役夫《えきふ》（作業員）の人数と日数などの制限が、身分に応じて細かく定められています。被葬者の後を追って自殺する殉死《じゅんし》、貴重な物品の副葬、哀悼の意を表すための自傷といった習俗は禁じられました。また違反者には処罰を与えるとも記されています。

こうした命令が、孝徳天皇の詔《みことのり》として発せられた、というのです。薄葬令の規定は極めて具体的で、『日本書紀』が記す詔文そのままであったかどうかは別として、その基になる命令は存在したと考えるのが一般的です。しかし、それが孝徳朝の六四六年に発布されたかどうかは議論があり、天武朝（六七三〜六八六年）まで下るという意見もあります。

そもそも薄葬令は、古墳の築造自体を全面的に禁止したものではありません。全体とし

薄葬令の規定に合致するとされる鬼の俎・雪隠古墳の石槨上部（岡林撮影）

鬼の俎・雪隠古墳の石槨底部（岡林撮影）

ては薄葬化を目指しながら、身分に応じた制限を設けて、より一層の古墳の序列化を推し進めようとした命令であったと理解すべきです。その点では、古墳に対する前時代的な意識がなお命脈を保っていた段階にこそ有効であったと考えなければなりません。その発布は、孝徳朝の出来事であったと考えても矛盾はないでしょう。

　薄葬令の発布後もしばらくの間は、規定を逸脱した古墳は造られ続け、その実効性は限定的なものにとどまったようです。しかし、近江遷都や壬申《じんしん》の乱を経て、中央集権体制が整っていく中で、古墳の数は激減し、確実に小さくなっていきます。

　冠《かんむり》の色で身分的秩序を視覚化した冠位《かんいせい》制と同じように、古墳が本来もっていた視覚性を巧妙に利用して豪族たちを序列化し、官人として中央集権体制に取り込んでいくことが、薄葬令の本当の目的だったのではないか。そのようにも思えてなりません。

（岡林孝作）

31 古墳の終焉

飛鳥時代が始まった六世紀末前後を境にして、前方後円墳はほとんど造られなくなり、支配者層たちは代わって大型の円墳、方墳を築造するようになります。古墳縮小化の第一段階です。

推古天皇のもとで推進された六〇三年の冠位《かんい》十二階制定、翌年の十七条憲法制定をはじめ、遣《けん》隋使《ずいし》たちが中国・隋から持ち帰った先進的な思想に基づく政治改革と無関係ではないと思われます。

その一方で、『日本書紀』によれば、最有力の豪族であった蘇我氏は六二六年に亡くなった蘇我馬子《うまこ》の「桃原墓《ももはらのはか》」を盛大に造営しました。

そして、馬子の子である蝦夷《えみし》、孫の入鹿《いるか》は、多くの民を強制的に動員して生前から自分たちのための墓「大陵《おおみささぎ》・小陵《こみささぎ》」を築造するなど、あたかも古墳の縮小化に逆行するような振る舞いを見せます。

実際、桃原墓と考えられている石舞台古墳は、巨石を積み上げた最大級の横穴式石室を有する一辺の長さ約五〇メートルの大型方墳です。また、最近見つかった小山田《こやまだ》古墳は、一辺の長さが

牽牛子塚古墳の発掘調査（明日香村教育委員会提供）

牽牛子塚古墳の横口式石槨（明日香村教育委員会提供）

八〇メートルを上回る飛鳥時代最大の方墳であることが判明しましたが、これを蝦夷の大陵に当てる説もあります。

六四六年、孝徳天皇は大《たい》化薄葬令《かのはくそうれい》を発布します。古墳縮小化の第二段階です。薄葬令は、蘇我蝦夷、入鹿父子を乙巳《いっし》の変で滅ぼした中大兄皇子や中臣鎌足らが、孝徳天皇を推戴《すいたい》して進めようとした政治改革の一環として位置づけられます。このタイミングには、飛鳥の地に大古墳を造営し、古墳時代的なやり方で再び政治的秩序を視覚化しようとした蘇我蝦夷らの手法を否定する意味も込められていたはずです。七世紀第三四半期のうちに築造される古墳の数は激減し、墳丘はさらに小さくなります。

七世紀半ば以降の動向として重要なものに八角墳（八角形墳）の造営があります。明日香村内には、女帝・斉明天皇の真の墓の可能性が指摘されている牽牛子塚《けんごしづか》古墳や野口王墓《のぐちおうのはか》古墳（天武・持統天皇陵）、真の文武天皇陵として有力視されている中尾山古墳などの八角墳があります。

八角墳は、薄葬令には規定がありませんが、大王《おおきみ》（天皇）陵もしくはそれに準ずる一部の皇族墓として限定的に採用されたと考えられており、それ以外の古墳との差別化が図られました。特に七世紀第四四半期以降は、八角墳以外の古墳はほとんど造られなくなり、わずかに築造される古墳もごく小規模なものに限られ、天皇陵である八角墳は、隔絶的な存在となります。これが古墳縮小化の最終段階です。

まもなく急速に火葬が広まり、古墳は完全な終《しゅう》焉《えん》を迎えます。古墳の築造がまさに終焉を迎えようとしていた段階での八角墳の築造は、政治的秩序を視覚化する古墳本来の機能が発揮された、最後の姿であったと評価できるでしょう。（岡林孝作）

野口王墓古墳（天武・持統陵）**の全景**（岡林撮影）

32

発掘でわかった斉明天皇の大規模開発

二〇一九年、天皇陛下は退位され、皇位を皇太子さまにお譲りになりました。

天皇が自ら生前に退位することは、今から約一三五〇年余り前、蘇我蝦夷、入鹿父子が滅びた乙巳《いっし》の変の時に、皇極天皇が退位したことが、初めての事例でした。皇極天皇の時代には、『日本書紀』を読んでも、大きな政治的な出来事や施策がみられません。蘇我氏の横暴さばかりが強調されており、その後に起きた乙巳の変へと至る経緯と経過の記述がほとんどを占めています。

唯一、皇極天皇の業績として記されているのは、南淵《みなみぶち》（明日香村稲渕）の河上で雨ごいをして、雨を降らせたという記述くらいです。皇極天皇は、蘇我氏の影に隠れて、シャーマン的な要素だけが取り上げられていたのです。しかし、大化の改新を行った孝徳天皇の後、皇極天皇は、飛鳥へ戻り、斉明天皇として再び即位します。このように二度即位することを「重祚《ちょうそ》」と呼びます。

新たに斉明天皇になると、皇極天皇の時代とは異なり、飛鳥の宮殿だけでなく、漏刻台《ろうこく》（水時計）や迎賓館、庭園、そして宮殿の東の山に祭祀《さいし》を行う施設を造るなど、飛鳥の都を大規模に開発していきます。

　斉明天皇の宮殿である「後《のちの》飛鳥《あすか》岡本宮《おかもとのみや》」の東の丘陵上には「酒船石」と呼ばれる石造物があります。その性格については、酒を醸造する施設や朱を作る施設、庭園施設、祭祀施設、さらにはゾロアスター教の秘儀を行ったなど、様々な説が流布していました。漫画家の手塚治虫は想像をふくらませて、「三つ目がとおる」の中で古代に栄えた三つ目族の子孫である主人公・写楽に、権力者が民衆を自由に操る薬を作るための調合台だったと語らせています。

酒を醸造する施設や庭園施設など様々な説がある「酒船石」

酒船石のある丘陵で発見された天理砂岩の石垣

　その丘陵上で一九九二年に、天理市で採石されるレンガ状の石（天理砂岩）を使用した石垣が見つかりました。『日本書紀』の六五六年には、斉明天皇の業績として「時

酒船石のある丘陵直下で見つかった亀形石槽の導水施設

に興事《おこしつくること》を好む。廼《すなわ》ち水工をして渠《みぞ》穿《ほ》らしむ。香山《かぐやま》の西より、石上山《いそのかみのやま》に至る。舟二百隻を以て、石上山の石を載《つ》みて、流の順《まま》に控引《ひ》き、宮の東の山に石を累《かさ》ねて垣とす」とあります。斉明天皇は土木工事を好み、香具山（橿原市）の西から石上山（天理市）まで溝（狂心渠）を掘らせ、石上山の石を船で運んで宮殿の東の山に石垣を造らせたというのです。発見された石垣はまさにこの記述と合致しています。さらに、その後の調査で、遺跡の東辺を南北に流れる運河も見つかっています。

　これまで『日本書紀』の飛鳥時代の記述は、創作や誇大な表現があると考えられていました。宮殿の東の山に石垣を巡らすなど、考えられなかったのです。しかし、水時計（水落遺跡）や迎賓館（石神遺跡）など、斉明天皇が行った大規模開発の痕跡が、次々と遺跡として私たちの前に現れてきたのです。

　ただし、『日本書紀』にはすべてが記されているわけではありません。二〇〇〇年に見つかった亀形石槽の導水施設などは、まったく記されていません。亀形石槽の発見により、酒船石を含む遺跡が天皇が祭祀を実践した場所であることがわかりましたが、まだまだ謎は残されています。

（相原嘉之）

33 謎の石造物を作らせたのは誰か？

飛鳥には、酒船石や須弥山石《しゅみせんせき》、出水《でみずの》酒船石、猿石、亀石、鬼の俎《まないた》・雪隠《せっちん》、益田岩船など、謎の石造物が多くあります。これらの石造物は通称「飛鳥石」と呼ばれる石英閃緑岩《せんりょくがん》（花崗岩《かこうがん》）を加工・彫刻した独特なもので、他の地域では類例の少ないものです。

石造物のうち、鬼の俎・雪隠は、本来、俎石の上に雪隠が被《かぶ》さって、石室を構成する終末期古墳であったことがわかっています。また、益田岩船も古墳の石室の製作途中にヒビが入った未製品であったと考えられています。

ではこの他の石造物はどうでしょうか？　酒船石と亀形石槽は、水を使った天皇の祭祀《さいし》に関わる石造物であることがわかっています。一方、須弥山石と石人像は噴水の仕組みを備えた石造物で、いずれも斉明天皇の迎賓館とされる石神遺跡から出土しています。蝦夷《えみし》や隼人、朝鮮半島からの客人を饗応《きょうおう》する儀礼に用いられたオブジェと考えられます。

出水酒船石は、苑池内に樹立した石造物と一連になって、池に水を放水する石造物です。この庭園（飛鳥京跡苑地）も、斉明天皇の時代に造られたと考えられます。猿石はその表情が伎楽面と類似することから、飛鳥時代に渡ってきた伎楽を石造物で表現したとも考えられます。

　これに対して、亀石はまだ、その性格が明らかでありませんが、飛鳥の石造物は様々な場所で、その用途に合わせて作られたことがわかります。

　では、これらの石造物は飛鳥時代の中でも、いつ作られたのでしょうか？　石造物の出土した遺跡やその年代をみてみると、いずれも斉明天皇の時代の遺跡であることがわかります。それ以前にも、以降にも、このような石造物はみられません。つまり、飛鳥時代約百年間の中でも、

謎の石造物「亀石」（相原撮影）

斉明天皇の頃に作られたのです。そして、このような硬い石材を彫刻する技術は当時の日本にはなく、朝鮮半島から来た石工によって作られたのでしょう。

では、これらの石造物を作らせたのは誰でしょうか？　斉明天皇の時代は、実は中大兄皇子が政治を行っていたという説もありますが、天智天皇の近江大津宮周辺では、このような石造物は見つかっていません。やはり斉明天皇の意向ということになるでしょう。

（相原嘉之）

34 漏刻（水時計）が造られたわけ

一九七二年、飛鳥の水落《みずおち》という場所で、特殊な構造の大型建物跡が発見されました。前例のない遺構で、どのような施設か研究者を悩ませることになりました。

全体に及ぶ発掘調査により、石を貼った溝で囲まれた基壇（土台）と大型建物、それと一体をなす木の樋《とい》や銅管で構成された水を流す仕掛けなどがみつかりました。建物の基礎は地中の礎石どうしを石でしっかりとつなぎ、太い柱を礎石上面の穴に落とし込み、土をつき固めて安定させる強固な構造でした。

建物中央には巨大な花崗岩《かこうがん》の切石と黒漆塗りの木箱が置かれていました。基壇の地中には、東方から建物中央へ給水する木樋《もくひ》があり、銅管を通じて建物内に水をあげるようにしたようです。排水は飛鳥川や北に隣接する石神《いしがみ》遺跡へ送っていました。つまりこの遺跡は、中央の木箱で水を大量に利用する構造で、ずれたり、ゆがんだりしないようあらかじめ頑丈につくられた施設だということです。出土した土器から、遺跡の年代は七世紀中頃すぎと考えられました。

『日本書紀』には、斉明天皇六年（六六〇年）五月条に「皇太子（中大兄皇子）が初めて漏刻《ろうこく》（水時計）をつくり、民に時を知らせた」という記事があります。漏刻は水を多量に使い、精密さも求められます。研究の結果、水落遺跡はこの漏刻の跡だと判明しました。黒漆塗りの木箱は漏刻本体の下の部分が残っていたものです。

水落遺跡の発掘調査で見つかった貼石で囲まれた漏刻台跡（奈良文化財研究所提供）

漏刻は中国では紀元前から使われ、出土品や文献、後世の遺例が中国や韓国に知られています。唐の貞観年間（六二七〜六四九年）頃には四段に積んだ方式に進化していました。漏刻の原理は単純で、階段状に並べた水槽の最上段に水を入れ、銅管でサイフォンの原理によって順々に下段へ水を送ります。

一段だけでは水槽内の水量・水圧の変化につれて水の流速も変動しますが、四段繰り返すとほぼ安定した水流になります。そうして一定の速度で水を溜《た》めながら、浮きをつけた棒（箭《や》）の目盛の上昇で時刻を知る、という仕組みです。時刻は鐘や鼓を鳴らして知らせました。

時間を計るにはずいぶん大げさな装置だと思

われるかもしれません。しかし想像してください。もしこの世に時計も時報もなかったら、私たちはどうやったら時間の長さを正確に把握できるでしょうか。昼夜を通して常に正確に時の流れを知るのは、実はたいへん難しいのです。漏刻は当時のハイテクでした。

では、中大兄皇子は新しい技術が好きで水時計を造ったのでしょうか。

飛鳥時代は大陸の文化や技術を取り入れて、国づくりを進めた時代でした。時報は定刻での活動につながり、宮門の開閉や官人の勤務にも関係します。漏刻と時刻制は官僚制の整備に関連して導入されたと推測することができます。

漏刻の復元模型（奈良文化財研究所提供）

また、天子が時を支配するという中国の思想の影響も考えられます。

『日本書紀』には天智天皇十年（六七一年）、近江大津宮に漏刻が置かれたことと、この漏刻は天皇が中大兄皇子だったときに初めて造ったものであることが記されています。水落遺跡の漏刻は近江大津宮に運ばれたのかもしれません。

現在、水落遺跡は史跡整備されており、漏刻の模型は飛鳥資料館に展示されています。ぜひ現地で、時の流れを感じてください。

（石橋茂登）

35 石神遺跡　迎賓の施設

飛鳥には古代の宮殿の遺跡がいくつかあります。その中でも大規模なものの一つが石神《いしがみ》遺跡です。石神遺跡は前回ご紹介した水落《みずおち》遺跡のすぐ北側に広がっており、現在は明日香村埋蔵文化財展示室と農産物販売所になっている旧飛鳥小学校の周辺が、石神遺跡の中枢部にあたります。

石神遺跡という名は、明治時代に「須弥山石《しゅみせんせき》」と「石人像」が出土した場所の小字「石神」に由来する名称で、古代にどう呼ばれていた施設なのかはわかりません。奈良文化財研究所が長年にわたって発掘調査した結果、飛鳥時代を通じて何度も改修が行われた、大規模な施設だったことがわかりました。

遺構は大きく斉明朝（七世紀中頃）、天武朝（七世紀後半）、藤原宮の時代（七世紀末〜八世紀初め）に区分できます。最も施設が整えられたのは七世紀中頃。大型の中心建物を細長い建物で長方形に囲む大小の区画が、東西に並列していました。

水落遺跡との間にある南限の塀から、北限にあたる塀と石組み大溝までは約一八〇メートル。遺跡内には石組み溝が縦横にはしり、全体が石敷きで舗装されていました。東側の石敷き広場には巨大な井戸があり、石で護岸した方形の池なども造られていました。これらの施設は儀礼的な用途に用いられたものと推測されます。

出土品は膨大な量の土師器《はじき》や須恵器のほかに、珍しい東北地方の土器や、朝鮮半島から持ち込まれた新羅土器などもあり、普通の役所とは違う特殊な性格がうかがえます。『日本書紀』には斉明朝の頃に東北各地の蝦夷《えみし》らを饗応《きょうおう》した記事がたびたび出てきますので、石神遺跡はそのような服属儀礼を伴う饗宴《きょうえん》の場、すなわち迎賓館のような施設と考えられます。

石神遺跡で出土した新羅産長頸壺（奈良文化財研究所提供）

周囲の地形をみると石神遺跡は南から北へ下がる傾斜地にあり、東半分は谷筋にあたります。遺跡内の高低差が意外とあり、「須弥山石」が出土した南端付近に立つと藤原宮や香久山・耳成山、遠く奈良山や生駒山まで見通すことができます。

石神遺跡の現地は旧小学校の敷地や水田で、古代の景観を偲《しの》ぶよすがはほとんどありませんが、旧小学校プールのそばの農道沿いに、石敷き遺構の露出展示と解説板があります。少しわかりにくいかもしれませんが、探してみてください。

余談ですが、少し古い本や地図で石神遺跡のところに飛鳥浄御原宮《あすかきよみはらのみや》と書かれていることがあるのを疑問に思った方もいるでしょう。実は石神遺跡周辺は、大正時代の喜田貞吉の学説以来、飛鳥浄御原宮の推定地でした。飛鳥浄御原宮は飛鳥寺と同じ真神原《まかみのはら》にあるとされています。そのため飛鳥寺北側の石神遺跡が地名などから候補と考えられたのです。しかし飛鳥寺の南側に広がる飛鳥宮跡の調査研究が進展して、現在はそちらの上層遺構が飛鳥浄御原宮と判明しています。

一九二九年の中岡清一による発掘調査も飛鳥浄御原宮の石敷きを狙ったものでした。中岡が吉野宮滝遺跡について講演した際、飛鳥村（当時）の上田喜八郎から同様の石敷きの存在を教えられ、調査を行いました。飛鳥の宮殿は石敷きが特徴的なので、かつて飛鳥浄御原宮の石敷きと考えられて発掘調査され、のちに整備されたものが、石神遺跡の石敷きの露出展示なのです。

（石橋茂登）

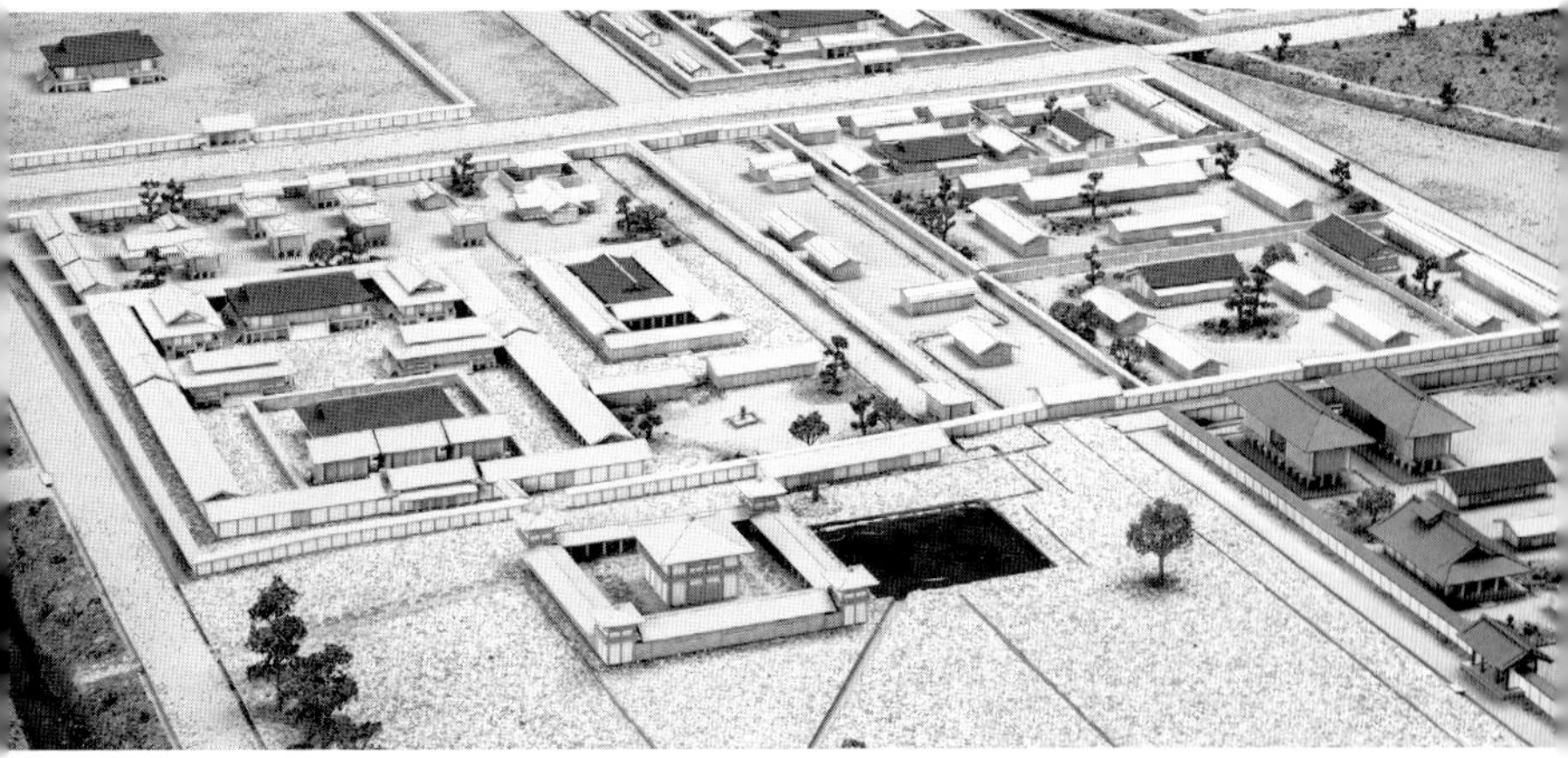

水落遺跡の漏刻台（手前）**と石神遺跡**（奥）**の推定復元模型**（奈良文化財研究所提供）

36 須弥山石が象徴した「世界の中心」

飛鳥資料館にある石造物「須弥山石《しゅみせんせき》」をご存じでしょうか。花崗岩《かこうがん》製で、飛鳥時代の噴水装置と考えられています。明治時代に石神《いしがみ》遺跡の一角、石人像と同じ場所から掘り出されました。

須弥山石は現状で三石からなり、高さ二・三メートル。山岳と波のような文様から、仏教世界の中心にある須弥山の像と考えられています。文様が連続しないので、本来は四石で構成されていたものが、今は下から二石目が失われていると考えられています。各石は内部が刳《く》り抜《ぬ》かれていて、水圧によって底部から下段内部の水槽へ送られた水が、小孔《あな》を通じて噴き出す構造です。

『日本書紀』には「須弥山」が四回登場します。①推古天皇二十年（六一二年）、百済人の路子《みちこの》工《たくみ》に須弥山の形と呉橋《くれはし》を南庭に造らせた。②斉明天皇三年（六五七年）、須弥山の像を飛鳥寺の西に造り、盂蘭盆会《うらぼんえ》を設け、覩貨邏《とから》人を饗《きょう》した。③斉明天皇五年（六五九年）、甘檮丘《あまかしのおか》（甘樫丘）の東の川上《かわら》に須弥山を造り、陸奥《みちのく》と越《こし》の蝦夷《えみし》を饗した。④斉明天皇六年（六六〇年）、初めて漏《ろう》刻《こく》を造った。また、石上池の辺に須弥山を造った。高さ廟塔《びょうとう》の如《ごと》し。粛慎《みしはせ》四十七人を饗《きょう》した。

記事から須弥山の場所を検討してみましょう。①の南庭は小墾田宮《おはりだのみや》の一部で、小墾田宮は石神遺跡の北西にあたる雷丘《いかづちのおか》東方遺跡周辺が有力とみられています。または、石神遺跡の東側との説もあります。

②に関して飛鳥寺の西といえば槻木《つきのき》の広場が有名ですが、②の時点では漏刻（水落遺跡）はまだないので、飛鳥寺の西側一帯が候補になります。

③の甘檮丘の東の川上は飛鳥川の川原を指し、飛鳥寺の西側です。④の石上池は不詳ですが、当時存在した石神遺跡北側の沼沢地、あるいは石神遺跡や雷丘東方遺跡の石組池を指す可能性があります。

要するに須弥山を造った場所は、すべて飛鳥寺の西側から北側、あるいは雷丘までの範囲にあるのです。特に斉明朝に四年で三回も須弥山を造ったというのは、須弥山の像を三回製造したのではなく、須弥山が立つ儀礼空間を三回、造作などし

須弥山石。重要文化財に指定されている（奈良文化財研究所提供）

て整えたという意味でしょう。「須弥山石」はこの「須弥山」と考えられます。現在知られている須弥山石の遺物が一組しかないことから考えても、一つの須弥山石を再利用したと考える方が妥当です。

ポンプのない時代、地形の高低差を利用した用水系統を敷設しなおして噴水の場所を変えるのは限界があったはずです。②③④は時間的にも近いので、用水系統を生かしてあまり場所を変えずに整備し、④の時点でそのインフラを活用して漏刻も設置したのではないでしょうか。しかし、須弥山を立てた直接の痕跡は見つかっていません。

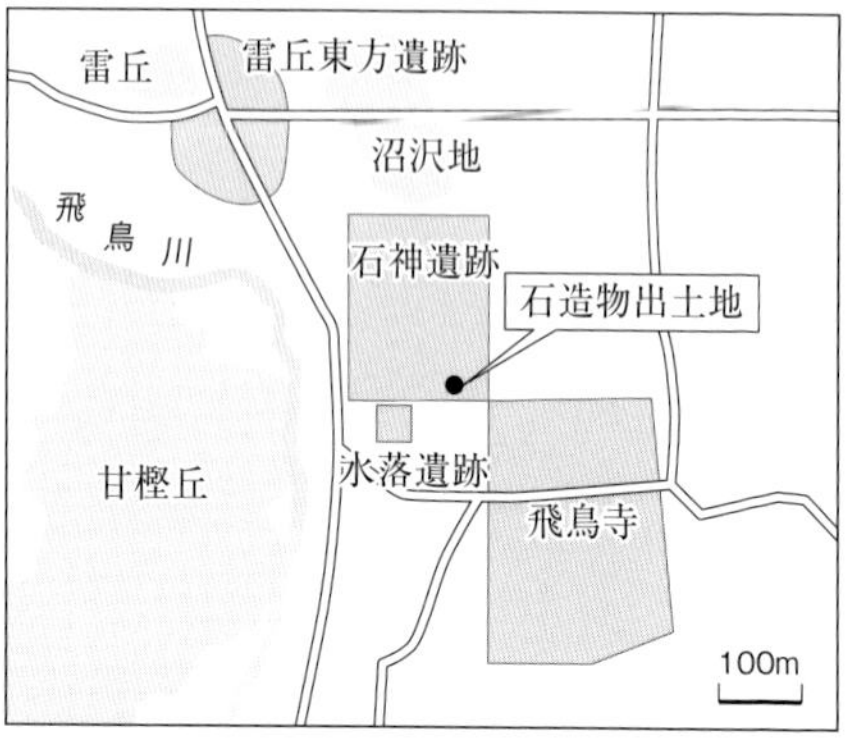

②〜④からは異民族の饗応の場に須弥山を造ったことが知られます。須弥山は世界の中心です。また、天智天皇十年（六七一年）に大友皇子らが織仏の前で須弥山に住まう諸天や天神地祇にかけて誓盟したように、須弥山は聖なる盟約の場ともなりました。したがって、須弥山石は異民族を従えた大王（天皇）のいる飛鳥が世界の中心だと象徴する、日本版中華思想の舞台装置と推測されます。しかし、このような石造物は大陸にはなく、斉明朝以後に須弥山は登場しません。中国風の思想や儀礼を導入してゆく、過渡的な様相を示す遺品なのでしょう。

（石橋茂登）

37 石神遺跡に古代の武器庫

前項では七世紀中頃の斉明朝の石神《いしがみ》遺跡を主に述べました。その後、中心施設は火災にあい、建物はすべて撤去され、七世紀後半の天武朝には塀で区画された建物や倉庫が並ぶ施設になりました。七世紀末から八世紀初頭の藤原宮期になると、石神遺跡は掘立柱塀で囲まれた区画に小規模な建物が並ぶ官衙《かんが》（役所）的な施設となります。

石神遺跡では藤原宮期の改修にともなう整地土や穴から百本以上の鉄鏃《てつぞく》（矢じり）をはじめとする、多量の武器や工具が出土しました。改修の際に捨てられた鉄鏃などが整地土の中に紛れ込んだと判断できますので、斉明朝より後、藤原宮期より前に、多くの武器を保管する施設が存在した可能性があるわけです。

この考古学的な状況から、壬申の乱に登場する小墾田兵庫《おはりだのつわものぐら》との関連が推測されています。小墾田兵庫は『日本書紀』天武天皇元年（六七二年）六月二十九日の記事に出てくる武器庫で、記事からは大量の武器が保管されていたこと、壬申の乱の時に軍営が設けられた槻木《つきのき》の広場からさほど遠くないことがわかります。

石神遺跡出土の鉄鏃（奈良文化財研究所提供）

石神遺跡周辺の古代の地名を考えると、石神遺跡の北西にある雷丘《いかづちのおか》東方遺跡で奈良時代末頃の「小治《おはり》田《だ》宮」と記した墨書土器が出土したことから、この周辺の地名が小墾田だとわかります。小墾田は小治田とも表記されます。飛鳥寺周辺が「飛鳥」で、その北が「小墾田」だったのです。

したがって、石神遺跡の鉄鏃は、小墾田にあった武器庫の遺物という可能性が高いと言えるでしょう。ただし、例えば宮殿や倉の警護のためにも武器が必要でしょうから、ある程度の武器があった施設は小墾田兵庫だけとは限らないかもしれません。

このほか、天武朝以降の石神遺跡に関する重要な発見としては、石神遺跡の北側にあった沼沢地を整地して造られた溝の埋土などから三千点以上もの木簡がみつかり、天武・持統朝の一大史料群となりました。

出土木簡のなかでも話題となったのは孔《あな》のあいた円盤のような木簡です。これは注を具《そな》えた暦の意味で「具注暦」といいます。古代のカレンダーの一部で、月日や干支《かんし》、吉凶などが書かれています。

具注暦木簡（左が表面、奈良文化財研究所提供）

持統天皇三年（六八九年）三～四月の暦で、もとは大きな板でしたが、その一部が再利用のために円形に加工されて、偶然残ったものです。使われている暦は、五世紀の中国で作られ、百済でも使われた「元嘉暦《げんかれき》」という種類の暦です。この木簡は私が担当した発掘調査で出土しました。あとで具注暦の最古の実例とわかり、たいへん驚いたものです。

出土した木簡群の研究からは、政府関係の機関が石神遺跡周辺にあったことがわかりました。これは、官僚機構の整備拡充にともない、飛鳥浄御原宮《あすかきよみはらのみや》の外にまで役所群が広がっていたことを示しています。

石神遺跡は遺構や出土品からみて飛鳥でも有数の重要施設だったことは間違いありません。石神遺跡の東側や北西側には未発掘地が広がっており、調査が進めば推古朝の小墾田宮もはっきりするでしょう。今後の調査研究が期待されます。

（石橋茂登）

38 水田の下に眠る飛鳥の宮殿

皆さんは「宮殿」というとどのようなものを想像するでしょうか。京都御所《きょうとごしょ》、中国の紫禁城《しきんじょう》、フランスのベルサイユ宮殿など、いろいろあると思います。七世紀に飛鳥に造営された宮殿は、それらと比較すると規模が小さく、豪華絢爛《けんらん》でもなかったことが発掘調査によってわかっています。

代々の天皇の宮が営まれた飛鳥宮は、江戸時代頃から所在地の推定がおこなわれてきましたが、具体的にわかったのは一九五九年のことです。

調査の契機となったのは、奈良県南部の吉野川《よしのがわ》から奈良盆地へ農業用水を導く吉野川分水建設の事前調査です。調査は当時の奈良国立文化財研究所が実施し、石敷きや掘立柱列を確認し、遺跡の存在が初めて明らかになりました。

吉野川分水は遺構を避けて、遺跡が広がる平地の縁辺部を通るように路線が決定され、一九六〇年以降は奈良県教育委員会（橿原考古学研究所）が周辺の発掘調査をおこなうこととなりました。

古代の掘立柱建物は、法隆寺東院《ほうりゅうじとういん》下層（斑鳩宮《いかるがのみや》）の発掘調査ですでに検出方法が確立しており、宮殿の石敷き遺構についても同様の例が宮滝遺跡（吉野《よしのの》宮《みや》）の発掘で知られていました。ところが、飛鳥の宮殿については規模や構造などの手がかりが全くない中での調査開始となりました。

飛鳥宮跡の所在地一帯は、現在も水田が広がっています。水田は稲を栽培するための耕作土、その下には水が漏れないようにするための床土《とこつち》、水田を水平に設営するための整地土が重なっています。これらの土を取り除くと、石敷きや石組み溝、柱列など、飛鳥時代の宮殿が廃絶した時の状況のままで出てきます。

飛鳥宮跡で出土した井戸（西南より。奈良県立橿原考古学研究所提供）

場所にもよりますが、地面から一メートルも掘れば遺構面に到達します。

遺跡は一九七二年に国史跡に指定され、指定名称は「伝飛鳥板蓋宮《いたぶきのみや》跡」とされました。飛鳥には飛鳥岡本宮（舒明天皇）、飛鳥板蓋《いたぶき》宮（皇極天皇）、後《のちの》飛鳥岡本宮（斉明天皇）、飛鳥浄御原《きよみはらの》宮《みや》（天武天皇・持統天皇）の宮があったことが『日本書紀』からわかります。

しかし、詳しい場所については記録がないため、発掘でみつかった宮殿遺構がどの宮に該当するかを決定するのは容易ではありません。そのため史跡名には「伝」と付けられました（その後の調査成果により、現在の史跡名は「飛鳥宮跡」と改められています）。

半世紀以上にわたって毎年水田を一枚一枚地道に発掘し、調査成果をつなぎ合わせていくことにより、今世紀に入ってようやく宮殿遺構の全体像がわかるようになってきました。次項では、解明された宮殿の実像についてご紹介します。

（鶴見泰寿）

39 発掘で判明 飛鳥浄御原宮

前項では飛鳥宮跡の調査に至るまでの過程を紹介しました。ここで、調査で判明した飛鳥宮の実像について述べてみます。

飛鳥の宮殿は飛鳥岡本宮（舒明天皇）、飛鳥板蓋宮《いたぶきのみや》（皇極天皇）、後《のちの》飛鳥岡本宮（斉明天皇）、飛鳥浄御原宮《きよみはらのみや》（天武天皇・持統天皇）の四つの宮が『日本書紀』に登場します。他にも飛鳥川原宮など、短期間だけ利用された宮もありますが、正式な宮として使われた飛鳥宮はこれら四つです。

一九六〇年から橿原考古学研究所が実施した宮跡の発掘調査では、複数の時期の遺構が重なった状態でみつかりました。遺構は大きく分けてⅠ期（七世紀前半）、Ⅱ期（七世紀中頃）、Ⅲ期（七世紀後半）の三つの時期に区分することができます。年代から考えて、Ⅰ期が飛鳥岡本宮、Ⅱ期が飛鳥板蓋宮とみられています。

Ⅲ期遺構はⅠ期・Ⅱ期遺構を埋めたり壊したりした上に造営されていて、その後の土地利用がされなかったため最も良い状態で残っています。Ⅲ期の途中で宮は改変を受けていることから、さらにⅢ—A期とⅢ—B期に細分できます。Ⅲ—A期は後飛鳥岡本宮、Ⅲ—B期は飛鳥浄御原宮に該当します。

遺構が最もよくわかっている最終段階にあたる飛鳥浄御原宮は、天武元年（六七二年）から持統八年（六九四年）までの約二十年間、改変前の後飛鳥岡本宮の時期も含めると約四十年間の長期にわたって維持されたことになります。

建物はすべて掘立柱建物で、瓦が出土しないことから檜皮《ひわだ》葺《ぶ》きや板葺きの屋根だったと考えられ、朱塗り・瓦葺き・礎石建ちの寺院建築とは対照的な、伝統的な宮殿建築でした。

宮域の中央には内裏《だいり》にあたる「内《ない》郭《かく》」と呼ばれる区画（南北一九七メートル、東西一五二〜一五八メート

飛鳥浄御原宮の大型建物跡（右手前）**などが見つかった発掘調査**（2004年3月、読売新聞社提供）

ル）があります。内郭の南区画は、南門を入ると天皇が政《まつりごと》や儀礼《ぎれい》をおこなうために出御する、四面に廂《ひさし》をもつ格の高い大型建物があります。内郭北区画には天皇が日常用いる大型建物が南北に二棟並んでいました。『日本書紀』天武十四年（六八五年）の記事にみえるように天皇が博戯（賭け事）をしたのもこの付近でしょうか。また、北区画の北寄りには複数の大型建物や、現在復元展示されている石組みの井戸などが配置されています。

内郭の正面（南側）は砂利敷きの広場（朝庭）となっていて、政務や儀式、臣下の饗宴《きょうえん》、大射《たいしゃ》（弓）などの行事がおこなわれたようです。

広場の東側には、「東南郭（エビノコ郭）」と呼ばれる特別な区画があります。東南郭はⅢ－B期の造営とみられ、東西九四メートル、南北五五メートルの塀に囲まれ、南ではなく西面に正門があります。区画の中央には東西九間、南北五間で四面廂の大型建物があり、飛鳥宮跡で最大の建物です。天武天皇の大極殿《だいごくでん》とみる説や高官が政務をおこなう朝堂《ちょうどう》とする説があります。

飛鳥宮には苑池《えんち》（庭園）が付属していることも判明しています。

（鶴見泰寿）

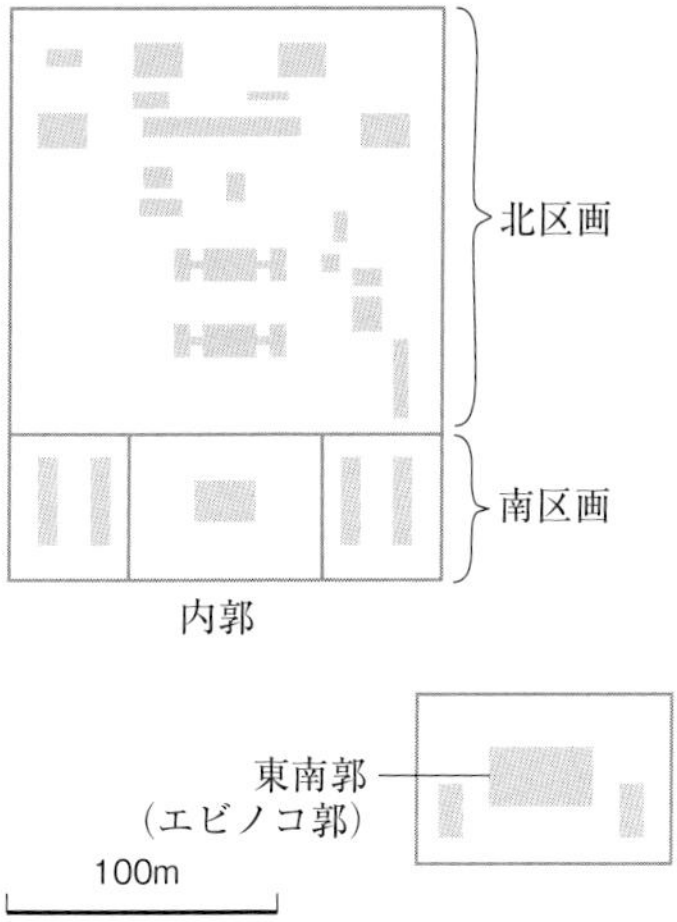

飛鳥浄御原宮

40 公的儀式をおこなう飛鳥京跡苑池

飛鳥宮には苑池《えんち》（庭園）が付属しています。内郭の北西に接して、一段低い飛鳥川に近い部分に広大な池が備わっていました。今から約百年前の一九一六年（大正五年）、この場所で「出水《でみずの》酒船石」と呼ばれる石造物が掘り出されました。これらの石造物は京都・東山にある野村別邸碧《へき》雲荘《うんそう》へ搬出され、飛鳥には残っていません。

一九九九年にこの出水酒船石の発見場所を手がかりとして、県立橿原考古学研究所が初めて発掘調査を実施しました。さっそく石造物を抜き取った大きな穴がみつかり、さらにその先に新たに大型の石造物がみつかりました。石造物は池の中に立った状態で、上部には水を通すための穴が水平方向に穿《うが》たれていました。この石造物を中心として北に広がるようにみつかった池は、これまで知られていた飛鳥時代の石組み方形池とは異なるものでした。石組みで護岸された池の底には平らに石が敷かれ、池の中には島状の石積みと、曲線的な形状の中島があり、これまでにはみつかっていないタイプの池でした。これを「南池」と呼んでいます。というのは、北側にもう一つ池があったからです。この池は「北池」と呼んでいて、二つの池の間には渡堤《わたりづつみ》が設けられています。

北池は南池と違って深く、護岸も階段状になっていて、南池とはまったく異なるデザインで造られています。また、北池の東北部では水槽と石組み溝を組み合わせた「導水施設」が造られ、祭祀が執りおこなわれたようです。

南池の面積は約二二〇〇平方メートル、北池の面積は約一五〇〇平方メートルで、苑池全体の範囲は南北約二八〇メートル、東西約一〇〇メートルと考えられます。

これらの池の北からは水路が流れていて、飛鳥川へ排水していたようです。水路内からは七世紀後半の天智朝～大宝律令施行直後までの木簡が出土し、苑池の存続年代を知ることができます。出土した土器や木簡によると、苑池は七世紀半ばの斉明《さいめい》朝に造営され、天武《てんむ》朝に改修を受けながら藤原《ふじわら》宮遷都後の八世紀初めまで存続したようです。木簡にはアワビなどの海産物や白米、唐《とう》の医学書に基づく漢方薬「西州続命湯《せいしゅうぞくめいとう》」の処方などが記述され、苑池付近の様子をうかがうことができます。

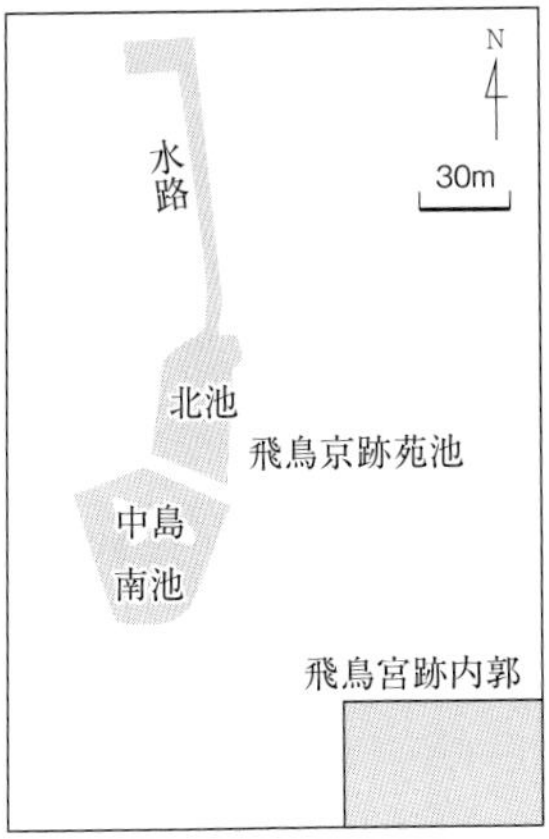

池の中にはハス、オニバスが植えられ、中島にはマツが植栽され、周辺ではモモ、ナシ、ナツメなどがまとめて植えられていました。果実の種のほかに、解体痕跡のあるシカやイノシシの骨、ブリの骨などが出土しています。苑池付近での豊かな食生活がわかります。

島状の石積みなどが見つかった飛鳥京跡苑池の南池。水を貯めた様子（奈良県立橿原考古学研究所提供）

飛鳥京跡苑池から出土した木簡
（奈良県立橿原考古学研究所提供）

では、発見されたこの苑池は『日本書紀』にはどのように記されているのでしょうか。天武十四年（六八五年）には天皇が白錦後苑《しらにしきのみその》に出御したこと、持統五年（六九一年）に御苑で公私の馬を御覧になったことがみえます。苑池は白錦後苑と考えられ、これ以上に詳しいことは『日本書紀』には記述がありませんが、苑池が単なる観賞用の庭ではなく、公的な儀式をおこなう重要な場所だったと考えられます。

苑池は、二〇〇三年に「飛鳥京跡苑池《あすかきょうあとえんち》」という名称で国の史跡・名勝に指定され、一六年には休憩舎を兼ねた案内所も整備されています。

（鶴見泰寿）

41 唐軍に備えて山城や防塁を築造

六六一年の斉明天皇の没後、中大兄皇子は即位せず、皇太子のまま政治を行いました。これを称制《しょうせい》といいます。中大兄は母の死を悼む間もなく、前代からの懸案である百済復興への協力を推し進め、六六二年には日本にいた百済王子・余豊璋《よほうしょう》に軍勢を授けて、百済故地へ送り出しました。豊璋は故郷で「百済王」として迎えられます。

しかし、旧百済勢力と日本の連合軍は、六六三年に白村江《はくそんこう》において唐・新羅連合軍と海戦して大敗します。日本勢は百済遺民（国の滅亡後に残された人々）とともに撤退しました。この敗戦によって、百済復興の夢は消え去り、日本は唐・新羅軍の侵攻を受ける危機に直面することになりました。

唐からは六六四年に郭務悰《かくむそう》、祢軍《でいぐん》らが、六六五年には改めて劉徳高《りゅうとくこう》、祢軍らが使者として来日します。中大兄は九州で応対させようとしますが、後者の唐使は飛鳥へ入った可能性がありす。当時の王宮は後飛鳥岡本宮《のちのあすかのおかもとのみや》に置かれており、中大兄は母と同じこの宮で難局に当たっていたのです。

祢軍墓誌の拓本（部分）

白村江の戦いのあと、唐が派遣してきた使者の目的は、日本へ渡った百済遺民の処遇を含めた戦後処理であったと思われますが、日本側はこれに慎重に対処し、劉徳高らを送る使者として守大石《もりのおおいわ》を唐に派遣しました。大石は六六五年に百済故都の熊津城《ゆうしん》で行われた講和行事に参加したようです。

このとき唐側の使者として二度来日した祢軍の墓誌が近年、中国の西安で発見されました。祢軍は百済の高官でしたが、百済滅亡の直前、唐に降伏してからは、唐側の重臣として外交交渉に活躍しました。祢軍の墓誌は、百済滅亡後の状況を、「日本の余噍《よしょう》（残党）、扶桑に拠りて、以て誅《ちゅう》を逋《のが》れ（罰を逃れ）」と記し、「日本」の残党が本国において抵抗していると述べています。ここにみえる「日本」は倭国をさすか、百済をさすかで意見が分かれていますが、私には白村江敗戦後の倭国の状況によく対応しているようにみえます。

唐軍の侵攻に備えて、中大兄皇子は六六四年に対馬・壱岐・筑紫に防人《さきもり》と烽《とぶひ》を置き、筑紫に水《みず》城《き》と呼ばれる防塁を築きました。六六五年には旧百済貴族を派遣して、長門城・大野城・椽城《き》（基肄城《きい》）を築かせます。六六七年には高安城《たかやす》・屋嶋城《やしま》や対馬の金田城《かねだ》を築造し、対馬・壱岐から瀬戸内海をへて大和にいたる経路上の防御を固めました。

不幸中の幸いは、日本の大敗が白村江の一戦だけだったことで、日本の戦力は温存されていたと思われます。唐・新羅と戦った百済遺民の経験も、日本の防衛策立案に役立ちました。これらが唐との交渉を冷静に進めることができた理由なのでしょう。

（西本昌弘）

屋嶋城の城門内側から望む高松市街地（西本撮影）

大野城跡の水の手口石塁（西本撮影）

42 白村江の敗戦前後の飛鳥と近江遷都

白村江《はくそんこう》敗戦の前後、日本列島内が緊迫した状況にあるなか、飛鳥では中大兄皇子が陵墓や寺院を造営していました。六六一年に没した母・斉明天皇の殯《もがり》（葬儀）は飛鳥川原で行われました。斉明がかつて王宮とした川原宮の地です。殯はほどなく終了したと思われ、越智岡《おちのおか》に山陵が築かれました。

三年前に孫の建王《たけるのみこ》が八歳で亡くなったとき、斉明は私の山陵に孫を合葬してほしいと遺言していました。明日香村越《こし》にある牽牛子塚《けんごしづか》古墳は近年、八角墳であることが確認され、斉明陵である可能性が高まりました。二つの墓室と棺台をもつ横口式石槨《せっかく》には、当初は斉明天皇と建王が葬られたのでしょう。

一方、川原宮は斉明の冥福《めいふく》を祈るため、川原寺に改造されました。発掘調査の結果、川原寺は中金堂の南に西金堂と五重塔を配し、講堂・中門・三面僧坊を備えた大寺院であったことが判明しました。

一九七四年には川原寺の裏山から創建時の塑像《そぞう》（木芯の周囲に粘土を付けて造る像）・塼仏《せんぶつ》（粘

土板に仏像を浮き彫りに表したもの）などの断片が平安前期の銭貨とともに出土し、九世紀末頃に創建伽藍《がらん》が焼亡したこともわかりました。出土した塑像には丈六仏の耳や指先が含まれるので、岡寺の如意輪観音像に匹敵する巨大な観音の塑像が本尊であったと考えられます。

牽牛子塚古墳。墳丘の周囲に敷かれた切石の形状から八角墳とわかった（2010年8月、読売新聞社提供）

中大兄はまた、父の舒明天皇が創建し、母が整備した百済大寺の本尊も整備し、丈六釈迦仏像と脇士菩薩像を完成させました。山陵や寺院・仏像の造営には長い年月が必要なので、唐軍の侵攻に備えて、列島内の防備を固めるなか、これと並行して飛鳥や飛鳥周辺の大規模造営が続けられたことになります。

中大兄は六六七年に近江大津宮に遷都し、翌年に即位して天智天皇となります。近江遷都の理由としては、唐軍の侵攻への備え、東国経営の推進、旧百済貴族との連携、父母が訪れた平浦宮《ひらうらのみや》の懐古などがあげられますが、飛鳥には留守司が置かれていたので、大化改新時の難波遷都と同じように、飛鳥の王宮や寺院が放棄されたわけではなかったのです。

六六七年三月の近江遷都後、八月に中大兄は倭《わ》京《きょう》に行幸し、十一月には高安城《たかやすじょう》を築造します。河内・大和国境に位置する高安城は、大和を守るための施設なので、近江遷都後も、本土防衛のための最重要地は飛鳥だったといえます。
　近江遷都は唐軍侵攻への備え、東国経営、父母の事績の懐古などを理由にした一時的遷都であり、いずれは飛鳥へ戻る予定だったのでしょう。その中大兄の意思ははからずも、近江朝廷を倒した弟の大海人皇子によって実現されるのです。

（西本昌弘）

川原寺裏山遺跡から出土した方形塼仏（明日香村教育委員会提供）

43 『万葉集』のなかの天武天皇

『万葉集』には、六七九年五月五日の吉野行幸に際し、天武天皇が詠んだという歌が残されています。

淑人乃《よきひとの》 良跡吉見而《よしとよくみて》 好常言師《よしといひし》 芳野吉見与《よしのよくみよ》 良人四来三《よきひとよくみつ》（巻一―二七）

まるで早口言葉のような歌で、繰り返し声に出してみると面白く感じます。立派な人がよい所としてよく見て「よし（の）」と言った、この吉野をよく見るがいい。立派な人もよく見たことだ、という意味の歌です。ふざけていたのではなく「よし」という言葉を重ねることに意義があったと考えられます。

当時はまだひらがなやカタカナがない時代でしたので、すべて外来の文字であった漢字で歌を書き記していました。この歌は、六種類の漢字で「よし」が記されています。書いたのは天武天皇ではなく別人であった可能性がありますが、少なくとも「よし」の音を繰り返す歌であったことから、自らの出発点となった吉野の地とその後の治世を言祝《ことほ》ぐ意図があったといえるのではないかと思います。

天武天皇といえば、律令制に基づく中央集権国家の完成を目指した天皇という印象があります。『古事記』序文には、氏族がそれぞれに伝えてきた従来の歴史ではなく、国家の正しい歴史を編纂《へんさん》する必要性を天武天皇が説き『古事記』の編纂がはじまったとあります。『日本書紀』では、歴代天皇の多くが一巻以内にまとめられているなかで、天武天皇の事績だけが二巻にわたり詳述されるという特別扱いがされています。

古代に歴代の天皇が訪れた吉野町の宮滝地区（読売新聞社提供）

『古事記』は七一二年、『日本書紀』は七二〇年、いずれも天武天皇の没年（六八六年）より後に成立しています。飛鳥浄御原宮《きよみはらのみや》から藤原京へ、さらに平城京へと都が遷《うつ》った後でもあって、天武天皇の時代がひとつの画期として位置付けられていたことがうかがえます。

『日本書紀』によれば、天智天皇亡き後、子である大友皇子と天皇の弟であった大海人皇子（後の天武天皇）との間に皇位継承争いが起こったとあります。大海人皇子は、皇位を継ぐ気はないことを示すため早々に出家して吉野に隠遁《いんとん》したが、やがて天皇没後にやむを得ず挙兵して東国に向かうなかで味方を増やし、ついには大友皇子側に勝利した、と「壬申の乱」の経緯が詳細に記されています。

平定後に挙兵した地である吉野に行幸し、草壁皇子・大津皇子・高市《たけち》皇子・河島皇子・忍壁《おさかべ》皇子・芝基《しき》皇子の六皇子らに、争いをせずお互いに助け合うことを盟約させたそうです。『万葉集』には他にも、大原（現在の明日香村小原付近か）にいた藤原夫人《ふじわらのぶにん》（五百重娘《いおえのいらつめ》）との軽妙で親密な歌の贈答（巻二―一〇三、一〇四）などが残っており、歴史書からだけではうかがい知ることのできない天武天皇の人物像が垣間見えます。

（井上さやか）

44 四季を詠む持統天皇

『万葉集』には、持統天皇が詠んだ歌が記されています。

春過ぎて　夏来るらし　白栲《しろたへ》の　衣乾したり　天の香具山（巻一―二八）

純白の衣を乾《ほ》している様子を目にして、春がおわり夏がやってきたらしい、と季節の移り変わりを感じたようです。白い衣とは、白い花や雪を喩《たと》えた表現だともいわれます。

この歌は小倉百人一首にも採られているので、よくご存じの方も多いかと思います。ただし、鎌倉時代に成立したとされる小倉百人一首では、「春過ぎて夏来にけらし白妙の衣ほすてふ天の香具山」と、一部のことばが異なっています。後世の文法に則《のっと》って改変されたとみられており、とくに「衣ほすてふ」（衣をほすという）とあることで、直接目にしていないことを伝え聞いて詠んだことになっている点が異なります。

鎌倉時代に編纂《へんさん》された『新古今和歌集』（巻三・夏―一七五）にも同様に記されていることから、その頃には既に改変後の形で歌が定着していたと考えられます。同じ現象は山部赤人の富士山歌（巻三―三一八）でもみられます。どちらも、現地を訪れず知識として知り得た土地の特徴を表現する平安時代以降の和歌らしい変化といえます。

　この歌は、『万葉集』の歌の中で季節観を詠み込んだ最も古い例でもあります。三世紀に成立した『三国志』巻三十魏書第三十東夷伝の倭人条に付された五世紀の注には、倭人は春と秋の二季しか知らないと記述されています。中国式の四季観が導入された時代こそが、持統天皇の頃でした。

『日本書紀』には、六九〇年に、はじめて元嘉暦《げんか》と儀鳳暦《ぎほう》とを用いたことが記されています。また、暦日にその日の吉凶や禁忌などを書き加えた具注暦の最古

藤原宮跡から望む香具山。手前は大極殿院南門をイメージした列柱（橿原市にて、読売新聞社提供）

ようです。

の例は六八九年のものであり、明日香村の石神遺跡《いしがみ》から出土した木簡に書かれていました。中国大陸の自然に根ざした観念的な四季は必ずしも大和の自然に合致したわけではなかったと思いますが、中国文化に学び律令制にもとづく中央集権国家をつくるには、暦が欠かせないものだったようです。

平安時代以降一般的となる和歌の四季分類は、奈良時代にはまだ中心的ではなかったとみられます。『万葉集』において春・夏・秋・冬という四季で歌を分類するのは巻八と巻十だけです。持統天皇の歌も、行幸儀礼など公的な歌を集めた雑歌《ぞうか》の部立に収められています。

香具山・畝傍山《うねび》・耳成山《みみなし》の三山は、様々な伝説とともに愛されてきました。香具山だけが「天の」という修飾語を伴うのは、天上世界の香具山が落ちてきて地上の山になったという言い伝えがあるからだともいわれます。巻一の二番歌にあるように、舒明《じょめい》天皇が香具山に登って国見をしたのも、香具山が特別な山であったことをうかがわせます。

（井上さやか）

45 檜隈寺に渡来人導入の工法

近鉄飛鳥駅を出発してしばらく東へ進み、三差路を右折して南へ向かうと、特別史跡のキトラ古墳と、「キトラ古墳壁画体験館　四神の館」にたどり着きます。そこにいたるまでの道すがら、右手の丘陵上にこんもりとした森が見えてきます。そこには於美阿志《おみあし》神社（明日香村檜前《ひのくま》）があり、境内には平安時代末の十三重石塔（重要文化財）が立っています。この場所は、古代寺院・檜隈寺《ひのくまでら》の中心部にあたります。今回は渡来系氏族が建てた檜隈寺を紹介します。

於美阿志神社が東漢氏《やまとのあやうじ》の始祖・阿知使主《あちのおみ》を祭神としていることからわかるように、現在の檜前一帯は渡来系氏族とかかわりが深い地域です。六、七世紀には、渡来系氏族の人々が飛鳥地域の各所に定着し、なかでも有力氏族であった東漢氏は、その本拠地に氏寺である檜隈寺を建立しました。その名前は『日本書紀』朱鳥元年（六八六年）八月条に軽寺、大窪寺とともに登場し、このときに檜隈寺はすでに存在していたことがわかります。

檜隈寺は国指定史跡で、これまでの発掘調査により、中心伽藍《がらん》の規模や配置がおおむね明らかになっています。奈良国立文化財研究所（現、奈良文化財研究所）は、一九七九年から発掘調査を行い、金堂（第二次調査）、講堂（第三次調査）、門および東回廊（第四次調査）の規模や配置を明らかにしました。

その結果、檜隈寺の伽藍は塔を挟んで北側に講堂、南側に金堂を配し、西側に中門をひらく配置であったことがわかっています。ここでは、調査の概要を簡単に紹介しておきましょう。

檜隈寺の講堂は、残存していた礎石の位置から桁行《けたゆき》（横幅）七間、梁行《はりゆき》（奥行き）四間の礎石建物と判明しました。建物の基礎にあたる部分（基壇）は東西三五・三メートル、

檜隈寺講堂の基壇周りに積まれていた瓦（奈良文化財研究所提供）

南北二一・二メートル、高さ一・二メートルで、地山を削りだして造られています。そして基壇周りですが、創建時は平瓦を半分に切って平積みした瓦積みであり、平安時代になってから玉石積みで補修されたことがわかりました。

古代寺院の建物基壇は、その保護と装飾のために石や塼《せん》（レンガ）、瓦や木を積んで外装としています。瓦積基壇は主に瓦を積み上げた基壇外装のことで、近畿地方を中心に分布し、崇福寺や南滋賀廃寺（滋賀県）、高麗寺（京都府）などの事例が知られています。これは七世紀後半の寺院にみられる外装の工法で、近江国や山城国に集中しています。

また、瓦積基壇は百済定林《じょうりん》寺《じ》、扶蘇山《プソサン》廃寺、軍守里《ぐんしゅり》廃寺など、朝鮮半島の古代寺院に類例があります。つまりこの外装工法を導入したのは渡来系氏族であったと考えられ、檜隈寺が東漢氏の氏寺であることと当然かかわりがあると思われます。

（森川実）

46 韓式系土器が物語る渡来人の衣食住

前項では、古代寺院・檜隈寺《ひのくまでら》と渡来系氏族とのかかわりについて紹介しました。古墳時代から飛鳥時代の文化を支えた渡来系氏族は、どのように生活していたのでしょうか。ここでは彼ら渡来系氏族の衣食住を彷彿《ほうふつ》とさせる問題を挙げてみたいと思います。

『日本書紀』雄略七年条によれば、この時期（五世紀後半）に百済から新たに渡来した手末才伎《たなすえのてひと》を、東漢直《やまとのあやのあたい》に命じて「上桃原《かみつももはら》」「下桃原《しもつももはら》」「真神原《まかみのはら》」の三か所に住まわせたといいます。このときに渡来した集団は、陶部《すえつくり》、鞍部《くらつくり》、画部《えかき》、錦部《にしごり》、そして訳語《おさ》（通訳）からなる技術者集団であり、このために各方面で重用され活躍していきました。

飛鳥地域へと移り住んだ新来の人々がわが国に伝えたさまざまな知識や技術は、世代を経て継承されたと考えられます。世代間における技術や知識の伝承は、渡来系氏族の生活様式全般にも当てはまります。考古学の成果が語るところによれば、渡来系氏族は衣食住の全般にわたり、祖国での文化を守っていたのです。

いくつかの例を挙げると、高取町の森ヲチヲサ遺跡では朝鮮半島由来とされる大壁建物跡や

「オンドル」（床暖房）とみられる遺構（五世紀後半）が見つかっているほか、檜隈寺周辺の発掘調査においても、L字形かまどをもつ竪穴《たてあな》住居（七世紀代）が確認されています。

これらはいずれも朝鮮半島を故地とする渡来系氏族の文化的要素と考えられます。また、彼らは在来の人々とはちがい、かまどに胴の長い甕《かめ》をかけて湯を沸かし、その上に甑《こしき》を載せて蒸す、という調理を行いました。彼らが普段の煮炊きに用いた土器には、長胴甕や甑のほかに把手《とって》付きの鍋や平底の鉢があり、これらを韓式系土器といいます。

それらは五世紀代に朝鮮半島から渡来した人々が、祖国の技術を用いて作った軟質の土器であるといえるでしょう。そ

飛鳥・藤原地域で出土した韓式系土器（奈良文化財研究所提供）

してこの種の土器が出土する地域や遺跡は、高取町や明日香村から橿原市域にかけて点在し、いずれも渡来系氏族の居住地であったと考えられます。

飛鳥地域では飛鳥寺や石神遺跡などの下層において竪穴住居跡が見つかっており、韓式系土器も出土しているため、この事実を五世紀代における渡来系氏族の定住に関連づける説があります。「上桃原」「下桃原」「真神原」の地は、現在の飛鳥寺や石神遺跡付近から島庄付近の範囲にあたるのかもしれません。

（森川実）

47 石舞台古墳と岩屋山古墳のあいだ

考古学は、かたちの変化から歴史を説くのが基本です。よく観察して、ものの特徴をつかみ、かたちごとに分類します。それを時期ごとに整理します。そうして組み立てられた編年《へんねん》にもとづいて、古墳の墓室（埋葬施設）の新旧を比べます。

飛鳥は、古墳時代終末期の古墳が多く残されていて、墓室の編年を実際に訪れて確かめることができる格好の土地です。なかでも石舞台《いしぶたい》古墳は蘇我馬子の「桃原墓《ももはらのはか》」の有力候補。『日本書紀』によれば、馬子は六二六年（推古三十四年）に亡くなります。全長約二〇メートルの大きな横穴式石室は、被葬者の権力の大きさを偲ばせます。舒明大王（天皇）の即位前にあたる六二八年に蘇我氏の一族が、墓所に宿るとありますから、この頃には墓は造られていたのでしょう。

近畿の横穴式石室は、通路にあたる羨道《せんどう》と最初の棺を置く玄室《げんしつ》に分かれますが、石舞台古墳の玄室の奥壁は、花崗岩《かこうがん》の巨石を上下二段に積んでいます。両側の壁は横に三石、縦に三段積みで組み、天井石が載る最上段の石は横長です。玄室の高さは約四・七メートル、石の肌に触れると、ザラッと荒れています。

石舞台古墳の玄室（今尾撮影）

　近鉄吉野線飛鳥駅の西側の岩屋山《いわややま》古墳、全長約一八メートルの横穴式石室が入口を開けています。奥壁は石舞台古墳と同じ上下二段積みですが、両側の壁が明白に違います。組み方は上段二石、下段三石の上下二段積み。玄室の高さは約三メートル、石の肌はツルッと滑らかです。

　岩屋山古墳の被葬者候補に、六六一年（斉明七年）に没した斉明大王（天皇）をあげる意見があります。六五八年に孫の建王《たけるのみこ》が夭折《ようせつ》すると、自身の墓への合葬《がっそう》を命じます。一方、六六七年（天智六年）までには娘の間人《はしひと》皇女が合葬されました。

　それはともかく、それぞれ「石舞台式」「岩屋山式」という型式に分類され、終末期古墳の墓室編年の基準になっています。石室を組み上げる石の数が少なくなる。石の表面を丁寧に加工して、壁のでこぼこをなくし平らに仕上げる。玄室の高さが低くなる。ここに石室の縮小化と石材加工技術の革新を認めます。石舞台古墳と岩屋山古墳のあいだに墓室変化の画期があり、それは七世紀中頃のことだろうと考えます。

越岩屋山古墳の羨道から玄室を望む（今尾撮影）

墓室はその後、もっと小さくなります。越《こし》の集落を抜けた越智岡《おちおか》丘陵の尾根上に八角墳の牽牛子塚《けんごしづか》古墳がありますす。現在（二〇一九年六月）、史跡整備の準備中で閉ざされていますが、以前は墓室を覗《のぞ》くことができました。間仕切りの壁を挟んだ東西に棺を納める空間があります。凝灰岩《ぎょうかいがん》の一石を刳《く》り抜き、造られました。奥まで約二・一メートル、もう棺を入れたらいっぱいです。横穴式石室と区別するために横口式石槨《よこぐちしきせっかく》と呼んでいます。そういえば、ここも斉明大王が被葬者候補、どのように説くか。あらためて49に触れることにします。

（今尾文昭）

48 大理石か 白く輝く墓室

本当に大理石でしょうか。明日香村の野口王墓《のぐちおうのはか》古墳の墓室に使われた石材のことです。明日香村川原と越をむすぶ県道から見上げると、南に開く丘陵上に常緑樹で覆われた小山となった姿を見せます。天武天皇（六八六年没）と持統天皇（七〇二年没）を合葬した「檜隈大内陵《ひのくまのおおうちのみささぎ》」に治定《じじょう》された対辺間距離三七メートルの八角墳です。墓室全長は推定七・七メートル、47に説明した岩屋山古墳の横穴式石室に比べても、いっそうの縮小化が進みました。

今は閉じられ、現代人で墓室内部を覗《のぞ》いた人はいないでしょうが、江戸時代には、内部の様子を描いた絵図が作られています。元禄十年（一六九七年）の修陵（陵墓を改め、修理すること）を記した文書の「大養徳国《やまとのくに》山陵記録」には「石の窟屋《いわや》、各別《かくべつ》見事也」「上下両側ともニ切石、何《いず》レ茂《も》、みかきたる青白石ニ御座候」とあります。

この「青白石」の手がかりを示すのが「阿不幾乃山陵記《あおきのさんりょうき》」です。墓室の石材を「馬脳《めのう》」と記します。鎌倉時代の文暦《ぶんりゃく》二年（一二三五年）に盗人が墓室に乱入する事件が起き、京では大騒ぎ、さっそく朝廷は実検使を派遣して記録を作成しました。それがこの文書の元です。

白大理石（結晶質石灰岩）を用いた川原寺の金堂礎石を古くから「瑪瑙《めのう》」と称したことはよく知られています。野口王墓古墳の墓室が大理石だと断定はできませんが、二つの文書から比類のないキメ細かで美白の石材を用いた精緻《せいち》な墓室だと推測できます。

墳丘の外観もまた荘厳です。一九五九、六一年に宮内庁が墳丘の裾周りを発掘調査しています。二〇一二年に、調査の事実が情報公開法による開示請求で明らかになりました。

墳丘外周に幅約三メートルの石敷き、内には三列の四角い凝灰岩《ぎょうかいがん》を並べて裾とし、第一段の基礎となる地覆石《じふくいし》を据えます。稜角部分の地覆石は幅約一二〇センチ、奥行き約六〇センチでコ

南から見た野口王墓古墳の外形（今尾撮影）

2015年に行われた学会の立ち入り観察。墳丘第１段に地覆石が据えられている
（矢印のコンクリート柱は稜角部分を表示。今尾撮影）

の字状の刳《く》り込みがあり、上部に接する貼石《はりいし》と組み合うように加工しています。

淡い黄色みを帯びた凝灰岩で八角形の墳丘表面が形づくられ、月光のような光輝のある石材の墓室、さらに墓室の奥（玄室《げんしつ》）は朱塗りの壁に仕上げたようです。花崗岩《かこうがん》の貼石で墳丘を飾る古墳は梅山古墳（現、欽明天皇陵）や石舞台古墳ですが、できたばかりの野口王墓古墳は周囲の古墳とは異なる印象を人々に与えたことでしょう。

前方後円墳の終焉《しゅうえん》からは百年近くが経《た》ちましたが、最高位の人物の古墳として、八角墳の野口王墓古墳が築かれました。ここには、規模が縮小したとはいえ、技術の最高水準、意匠の斬新さ、つまりは時代の先端が「目で見てわかる」ように示されています。

（今尾文昭）

49
薄葬思想の深まり　中尾山古墳

中尾山《なかおやま》古墳は、明日香村平田の丘陵尾根上にある対辺間距離一九・五メートル、三段で築かれたとみられる八角墳です。外回りは、対辺間距離三二・五メートルで石敷きが三重にめぐります。一九七四年の発掘調査で、八角墳になることが明らかになりました。段の境目や稜角には大きめの石をならべて列にしています。稜線が強調され、八角の墳形が際だったことでしょう。天井石と底石が花崗岩《かこうがん》、側石と閉塞石《へいそく》が竜山石製の凝灰岩《ぎょうかいがん》の横口式石槨《せっかく》です。東西幅九〇センチ、南北幅九三センチ、高さ八七センチ、底石は幅一五センチの縁を残して、内側を一センチ窪《くぼ》めています。内部はとても狭い。これでは、成人をふつうに寝かせた状態で葬ることは無理です。漆を塗った木棺などではなく、火葬されたあとの人骨を納めた骨蔵器《こつぞうき》をここに置いたと考えられます。

火葬の上で、八角墳に葬られた人物は誰か。持統天皇（七〇二年没）か、孫の文武天皇（七〇七年没）か。持統天皇は一年間の殯《もがり》を経て天武天皇の「大内陵《おおうちのみささぎ》」に合葬されました。野口王《のぐちおうの》墓《はか》古墳が該当すると考えて間違いないでしょう。先学は「飛鳥岡《あすかのおか》」で火葬された五か月後に「檜《ひの》隈《くまの》安《あ》古山陵《このみささぎ》」に葬られた文武天皇が中尾山古墳の被葬者であると考えてきました。

飛鳥時代後半の終末期古墳は、墳丘も墓室も小さくなります。縮小化の方向は明白です。それを後押ししたのが薄葬《はくそう》思想です。『日本書紀』天智六年（六六七年）には、山陵の造営による人民徴発《じんみんちょうはつ》に対する優恤《ゆうじゅつ》（あわれみ、手厚く扱うこと）を示した斉明大王（天皇）は「石槨の役《えだち》を起こさず」と遺言したと記します。さらに薄葬を進展させた葬法となれば火葬です。骨蔵器の外を囲う大きな施設は無用。中尾山古墳は、火葬に対応した造りです。

ここで問題があがります。47に、牽牛子塚《けんごしづか》古墳の被葬者候補を斉明大王とする意見があると記しました。対辺間距離二二メートルの八角墳、三段の墳丘、外回りに石敷きがめぐる点などは、中尾山古墳によく似ています。

中尾山古墳の横口式石槨内部（2020年11月、読売新聞社提供）

一方、48に野口王墓古墳の墳丘外周にも石敷きがあると説明しました。対辺間距離三七メートルの八角墳、墓室の全長七・七メートル、高さは二メートルを超えます。木棺による追葬に対応できる大きさです。

即位の順ならば斉明大王、天武天皇・持統天皇、文武天皇。候補先は牽牛子塚古墳、野口王墓古墳、中尾山古墳です。時代の流れは縮小化ですから、牽牛子塚古墳を野口王墓古墳より古く編年することは考古学上、難しい。

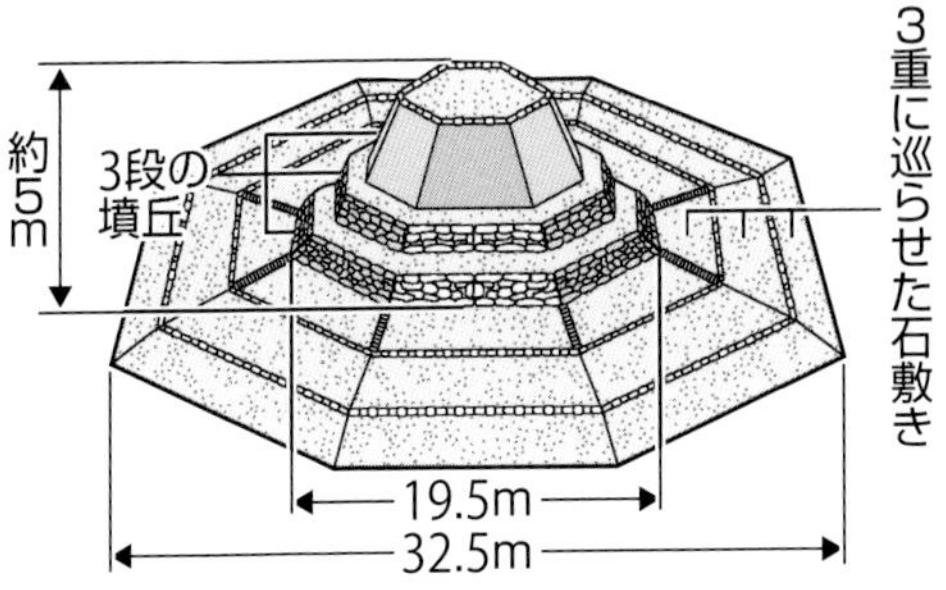

中尾山古墳のイメージ図（読売新聞社提供）

そこで注目するのが、持統太上天皇の存命中のこと、『続日《しょくに》本紀《ほんぎ》』文武三年（六九九年）に斉明大王の「越智山陵《おちのみささぎ》」と天智天皇の「山科山陵《やましなのみささぎ》」の「修造《しゅうぞう》」を命じたという記事です。「修造」が単なる修理を意味したのか、改めての造営を意味したのか、意見が分かれます。考古学の立場から、牽牛子塚古墳は、改葬された斉明大王の山陵としてこの時に築かれたものと、私は考えています。

持統太上天皇からみれば祖母と父の山陵を「修造」したわけです。先々王と先王の山陵ということです。血縁原理による直系の歴代を顕彰する意味をもった「修造」事業だったとも考えています。

（今尾文昭）

50

「京内二十四寺」から倭京の範囲を探る

欽明天皇の時代、百済から仏教が公伝しました。黄金色に輝く仏像と経典が天皇に届けられたのです。しかし天皇は、異国の神（仏）を祀《まつ》ることに中立の立場をとり、蘇我稲目に仏像を祀るように委ねました。その後、向原《むくはら》の家などでこれを祀りますが、用明二年（五八七年）に飛鳥寺を発願《ほつがん》し、翌年には造営を開始します。

飛鳥寺は七堂伽藍《がらん》をもつ本格的な寺院としては、わが国ではじめて建立されたものです。それまでは自宅を改修したり、敷地に小さな仏堂を造り、祀っていました。飛鳥寺からはじまった寺院の造営は、推古三十二年（六二四年）になると、全国に四十六寺あったと『日本書紀』に記されています。

それから五十年余りを経た天武九年（六八〇年）には、京内だけで二十四寺あったことが記されています。この記事は、単に都の中に多くの寺院が立ち並んでいたというだけではなく、この二十四寺が特定できれば、天武九年段階の「倭京《わきょう》」と呼ばれた都の範囲を推定する材料にもなります。

ここで京内二十四寺を特定する前提として、本薬師寺《もとやくしじ》の瓦があります。飛鳥・藤原地域には多くの寺院や瓦の出土地がありますが、本薬師寺は天武九年に発願されました。この本薬師寺より

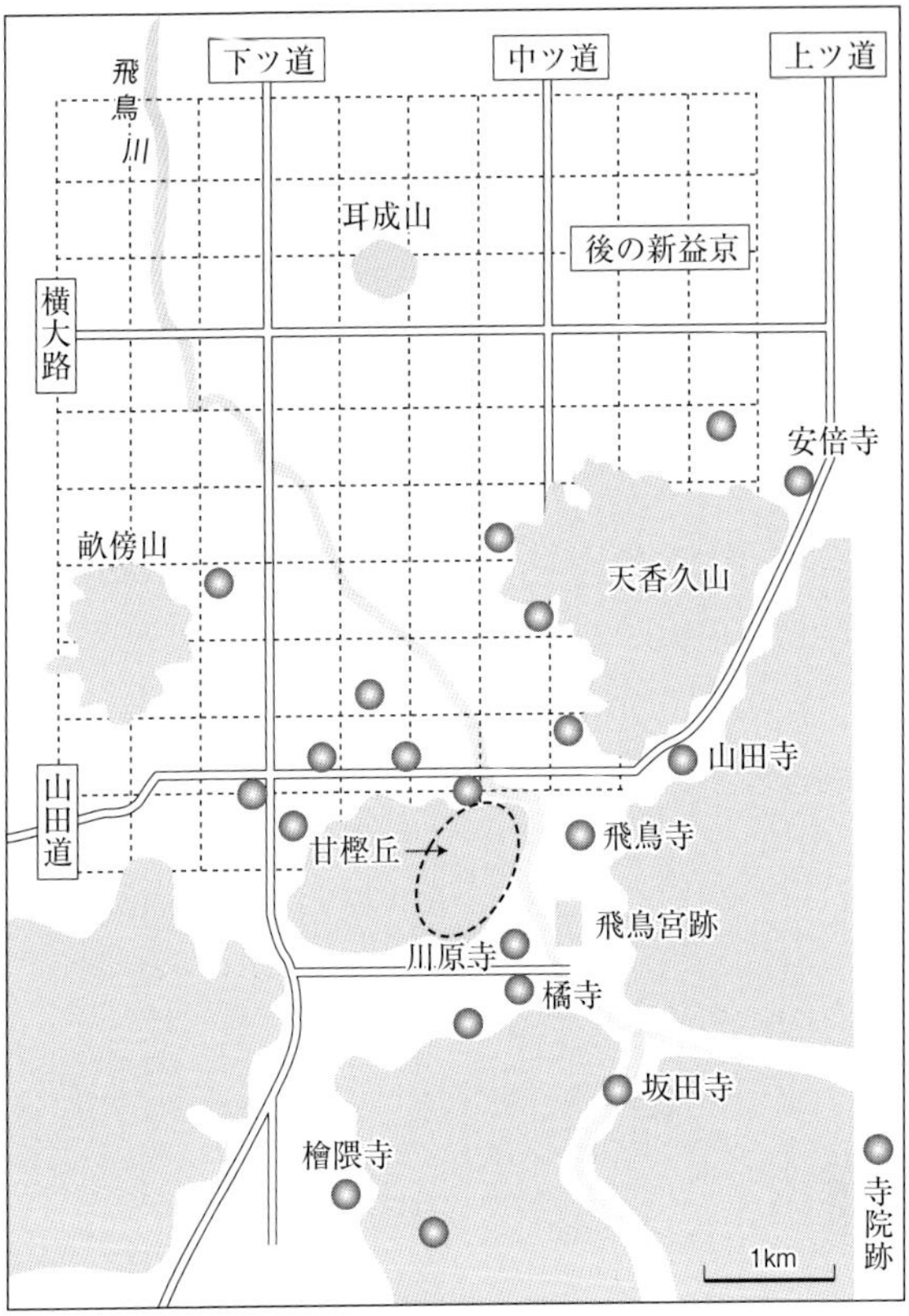

飛鳥・藤原地域の寺院分布図

古い寺院がその対象となり、これを識別する材料として、本薬師寺の瓦があります。

つまり、この瓦よりも古い瓦の出土する遺跡・寺院が「京内二十四寺」の候補となるのです。本薬師寺よりも確実に古い寺院は、飛鳥寺・豊浦《とゆら》寺・坂田寺・和田廃寺・奥山廃寺・立部《たちべ》寺・檜隈寺・呉原寺・日向《にっこう》寺・軽《かる》寺・田中廃寺・大窪寺・吉備池廃寺・木之本廃寺・山田寺・安倍寺・橘寺・川原寺・浦坊《うらんぼう》廃寺、丈六南遺跡の二十寺です。この他に、厩坂《うまやさか》寺・大井寺・鉾削《ほこぬき》寺は史料にはみられますが、場所が特定できていません。

このように考えると、その分布範囲は、北は横大路、西は下ツ道周辺、東は安倍山田道、南は檜隈・祝戸まで広がります。天武五年には、藤原地域に「新城《にいき》」の方形の街区の造営がはじまります。しかし、寺院の分布範囲は、「新城」の方形街区や後の「新益京《あらましのみやこ》（藤原京）」の条坊の範囲よりも（南に）広がっています。このことから、飛鳥・藤原地域が当時の「倭京」と呼ばれた都だったと推定しています。「京内二十四寺」の特定は、天武朝の都の範囲を推定する材料となるのです。


（相原嘉之）

鎮護国家の中心、大官大寺の九重塔　51

わが国ではじめて、七堂伽藍《がらん》を持つ本格的な寺院は飛鳥寺です。この飛鳥寺は、蘇我馬子が建立した氏寺でした。飛鳥寺以降の多くの寺々は、蘇我氏をはじめ、各氏族が争うように寺院を建立していきました。この中で、天皇の寺としてはじめて建立されたのが、舒明天皇が舒明十一年（六三九年）に発願《ほつがん》した百済大寺《くだらのおおでら》です。

『日本書紀』には「西の民は宮を造り、東の民は寺を作る」とあり、百済大宮と百済大寺がセットで造られました。この寺は、発掘調査により、桜井市吉備にある吉備池廃寺と考えられています。吉備池の南辺、東に金堂の基壇、西に塔の基壇が見つかっており、これらを回廊が囲む伽藍配置がわかっています。個々の建物が巨大なだけでなく、伽藍そのものも、並外れた規模をもっていました。

しかし、「大安寺《だいあんじ》伽藍縁起《がらんえんぎ》幷《ならびに》流記資財帳《るきしざいちょう》」によると、天武二年（六七三年）に「百済の地から高市の地に移す」とあり、百済大寺が高市大寺《たけちのおおでら》として移されたことがわかります。この高市大寺は、天武六年（六七七年）には、さらに「大官大寺《だいかんだいじ》」と改名しますが、この天武朝の高市大寺

（大官大寺）の位置は、わかっていません。

現在、大官大寺とされる遺跡は、藤原京の時代に造営されたもので、『続日本紀』大宝元年（七〇一年）の造大安寺（大官大寺）司を任じている記事に対応すると考えられています。

大官大寺は、先の百済大寺（吉備池廃寺）に匹敵する建物規模・伽藍規模をもつ、飛鳥最大の寺院でした。大官大寺が「おおつかさのおおでら」とも呼ばれるように、藤原宮の南方に、薬師寺と対峙《たいじ》して建立された国家寺院です。発

大官大寺塔跡と東面回廊の発掘（奈良文化財研究所提供）

掘調査では、堂塔が建築途中の火災で焼失したことも判明し、『扶桑略記《ふそうりゃっき》』にある大官大寺焼亡の記事を裏付けています。

ここで注目されるのは、塔基壇が並外れた規模をもつことです。「大安寺伽藍縁起并流記資財帳」には、文武天皇が九重塔を建てたとあり、その高さは、香具山よりも高かったと考えられています。

このような九重塔は、北魏洛陽の永寧《えいねい》寺や百済益山の弥勒《みろく》寺、新羅慶州の皇龍《こうりゅう》寺など、東アジア諸国でも建立されています。東アジアの皇帝や王は、鎮護国家の中心として木造九重塔を建立しました。九重塔は、まさに国家寺院のシンボルとして、天空へ向かって聳《そび》えていたのです。

（相原嘉之）

52 『日本書紀』の編纂に壬申の乱の影

六八一年（天武十年）三月、飛鳥浄御原宮《あすかきよみはらのみや》の正殿で、天武天皇は川嶋皇子、忍壁皇子《おさかべ》、広瀬王、三野王、中臣大嶋、平群子首《へぐりのこおびと》らに、「帝紀《ていき》」と「上古《じょうこ》の諸事」を「記定《きてい》」することを命じました。実際の筆録者は大嶋と子首の二人でした。これが『日本書紀』の編纂《へんさん》開始を告げる記事とされています。

「帝紀」は歴代天皇の事績の中核をまとめた書物で、天皇の名、その系譜、后妃《こうひ》・皇子女の名、王宮名、治世年数、山陵の所在地などが書かれていました。「上古の諸事」は「旧辞《きゅうじ》」ともいい、古代の神話や各天皇にまつわる伝承をまとめたものといわれています。「帝紀」と「旧辞」は六世紀前半頃から順次まとめられ、『日本書紀』や『古事記』の主要な材料になりました。

「帝紀」や「旧辞」には異説や誤りが多かったので、これらを正す「記定」という作業が必要でした。川嶋皇子と忍壁皇子は総裁役として、その事業を統括し、多くの人員が編纂作業に動員されたのでしょう。同年の二月には律令・法式の改定が命じられ、草壁皇子《くさかべ》が立太子しています。律令と史書の整備が同時並行で進められたのです。

その後、六九一年（持統五年）八月には、大三輪《おおみわ》、石上《いそのかみ》、藤原、石川など十八氏に墓記《ぼき》を提出させました。墓記は各氏の先祖の朝廷への奉仕状況を記したもので、これらも貴重な関係史料となります。七一四年（和銅七年）には、紀清人《きのきよひと》と三宅藤麻呂が編纂作業に投入されました。そして、七二〇年（養老四年）五月、編纂事業が完了し、舎人《とねり》親王が「日本紀」（『日本書紀』）三十巻と「系図」一巻を元正《げんしょう》天皇に奏上しました。

一九八五年に橿原考古学研究所が明日香村岡で行った飛鳥京跡第一〇四次調査では、外郭外側の石組み溝東側の土坑《どこう》状遺構から一〇八二点もの削り屑《くず》の木簡が出土しました。そのなかには、「辛巳《しんし》年」「□大津皇」「大友」「太来《おおく》」「近淡（近淡海《ちかつおうみ》の一部）」「伊

1985年に行われた飛鳥京跡第104次調査風景（奈良県立橿原考古学研究所提供）

「辛巳年」と記された木簡（奈良県立橿原考古学研究所提供）

勢国」などと書かれたものが含まれています。

「辛巳年」は六八一年を指し、それ以外の皇子名や地名は壬申の乱など六七二年（天武元年）の記事に関わるものです。「□子首」「阿直《あちの》史《ふひと》友足《ともたり》」と書かれたものも出土しましたが、前者は六八一年に筆録を命じられた平群子首のことと思われ、後者も編纂メンバーの一人と考えられます。

これらの木簡は飛鳥浄御原宮内にあった『日本書紀』編纂部局で書かれ、その近くに廃棄されたと考えるのも一案です。『日本書紀』の草稿は天武天皇の政権奪取の過程から書き始められた可能性が高く、天武にとって壬申の乱の位置付けはそれだけ重要であったことを示しています。

（西本昌弘）

53 『古事記』・『日本書紀』と「簒奪政権」の弁明

『古事記』の編纂《へんさん》は、『日本書紀』と同じく天武天皇が命じたものでした。『古事記』の序文によると、天武は諸家《しょけ》が有する「帝紀」と「本辞《ほんじ》」には虚偽が多いため、真実を定めて、後世に伝える必要があるとして、聡明で記憶力のよい舎人《とねり》・稗田阿礼《ひえだのあれ》に「帝皇日継《ていおうひつぎ》」と「先代旧辞《せんだいきゅうじ》」を誦習《しょうしゅう》(暗誦)させました。

この事業は未完でしたが、のちに元明天皇が太安万侶《おおのやすまろ》に命じて、稗田阿礼が誦習した「勅語《ちょくご》」と「旧辞」を撰録《せんろく》させ、七一二年に『古事記』三巻が完成したのです。「勅語」とは天子の言葉をさしますが、帝王の記録を意味する「帝紀」と同じものとみてよいでしょう。

『古事記』は上巻に神話、中巻に神武~応神、下巻に仁徳~推古の各天皇の治世を記述しますが、下巻の仁賢《にんけん》天皇以降は「帝紀」に依拠した系譜的な記事のみになります。

天武天皇は「帝紀」と「旧辞」を材料とする二つの史書を編纂させたのですが、『古事記』は和文を交えた変体漢文で書かれた三巻の書物で、日付をもつ記事はほとんどありません。一方の

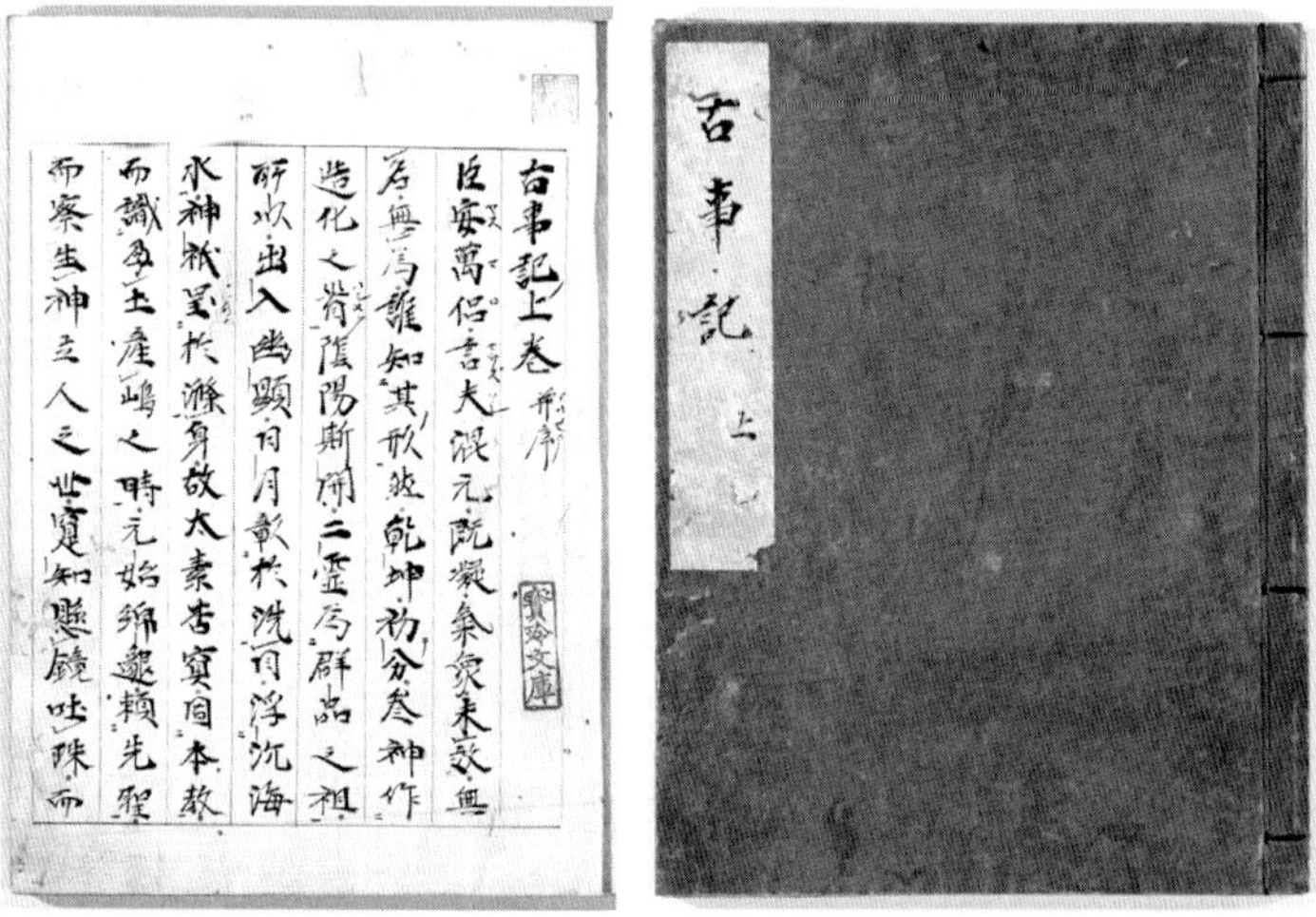

「古事記　上巻」梵舜筆、室町時代末期の写本（國學院大學図書館蔵）

『日本書紀』は漢文体で書かれた三十巻の正史で、年月日順に記事が配列されています。太安万侶は「弘仁私記」序によると『日本書紀』編纂にも参加していました。『古事記』は語られた歴史を文字化した史書、『日本書紀』は中国的な編年体《へんねんたい》で書かれた史書と区別できるでしょう。

日本では百済の僧・観勒《かんろく》が暦本《れきほん》を伝えたことで、七世紀初頭の推古朝に暦法《れきほう》の体系的な使用がはじまりました。これ以後、朝廷の出来事は何年何月何日甲子朔《かっしさく》などと暦法にしたがって記録されました。推古朝の途中から、暦法に依拠した正確な日付で記録が残されるようになったのです。

『古事記』は年月日を意識することなく、神話や伝承、歌物語などを叙述した書物です。正確な日付を有する七世紀以降の史料は、稗田阿礼

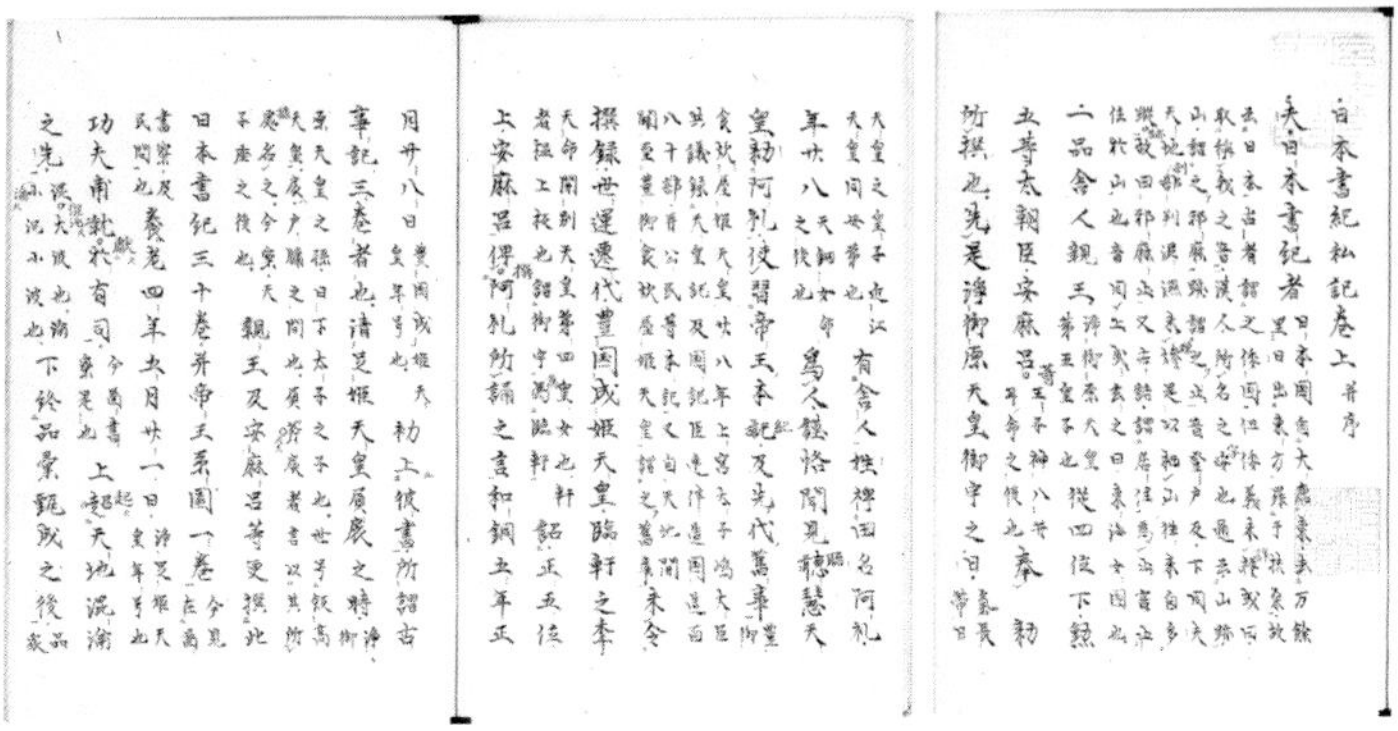

「弘仁私記」序。太安万侶が「日本書紀」の編纂にも参加していたことを語る。
谷森本『日本書紀私記』より（宮内庁書陵部蔵、国文学研究資料館提供）

が暗誦する必要もありません。こうした史料は『日本書紀』に収録することとし、『古事記』は推古天皇までで記述を終えたのでしょう。

『古事記』の序文で太安万侶は、天武が吉野から東国に入って挙兵し、大軍で「凶徒《きょうと》」（近江朝廷軍）を瓦解《がかい》させたのち、飛鳥の「清原大宮《きよみはらのおおみや》」で即位し、理想的な統治を実現したと述べています。序文がこのことを強調するのは、『日本書紀』が壬申の乱の記述に一巻分をあてていることと通じます。

天武天皇は壬申の乱に勝って政権を掌握したのですが、中大兄皇子（天智天皇）の功績をよく知っている人々は、天武の政権を「簒奪《さんだつ》政権」とみたはずです。天武が乱後に『古事記』と『日本書紀』の編纂を命じたのは、そうした見方に対する弁明と自己の正当化のためであったのではないでしょうか。

（西本昌弘）

54 飛鳥の「かむなび山」はどこに？

神名火《かむなび》の　山下とよみ　行く水に　かはづ鳴くなり　秋と言はむとや（巻十―二一六二）

かむなび山の麓を音を立てて流れゆく川に、かじか（カエル）が鳴いている。秋だと言おうとしているのか、という『万葉集』の歌です。

「かむなび」は神名火、神奈備、神南備、甘南備など、さまざまな漢字があてられている不思議な地名で『万葉集』に多く詠まれています。「みもろのかむなび山」とも歌われていますので、神の降臨、鎮座する聖なる山や森だったのです。

この「かむなび山」は一か所だけでなく、近畿から中国地方、さらに九州にまでその名の山が点在しています。兵庫県には「神鍋《かんなべ》山」とか「神撫《かみなで》山」など、「かむなび山」から派生した山名まであります。

大和を代表する「かむなび」といえば三輪山で、緩やかな円錐《えんすい》形の姿で、山裾を帯を巻くように川が流れ、山麓には神社が設けられている、これが基本で、山によっては二上山のような二峰形の美しい姿の山もあります。山頂には神の宿る磐座《いわくら》が設けられている山も多くあります。

では「かむなび山」は古代に何の目的で各地に定められたのでしょうか？

その謎を解くのが『出雲国造神賀詞』で、出雲の大神が大和国の四か所に守り神として出雲の神々を奉《まつ》ったことが、「かむなび」の由来だと伝えています。その四か所とは、三輪山、金剛山麓にある高鴨神社、橿原市の雲梯《うなて》の森、そして飛鳥のかむなびと記されています。

ただ、「飛鳥のかむなび」だけが、飛鳥坐《あすかにいます》神社付近、雷丘《いかづちのおか》、ミハ山など諸説があって、いまだにその場所が特定されていません。

栢森から見える「こんぴら山」（大森撮影）

この『神賀詞』には「飛鳥のかむなび」に「かやなるみの命」の御魂《みたま》が鎮座しているとあります。奥明日香の栢森《かやのもり》に「加夜奈留美命《かやなるみのみこと》神社」がありますので、そこを基点にして探ってみると、栢森から稲渕に下る飛鳥川の東側に二峰形の山、地元では「こんぴら山」と呼ばれている山が、栢森集落の入り口から美しく眺められます。その山裾には帯を巻くように飛鳥川が流れて「かむなび山」の条件を満たしています。

あくまで私説ですが、この山も飛鳥の「かむなび山」の想定地として加えてもらえたらと願っています。九州から近畿まで、探せば、東や北にも「かむなび山」は点在しているかもしれません。出雲の国から拡《ひろ》げていった神域の目印、出雲の神々の歩みの道しるべとして各地に設けてきたのが「かむなび山」の正体かもしれませんね。

（大森亮尚）

55 ホトトギスに託された額田王の心

世界的に見て、古代に女性の文学活動が盛んなのは日本文化の特徴の一つともいわれます。『万葉集』には女性が詠んだ歌が数多く収められており、そうした歌人たちのなかでもとくに有名なのが額田王《ぬかたのおおきみ》ではないかと思います。

古《いにしへ》に　恋ふらむ鳥は　霍公鳥《ほととぎす》　けだしや鳴きし　わが念《おも》へる如《ごと》（巻二―一一二）

弓削皇子《ゆげのみこ》から贈られた「あれは昔を恋うる鳥だろうか」という歌（巻二―一一一）に対して、都にいた額田王が「昔を恋う」という鳥はホトトギスでしょう、私が昔を恋しく思うようにおそらくは鳴いたことでしょう、と答えた歌です。

歌が詠まれた当時の都というのが飛鳥京か藤原京かは判然としませんが、藤原京遷都は六九四年のことであり、原文にある「倭京」とは『日本書紀』の記述によれば飛鳥浄御原宮《きよみはらのみや》を指しますので、飛鳥京で詠まれた歌であった可能性が高いと考えられています。

その頃額田王は五十歳代であったといわれ、天武元年（六七二年）には古代最大の内乱とされる壬申の乱を経験し、天武七年（六七八年）に娘である十市皇女《とおちのひめみこ》を亡くしてもいました。十市皇女は、父である大海人皇子（後の天武天皇）と夫である大友皇子との間に起こった壬申の乱に翻弄《ほんろう》された人物といえます。

この歌は、古蜀《こしょく》の望帝杜宇《とう》が譲位の後に復位しようとしたものの果たせず、死後その魂がホトトギスと化して「不如帰」と悲しげに鳴きながら飛んだという中国の伝説を踏まえていると指摘されています。額田王の心中に去来した思いはどのようなものであったか、と読む者の想像をたくましくさせます。

ホトトギスを「霍公鳥」と表記するのは『万葉集』特有の書き方ですが、ホトトギスは他に

飛鳥浄御原宮など４時期の宮殿があった飛鳥宮跡

も「蜀魂」「不如帰」「杜鵑」「時鳥」など、さまざまに表記されることで知られます。

額田王の詳しい系譜や生没年は不明であり、『万葉集』に残る歌も一二首しかありませんが、伊予の熟田津《にきたつ》での歌（巻一―八）や近江の蒲生野遊猟での大海人皇子との歌（巻一―二〇）、天智天皇への歌（巻四―四八八）など、宮廷でのきらびやかな生活を彷彿《ほうふつ》とさせます。

今回の歌や春秋争いの歌（巻一―一六）などからは、中国文学への造詣の深さもうかがえます。『日本書紀』には大海人皇子と結ばれて十市皇女をもうけたことが記されていますが、周知のとおり、しばしば天智天皇との三角関係が取り沙汰されます。それは史実ではないにもかかわらず、そんなイメージを膨らませたくなってしまうのは、不明な部分が多いところにミステリアスな魅力を感じてしまうからかもしれません。


（井上さやか）

56 明日香川の飛び石と恋心

明日香川《あすかがは》　明日も渡らむ　石橋《いははし》の　遠き心は　思ほえぬかも（巻十一―二七〇一）

明日香川（飛鳥川）を詠んだ歌は『万葉集』に二〇首以上みられます。この歌では、明日香川の名前にかけて「明日も渡ろう」と詠み、石橋《いわはし》のように遠く隔たりのある心は考えられない、と恋人のもとへ毎日通っていくことを表明しています。

ここでいう石橋とは、堅牢《けんろう》な石造りの橋や石で舗装した橋などではなく、飛び石を指します。飛び石は石と石との間を川の水が流れていますから、そんなふうに距離も時間も離れはしないということをたとえたようです。

石橋は川の流れの中に点々と石を置いただけの簡易な橋ですが、川幅がそれほど広くはない明日香川では向こう岸に渡る有効な手段であったようです。「飛鳥の　明日香の河の　上つ瀬に　石橋渡し　下つ瀬に　打橋渡す……」（巻二―一九六）や「年月も　いまだ経なくに　明日香川　瀬瀬ゆ渡しし　石橋も無し」（巻七―一一二六）なども詠まれています。

川が少し増水すれば流されてしまう橋であり、一一二六番歌では、そんなに年月が経ったわけでもないのにもう跡形もない、とかつて存在した石橋を思う望郷歌となっています。

古代の明日香川のどこに石橋があったかは定かではありませんが、現在は明日香村稲渕で再現され、傍らには二七〇一番歌の歌碑も建てられています。

川の流れはしばしば絶えることのない恋心のたとえともなりました。「明日香川　水行き増《まさ》り　いや日《ひ》けに　恋の

飛鳥川をわたるための石橋「飛び石」

増らば　ありかつましじ」（巻十一―二七〇二）と、明日香川の水かさが増すように日々恋心が増さったら生きていられそうもない、と募る恋心も詠まれています。

当時は一夫多妻制で、夫婦は別居するのが一般的であったといわれます。また、男性が女性の家を訪ねていく通い婚の形態をとっており、正式な妻が複数存在することから、毎日通うことなどできないのにそれを約束する男性側の歌や、そんな男性を待つ女性側の歌なども残されています。『万葉集』の半数は恋の歌ともいえ、なかでも作者未詳の古今の歌を集めたのが巻十一と巻十二でした。

また、主に春や秋の農閑期に、橋のたもとや山や市で男女が集団で歌を掛けあって結婚相手を探す歌垣《うたがき》（嬥歌《かがい》とも）と呼ばれる風習もありました。現在の桜井市にあった海柘榴市《つばいち》（巻十二―三一〇一、三一〇二）や、筑波山（巻九―一七五九）での歌垣が有名です。

いずれも川や泉などの水辺が関係しているとも指摘され、牽牛《けんぎゅう》と織女《しょくじょ》が天の川を挟んで一年に一回の逢瀬《おうせ》を果たすという中国の伝説が日本に入ってきて変容しながらも『万葉集』に一〇〇首以上の七夕歌が詠まれたのは、そうした古代日本における水辺の恋の発想と無縁ではなかったともいわれています。

（井上さやか）

57 『死者の書』と二上山に眠る大津皇子

〈彼《か》の人の眠りは、徐《しづ》かに覚めて行つた。まつ黒い夜の中に、更に冷え圧するものの澱《よど》んでゐるなかに、目のあいて来るのを、覚えたのである〉

小説『死者の書』のはじまりです。眠っている人が夜中に目覚めた、という日常よくある場面かと思って読み始めてみると、どうも違っている。さらに読み進めてみると、

〈した　した　した。耳に伝ふやうに来るのは、水の垂れる音か。ただ凍りつくやうな暗闇の中で、おのづと睫《まつげ》と睫とが離れて来る〉

何も見えない暗闇の中で、水の垂れる音だけが響いてくる。この「した　した　した」というオノマトペ（擬音）が今度は読者の耳に強烈に響いてきます。

この暗闇の中で目覚めたのは大津皇子（作品では滋賀津彦）で、石棺《せっかん》の中に葬られている死者の皇子が長い眠りから目覚めるところから物語が始まります。

大津皇子は、飛鳥で即位した父・天武天皇が亡くなった六八六年、葬儀の最中に謀反を起こし

た罪で処刑されました。美男で才学あり、皆に慕われた皇子で、辞世歌を『万葉集』に残した二十四歳の人生でした。

死後、葛城の二上山に葬られ、西の守り神のように、雄岳山頂に陵墓が設けられています。ということは、今も大津皇子がこの山頂の陵墓の中で眠っているならば、いったいいつ目覚めたというのでしょう？

本文をたどると、皇子は自分が誰なのか、今どこにいるのかもわからない。身体も衣服も朽ち果てている。が、記憶が少しずつ甦《よみがえ》ってくる。死に臨んだ磐余《いわれ》の池、供養に来てくれた姉

飛鳥寺（右下）**と甘樫丘**（中央付近の森）**、その奥に畝傍山、さらに二上山を望む**
（読売新聞社提供）

の大来皇女《おおくのひめみこ》、そして今、自分が二上山に葬られていることも。

この皇子が目覚めた時、外の世界ではもう一つの事件が進行して、藤原不比等の子・武智麻呂を祖とする藤原南家のお嬢様が神隠しにあったように行方不明になる。皇子の死後七十年以上もたった後の世です。

姫君は写経を勤《いそ》しんでいたが、霊に導かれるように家を抜け出て、気が付けば二上山の麓、当時、女人禁制であった当麻寺《たいまでら》に迷い込む。二上山に沈む夕陽《ゆうひ》の向こうに荘厳な人の姿を見て、それから蓮糸《はすいと》で曼荼羅《まんだら》を織り上げてゆく。当麻寺ゆかりの伝説の美女、中将姫がこの姫君なのです。

古代研究の偉人、折口信夫の書いた『死者の書』は近代小説の起承転結などもなく、極めて難解な小説ですが、飛鳥から二上山に沈む美しい夕陽を見る度、この小説を想《おも》い出します。頭ではなく、心で読むのがこの『死者の書』なのでしょう。


（大森亮尚）

58 キトラ古墳内部 天と地の縮図

飛鳥時代の最後の十六年間は、わが国最初の本格的都城である藤原京を舞台に、古代国家が完成をみた時代でした。その頃、飛鳥地域の南部、檜隈《ひのくま》を中心とした一帯では、まさに終焉《しゅうえん》を迎えつつあった古墳が最後の光彩を放っていました。内部を極彩色壁画で飾った高松塚・キトラの二古墳は、その象徴的存在といえるでしょう。

高松塚古墳壁画の発見から約十年を経た一九八三年、高松塚古墳の南約一・二キロに所在するキトラ古墳でファイバースコープによる内視調査が行われました。当時はまだ解像度が十分ではなかったものの、おぼろげに映し出されたのは間違いなく玄武《げんぶ》の姿でした。第二の壁画古墳が発見されたのです。

二〇〇一年には最新のデジタルカメラがとらえた躍動感あふれる朱雀《すざく》の鮮明な画像が公表されました。一方で、下地の漆喰《しっくい》層のひび割れや剥離《はくり》など、壁画の危機的な状況も明らかになりました。壁画はその後、二〇〇四年の発掘調査を経て、二〇一〇年までにすべて取り外され、保存が図られています。

キトラ古墳は直径約一四メートルの円墳で、内部に凝灰岩《ぎょうかいがん》の切石で構築した内側の長さ二・四〇メートル、幅一・〇四メートル、高さ一・二四メートルの横口式石槨《よこぐちしきせっかく》があります。墳丘は高松塚古墳（直径約二三メートル）よりも一回り小さいですが、埋葬施設の石槨はほぼ同程度の大きさで、構造もよく似ています。

壁画は、東・西・南・北の壁面に四神《しじん》すなわち青龍《せいりゅう》・白虎《びゃっこ》・朱雀・玄武をそれぞれ描き、天井に天文図、その東西に太陽と月を描いています。それらの内容と配置の基本は高松塚古墳とだいたい同じですが、天文図が実際の観測にもとづく本格的なものであることは、単に星座を四角く配列した高松塚古墳の星宿《せいしゅく》図とは大きく異なります。

各壁面の下の方には、武器を手にした十二支《じゅうにし》の獣頭人身像を三体ずつぐるりと並べて描いています。子《ね》

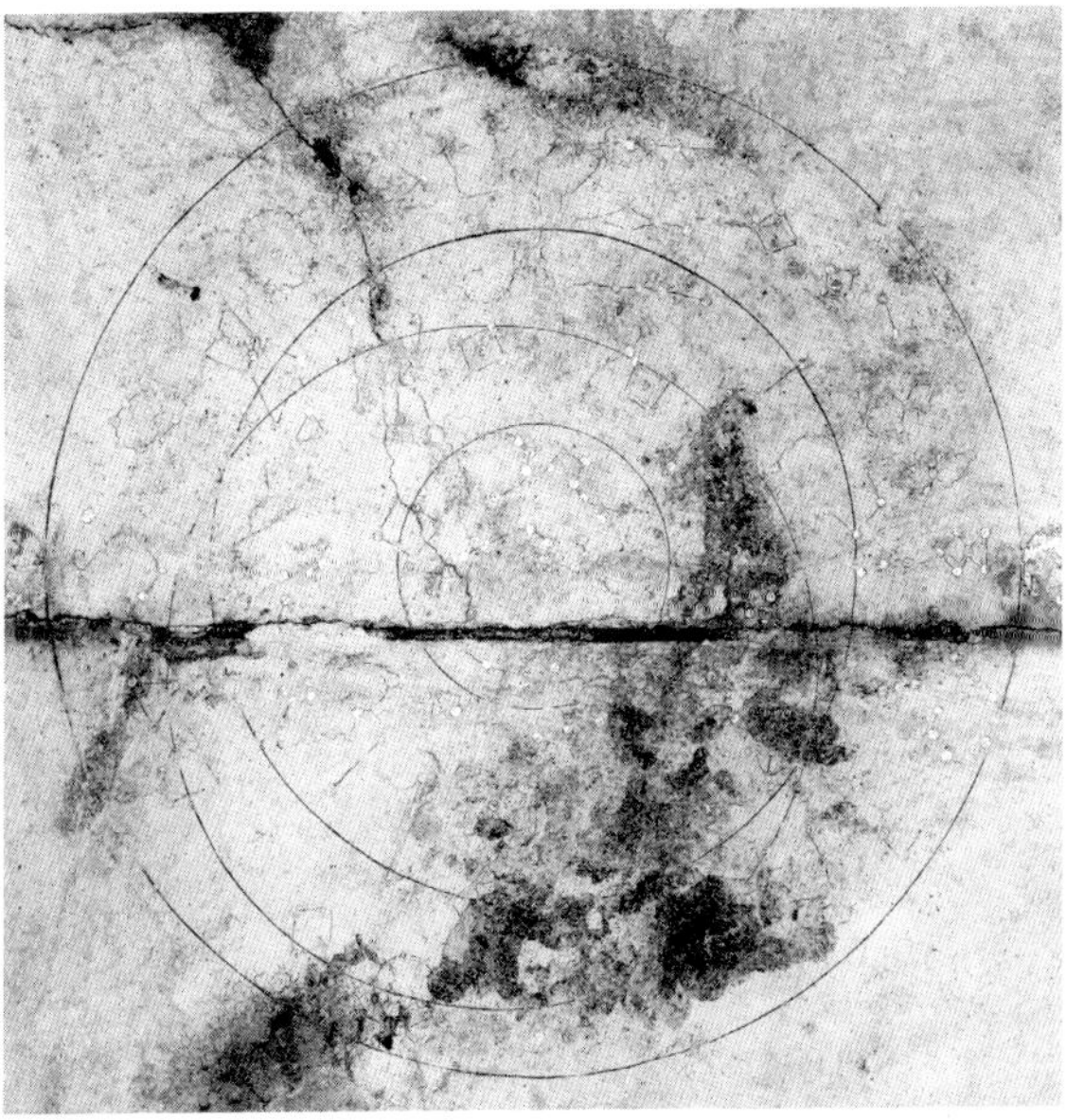

キトラ古墳天井の天文図（国〈文部科学省所管〉、奈良文化財研究所提供）

「キトラ古墳壁画体験館　四神の館」の天井に再現されている天文図（読売新聞社提供）

の方角といえば北を指すように、十二支は方角も示し、キトラ古墳の十二支像も北壁中央の子（ねずみ）から時計回りに丑《うし》、寅《とら》、卯《う》（うさぎ）……、の順番に従って配置されています。それぞれが着る裾の長い衣服の色も東・西・南・北の各方角を表す青・白・赤・黒に合わせています。

　十二支像は高松塚古墳にはなく、一方で高松塚古墳にある男女群像がキトラ古墳にはないことは、両者の壁画の主題の大きな違いです。

　キトラ古墳壁画の主題となった天文図、太陽と月、四神、十二支は、いずれも中国的な世界観に根ざしたものです。天文図は天空を表し、北極星を中心に巡る星々の運行を象徴しています。太陽と月は天地の間を往還し、昼と夜を分かちます。四神は天の四霊であるとともに、地の四方を司《つかさど》ります。十二支は地上の各方位を割り当てられ、世界の空間的秩序を象徴します。

　キトラ古墳の被葬者は、まさにこれらの壁画が表す天と地の中心に横たえられました。壁画には、その魂の永遠の安寧を願う想いが込められています。

（岡林孝作）

59 飛鳥の貴人の柩

キトラ古墳の発掘調査では、多数の漆膜《うるしまく》片や木片、金メッキの金具類などが出土しました。これらは被葬者の遺体をおさめていた木棺の残片です。

木の板を組み立てて釘《くぎ》を打ち付け、表面に漆を塗って仕上げた漆塗木棺《うるしぬりもっかん》と呼ばれるもので、高松塚古墳やマルコ山古墳などでも採用されています。いずれも破片化していますが、詳細な観察と相互比較によって構造や形状のあらましを知ることができます。

木棺本体の製作には、キトラ古墳ではヒノキ材、高松塚・マルコ山両古墳ではスギ材が使われたことが判明しています。木材の表面に単に漆を塗るだけではなく、砂粒などを混ぜてペースト状にした下地の漆の上に布を貼り、さらにそれを漆で塗り固めて最終的に精製した黒漆で仕上げます。

このような「布《ぬの》着《き》せ」は、高松塚古墳では内外面とも二枚、マルコ山古墳では内面三枚、外面五枚を重ねていることが知られています。布着せによって木棺の強度が上がるとともに、木板どうしの継ぎ目や釘の頭も隠れ、すっきりとした美しい外観に仕上がります。高松塚・マルコ山両古墳では棺の形状も復元が可能で、蓋の四周に面取りを施した、洗練されたデザインでした。

木棺の表面には銅に金メッキを施した透かし彫りのある飾《かざり》金具《かなぐ》などが取り付けられました。同様の金具は高松塚古墳の木棺にも取り付けられており、漆黒色の中に黄金色の飾金具が煌《きら》めく高級感のある印象を与えたことでしょう。

高松塚・マルコ山両古墳ともに棺の外面は黒漆仕上げですが、内面は黒漆の上にさらに朱を塗っています。飾金具は棺製作の最終段階で取り付けられ、内面側の留め金具を隠すために円盤状の金具が取り付けられます。高松塚古墳では円形の、キトラ古墳では花形の円盤状金具がこれに相当します。いずれも裏面に朱が付着し、キトラ古墳木棺の内面もやはり真っ赤な朱塗りだったことがわかります。

発掘調査前のキトラ古墳の石室内部。漆膜片などが出土した（国〈文部科学省所管〉、奈良文化財研究所提供）

ところで、キトラ古墳から出土した小さな銀環《ぎんかん》付きの六花形金具は、他の円盤状の花形金具とはつくりが異なります。棺の外面に飾られていた公算が大きいものですが、その裏面に付着する棺材片の表面は朱塗りになっています。

また、棺の外面に相当する面が朱塗りされた布着せの漆片も複数出土しています。その場合、キトラ古墳の木棺は内面だけではなく外面も、黒漆仕上げのうえにさらに朱を塗った文字どおりの真っ赤な棺であったことになります。野口王墓《のぐちおうのはか》古墳（天武・持統天皇陵）の天武天皇所用の棺が蓋・身とも朱塗りであったという十三世紀の記録（『阿不幾乃《あおきの》山陵記《さんりょうき》』）が参考になるかもしれません。

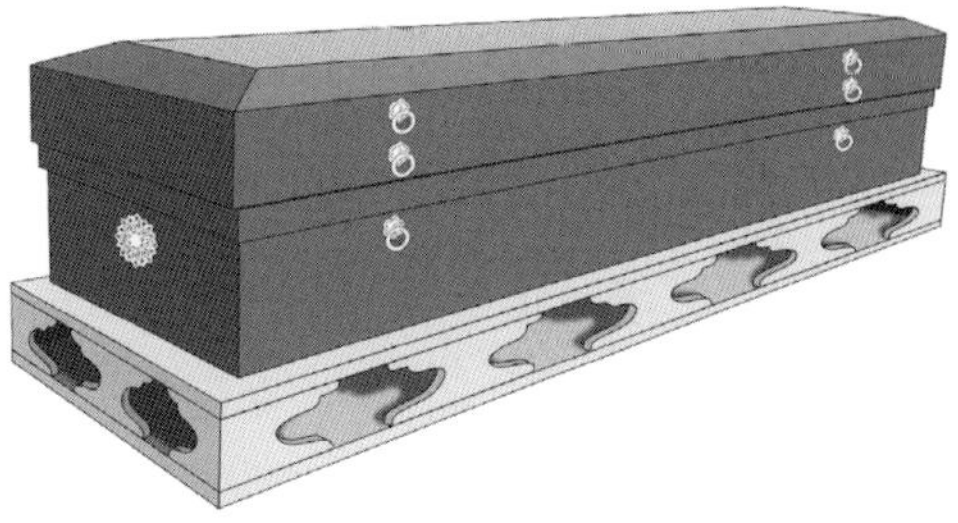

高松塚古墳の木棺復元図（岡林作成）

キトラ古墳・高松塚古墳では床面に棺台を設置した痕跡もありました。高松塚古墳の棺台は木棺よりも一回り大きい、木製の低い台のようなものが想定されています。

キトラ古墳では布着せをせず直接黒漆を塗った木材の残片がみつかっており、棺台の一部と考えられます。高松塚古墳の木棺は外面黒漆仕上げで、棺台は金箔《きんぱく》貼りであった可能性があります。キトラ古墳の場合は、木棺は外面朱塗り、棺台は黒漆塗りという組み合わせの可能性がもっとも高く、いずれも貴人の柩《ひつぎ》にふさわしい豪華なものでした。

（岡林孝作）

60 最初で最大の計画的都城　藤原京

現在、皇居は東京にありますが、明治時代までは約千年もの間、京都が都でした。京都、すなわち平安京へ遷都したのは七九四年のこと。それより前の飛鳥・奈良時代には、しばしば都が移動しました。奈良時代の始まり、平城京遷都は七一〇年。では、平城京の前の都はどこでしょうか？　答えは藤原京です。六九四年に遷都（正確には藤原宮へ遷居）し、一六年間の短命な都でした。しかし、この藤原京こそ、その後の都の原形となった画期的な都なのです。

藤原京は現在の橿原市にある藤原宮を中心に、約五・三キロ四方に広がる広大な都です。その範囲は桜井市や明日香村にも及んでいます。

藤原京遷都以前の飛鳥時代には、飛鳥の地が政治や文化の中心となり、宮殿・寺院・役所などが立ち並んでいました。しかし、それは次第に建物が増えた結果であり、計画的に設計された都市ではありません。都の規模と都市計画の有無が、藤原京以後の都との大きな違いです。

藤原京に遷都したのは持統天皇ですが、その造営は一代前の天武朝に始まっています。壬申《じんしん》の乱に勝利して権力を手にした天武天皇は、中国を手本に、律令（法律）に基づく先進的な国づく

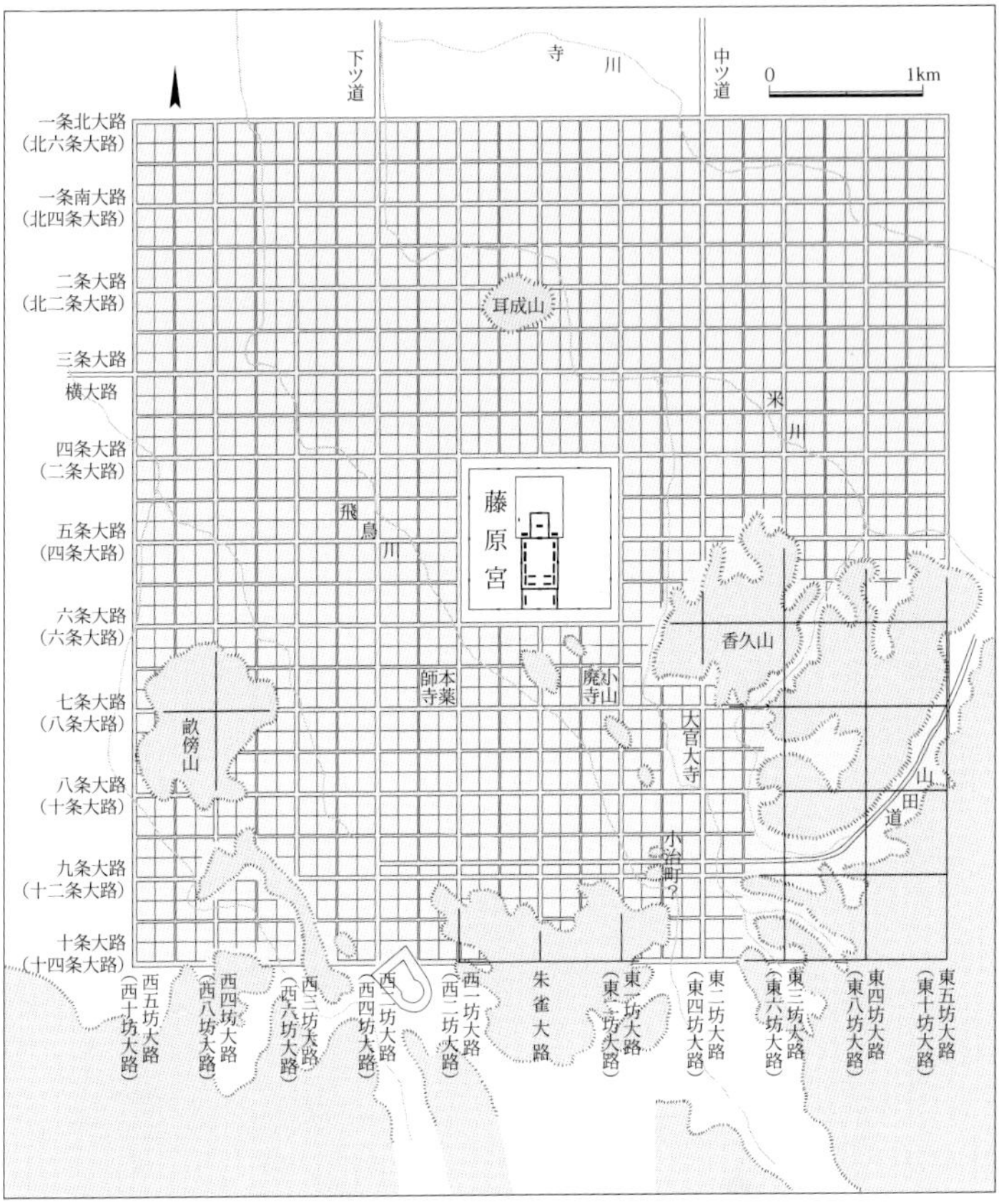

藤原京条坊図（奈良文化財研究所提供）

りを推し進めました。都や宮殿の整備もそのひとつです。新しい都は、『日本書紀』に「新城《にいき》」「新益京《あらましのみやこ》」などと記されています。

しかし、新都の造営は順調に進んだとはいえません。まず天武天皇五年（六七六年）に新城を計画したものの、結局頓挫したようです。その後、天武天皇十一年以降に天皇が新城や京師を視察した記事などがあり、再度造営が進められたことがわかります。ところが天武天皇の崩御によって再び停滞し、造営の志は次の持統天皇に受け継がれました。

飛鳥からほど近い香久山、畝傍《うねび》山、耳成《みみなし》山の周辺に広がる比較的平らな土地が選ばれ、直線の条坊道路で土地を縦横に区切り、碁盤目状の都市計画が実現されました。このような人工的な巨大都市はそれまでになく、空前の国家プロジェクトに違いありません。

藤原宮や本薬師寺の発掘調査では、敷地内に条坊道路が通っていた痕跡がみつかっています。これを先行条坊といいます。その施工は天武朝にさかのぼり、それを埋めて藤原宮や本薬師寺を造ったことがわかりました。

かつて、藤原京は古代史研究者の岸俊男による南北十二条×東西八坊（三・二×二・一キロ）の復元案が定説でした。北限を横大路、東西を中ツ道と下ツ道で限り、藤原宮が北寄りに位置する案でした。

しかし、発掘調査が各地で進むと、想定より広い範囲に条坊道路が造られていたことが判明しました。現在の成果では、ほぼ五・三キロ四方に十条×十坊の街区を配し、中央に藤原宮が位置すると考えられます。ただし東南の丘陵部分には条坊が施工されていないようです。

平城京、平安京、唐の長安城などはいずれも京の北端に宮を置く配置ですが、藤原京は宮を中心にした、異なる姿をしていたのです。藤原京は後の平城京や平安京より面積が広く、最初にして最大の中国式都城でした。宮殿の建物が礎石建ち、瓦葺きの中国式になったのも藤原宮が最初です。


（石橋茂登）

61 元日朝賀の幢幡　藤原宮で判明

日本には西暦とは異なる独自の元号があります。日本で最初に使われた元号は、飛鳥時代の西暦六四五年に定められた「大化」です。大化の改新で有名な元号ですね。以来、七世紀後半の一時期を除き、連綿と元号を使い続けてきました。

藤原京を語るうえで重要な元号は「大宝」です。『続日本紀』には次のような記事があります。大宝元年（七〇一年）正月元旦、文武天皇が藤原宮の大極殿に御し、百官から賀を受ける元日朝賀の儀が行われました。そのとき、大極殿院の南門の前に七本の幢幡《どうばん》が立て並べられました。

幢幡とは先端に装飾を付けた儀式用のはたざおのこと。正面に烏形《うぎょう》の幢、左に日像・青龍・朱雀の幡、右に月像・玄武・白虎の幡と記されています。外国の使者も列席した朝賀の壮観なさまは、「文物の儀、ここに備われり」と高らかにうたわれています。

この幢幡の詳細な姿はわからず、後世の絵図などから推測されるだけでした。青龍や朱雀などの四神は、ほぼ同時期と考えられるキトラ古墳壁画と似ていたかもしれません。日月像や四神は陰陽五行の世界観を示しています。

平城宮では奈良時代の幢幡の遺構が発掘調査でみつかっています。一本の幢幡を両脇の柱で支える構造とみられ、三本一組の柱が七つ一直線に並んでいました。同様の遺構は後の恭仁《くに》宮や長岡宮でも発見されているので、藤原宮でも同様に一直線の配置と推測されていました。

ところが、二〇一六年、藤原宮の発掘調査で大極殿院南門の前から予想外の遺構がみつかりました。中央に一本の柱を立て、左右に各三本を三角形に配置した七つの柱の跡です。

場所や本数からみて元日朝賀の幢幡の痕跡と考えられました。しかしその配置は、それまでの推測を覆すもので、構造も三本一組の平城宮とは異なって

柱穴に復元配置した幢幡（南から）。写真中央の低い柱の列は大極殿院南門の遺構表示、その奥の森が大極殿にあたる（奈良文化財研究所提供）

いました。やはり発掘してみないとわからない、と改めて思い知らされた事例です。

こうして『続日本紀』の大宝元年元日朝賀の儀の舞台が姿を現しました。

このほか、藤原宮の大極殿院では、北門が他の門より小規模だったことや、大極殿の後方にも回廊があったことがわかりました。発掘調査が進むにつれて、推定復元図が書き換わるような事実が次々と明らかになっています。

宮殿の発掘調査は一見地味ですが、長年にわたって継続してゆくことで、歴史の舞台を解き明かしてゆく醍醐味《だいごみ》にあふれているのです。


（石橋茂登）

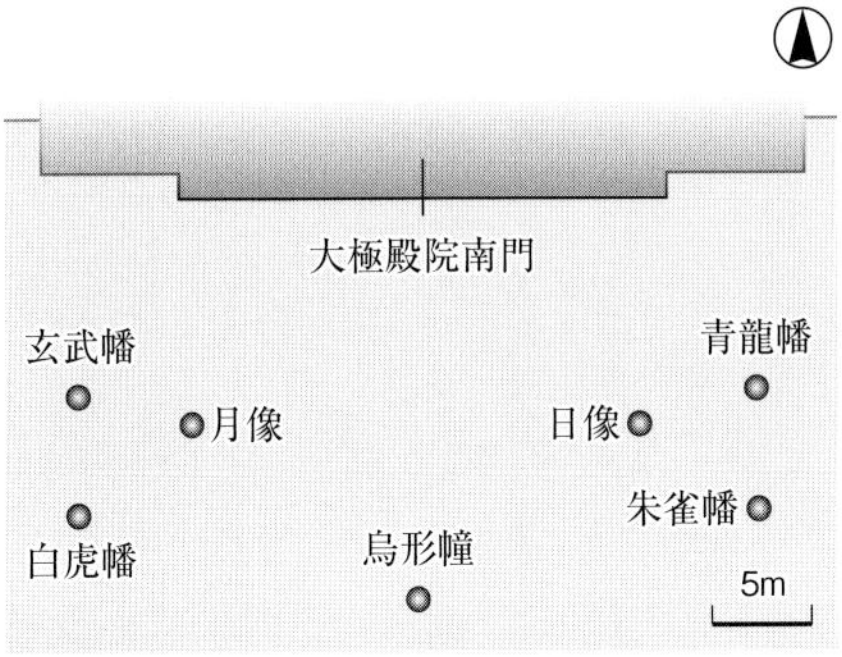

発掘調査でわかった藤原宮の幢幡の配置（模式図）

62 藤原京の宅地の広さと配置

藤原京は五・三キロ四方の京域を条坊道路で碁盤目状に区画した計画的な都市です。各区画は東西方向と南北方向の大路、小路で区切られ、さらに細かく分割されていることもあります。京内の土地は寺院や公的施設のほかに、貴族や役人の住居として割り当てられました。では、藤原京の宅地はどのくらいの広さだったのでしょうか。

『日本書紀』によると、遷都に先立って持統天皇五年（六九一年）十二月に藤原京の宅地班給を定める詔が出されています。宅地の広さは身分などで差があり、右大臣は四町、直広弐《じきこうに》以上は二町、直大参《じきだいさん》以下は一町、勤《ごん》以下無位の官人は家族数に応じて一町、半町、四分の一町とされました。

また、発掘調査では『日本書紀』の記述にない八分の一町という宅地もみつかっています。一町の宅地はおよそ一二〇メートル四方、一万二〇〇〇～一万四〇〇〇平方メートルといったところです。厳密には、藤原京では道路の中心線を基準に区画を割り振っているため、広い道路に面しているほど道路幅のぶん敷地が狭くなります。

　京内では、藤原宮の周辺に広い屋敷が多く、遠いほど狭くなる傾向のようです。藤原宮の朱雀門から南西すぐにあたる右京七条一坊西南坪には、一町を占める貴族の邸宅がありました。約一〇〇〇坪の建築面積をもつ正殿を中心に、脇殿、後殿、門、そのほかの建物が整然と並んでいました。ここは後に改造され右京職という役所になったとみられています。

　二〇一九年には、藤原京の西の端に近い右京五条八・九坊の発掘調査で、五条九坊東北坪の一町を占める整然とし

右京七条一坊の邸宅の復元模型（奈良文化財研究所提供）

た建物群がみつかったと報じられました。建物は右京七条一坊西南坪より小規模ですが、一町の宅地なら直大参（大宝令の五位相当）以下の貴族か官人の邸宅の可能性が考えられます。藤原京の端に近いとはいえ、藤原宮の西面中門からまっすぐ二キロほどの場所ですから、健脚なら歩いて通勤できる距離です。

藤原京では宮が中心に配置されているので、京内の多くの場所から二〜四キロほどで宮城門まで行けます。徒歩で一時間以内なら、古代人にとって大した距離ではなかったと思います。

そう考えると宮を京の中心に置くのは合理的です。しかし、平城京や平安京は中国の長安城にならって北端に宮を配置しました。長安城は南北八・六キロもあったため、南の方は遠く、人も少なかったといいます。平城京は南北四・八キロですが、同様に南の方の住人は不便だったでしょう。

現代日本でも街の中心部に広い住宅を確保するのは容易ではありません。先日、私の家の近所で一軒の古い民家が取り壊され、跡地は六区画の戸建て住宅地として分割されました。平凡な勤め人にとって、広い屋敷が夢のまた夢なのは、古代も今も同じかもしれません。

（石橋茂登）

63 木簡が物語る宮殿遺構の年代

推古天皇の時代に三宝興隆《さんぽうこうりゅう》の詔《みことのり》（三宝とは仏・法・僧のことで、仏教の普及を目的とした詔）が出されると、蘇我《そが》氏によって取り入れられた仏教が全国に広まりました。それとともに筆や墨が普及し、寺院や朝廷で文字が広く使われるようになったと考えられています。『日本書紀』推古十八年（六一〇年）の記事には、高句麗《こうくり》から来朝した僧曇徴《どんちょう》が紙や墨の製造に長けていたことが書かれています。この頃には紙や墨の使用が加速度的に増したと思われます。法隆寺に伝来し現在は御物《ぎょぶつ》となっている「法華義疏《ほっけぎしょ》」四巻（各巻とも紙を貼り継いでいて全長は一四メートル前後になります）は、聖徳太子が推古二十三年（六一五年）に書いた自筆本である可能性が高いことが東野治之《とうのはるゆき》氏によって論証され、紙に筆で墨書されたものとしては現存する日本最古といえます。

このように七世紀初め頃にはすでに紙が利用されていましたが、当時紙はまだまだ貴重品だったので、日常的な記録などは容易に入手できる木の板に墨で文字を書きました。木簡です。七世紀後半の段階で木簡には記録・付札《つけふだ》・文書《もんじょ》など多様な種類があり、すでに木簡の利用方法がほぼ確立されていたようです。飛鳥の遺跡で出土する木簡からはどのようなことがわかるでしょうか。

一般的に遺跡の年代決定は出土した土器の特徴などからおこないますが、木簡は出土遺跡の年代をかなり正確に教えてくれます。例えば「辛巳年《しんし》」などと年を干支《かんし》で書いた木簡が出土すると、遺構の年代が辛巳年＝天武十年（六八一年）前後に絞られてきます。余談ですが、大宝《たいほう》元年（七〇一年）に大宝律令が完成するまでは、年月日は木簡の冒頭部分に書くのが一般的でした。公文《こうぶん》書《しょ》の書式を定めた公式令《くしきりょう》によって、元号使用の開始とともに、日付けが文書の末尾に記されるように変わったことが岸俊男《きしとしお》氏によって指摘されています。

一九七六年に実施された飛鳥京跡第五一次発掘調査では、年代を書いた木簡は出土しませんでしたが、「大花下《だいけげ》」「小山上《しょうせんじょう》」「小乙下《しょうおつげ》階」「小花《しょうけ》…」「…花上《けじょう》」といった冠位を記した小型の木簡が複数出てきました。このうち大花下は大化五年（六四九年）から天智三年（六六四年）までの限られた期間に施行された冠位であることが『日本書紀』からわかり、遺構の造営年代もこの期間に含まれると考えられます。

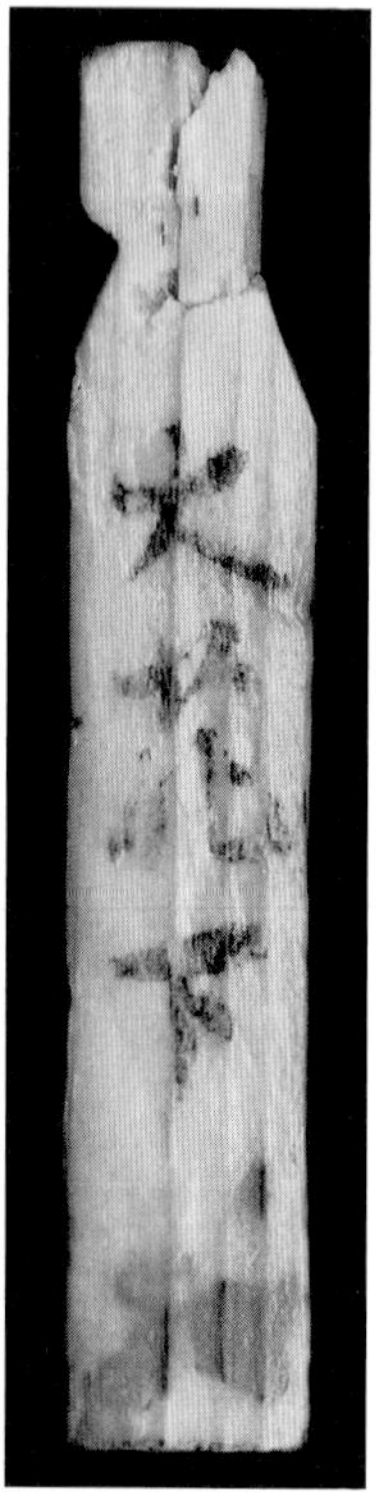

「大花下」と記された木簡の赤外線写真（奈良県立橿原考古学研究所提供）

飛鳥宮跡は大きく分けて三つの時期の遺構が重なっていて、それぞれの遺構がどの天皇の宮に該当するのかが問題となっていました。これらの木簡と土器の年代観とあわせて、出土遺構の上に造られた宮殿が斉明二年（六五六年）に造営された斉明天皇の後飛鳥岡本宮《のちのあすかおかもとのみや》に該当することが判明しました。

これらの冠位を記載した木簡と同時に「（表）白髪部五十戸《しらがべのさと》（裏）皷十口《くわ》」と書かれた荷札木簡が出土しました。この木簡が古代史学界で大いに議論となりました。六四五年の大化改新から間もない頃に五十戸一里制《ごじゅっこいちりせい》が実際に施行された可能性が出てきたからです。

（鶴見泰寿）

64 「郡評論争」を解決　藤原宮の木簡

前項では、飛鳥宮跡から出土した「白髪部《しらがべの》五十戸《さと》皷《くわ》十口」の木簡によって、大化改新から間もない頃に五十戸一里制が実際に施行されていた可能性が高くなったことにふれました。『日本書紀』によれば、大化二年（六四六年）に出された改新詔《かいしんのみことのり》では公民制などの方針が打ち出され、部民制《べみんせい》（皇族や豪族が人々を直接支配する制度）の廃止や五十戸一里制の施行がおこなわれた、とされます。

しかし、一九六〇年代中頃に「大化改新否定論」が唱えられ、大化改新は『日本書紀』が編纂された時につくられた虚構であり実際にはなかったとする学説が原秀三郎《はらひでさぶろう》氏らによって出されました。

ここで重要となるのが「白髪部五十戸」と書かれた大化五年（六四九年）〜天智三年（六六四年）頃の荷札木簡です。「白髪部五十戸」は『和名類聚抄《わみょうるいじゅしょう》』（十世紀前半成立の辞書）にみえる備中国窪谷《くぼや》郡真壁《まかべ》郷（岡山県総社市真壁付近）のもととなるもので、「白髪部」は生まれつき白髪で白髪天皇とも呼ばれた清寧《せいねい》天皇にかかわる部民です（清寧天皇が子がいないため白髪部を置いたことが『日本書紀』清寧二年の記事にあります）。また、飛鳥・藤原などから出土する木簡により、天武朝前半までは「里」ではなく「五十戸」と記されたことがわかっています。

この木簡の出土によって、皇族や豪族に直接支配された部民を起源とする集団が五十戸＝サトとして編戸《へんこ》（人々を管理するため戸籍に登録すること）され朝廷に物品（この場合は鍬《くわ》）を納めていたことが確認され、木簡の作成された頃に部民が編戸の対象だったことがわかりました。大化改新を契機として地方行政などの制度が実際に大きく変化していたのです。このことは「大化改新否定論」が浸透しつつあった当時の古代史学界に衝撃を与えました。木簡出土の翌年には鎌田元《かまだもと》一《かず》氏が、大化改新により全国一斉に評が立てられたとする論文を発表し、大化改新詔が再評価されるようになります。

『日本書紀』には常に信憑性《しんぴょうせい》という問題がつきまといます。七世紀の地方行政区分の呼び方をめぐって、一九五〇年代に「郡評《ぐんぴょう》論争」が起こりました。改新詔では国の下には郡という行政組織をおき郡司《ぐんじ》を任命するとありますが、七世紀の金石文（仏像や石碑に刻まれた文字）では郡で

「白髪部五十戸」と記された木簡の赤外線写真（奈良県立橿原考古学研究所提供）

はなく「評」とあることから、改新詔も本来は「評」とあったものを『日本書紀』編纂時に大宝令の知識によって「郡」に書き換えたのではないか、という疑問が出されていました。郡・評のどちらの表記が正しいのかをめぐって繰り広げられたのが郡評論争です。

この論争を解決したのが、一九六七年に藤原宮跡から出土した「己亥《きがい》年十月上球《かずさ》国阿波評松里」と書かれた荷札木簡です。現在の千葉県南房総市付近の地名が「国―評―里」と書かれています。己亥年は六九九年で大宝律令完成の直前の時期です。この木簡によって『日本書紀』にある「郡」は大宝令の知識によって表記が改められていることが明白になりました。

現在では、改新詔を積極的に理解して、ある程度信頼できるとする考えが一般的になっています。長さ五寸ほどの一片の木簡に書かれる文字数はわずかですが、『日本書紀』のストーリーに組み込むことによって絶大な威力を発揮します。このため研究者は小片の木簡でも解読に全力を注ぐのです。

（鶴見泰寿）

第二部　座談会

古都飛鳥の百年、これからの飛鳥

出席者

相原嘉之《あいはらよしゆき》（奈良大学文学部文化財学科准教授）
石橋茂登《いしばししげと》（奈良文化財研究所飛鳥資料館学芸室長）
井上さやか《いのうえ》（奈良県立万葉文化館指導研究員）
岡林孝作《おかばやしこうさく》（奈良県立橿原考古学研究所副所長）
今尾文昭《いまおふみあき》（司会　関西大学文学部非常勤講師）

はじめに

今尾　こんにちは。今日は飛鳥の古代を調査研究している四人の専門家がつどい議論したいと思います。まず、それぞれの飛鳥との出会いをお話しいただき、そのあと、次の四点を話題にします。第一は飛鳥の始まりはどこか、第二は飛鳥時代のなかでの画期、時代の革新はあるか、第三は飛鳥の最新情報について、第四は飛鳥の未来について。世界文化遺産登録の推薦準備がなされていますか。遺跡や古墳をどのようにみせていけばよいか、もっと広く歴史的空間をどのように残すか、お聞きします。

一　飛鳥との出会い

岡林　考古学が好きで、高校時代によく飛鳥に来ました。一九七〇年代終わりから八〇年代。飛鳥で発掘調査に参加したのが、大学の時で一九八三年、石神遺跡の調査です。須弥山石《しゅみせんせき》が出土した箇所を含むエリアでした。同じ頃、近所で山田寺の倒壊した東回廊の調査もやっていました。奈文研（奈良国立文化財研究所）の自転車をお借りして、見に行っていました。

井上　実家の電話番号の末尾が〇六四五だったんです。物心ついた時、最初に覚えたのが、乙巳《いっし》の変（六四五年）。そのときは大化改新と言っていましたけど。初めて飛鳥に来たのは大学のゼミ旅行で、真夏の暑い中をぐるぐる歩き、飛鳥宮跡の石敷きの井戸の跡で、夕日を眺めながら指導教官とビールを飲みました。

石橋　私は考古少年ではなかったので、大学に入ってから考古学の研究室で同級生と飛鳥巡りをしたのが最初です。そういう意味でははじめから考古学的な飛鳥と出会っている。最初に行った現地説明会が中山大塚。橿考研（橿原考古学研究所）が前期古墳を精力的に掘っていた時期で、飛鳥というか奈良がニュースになっていた。一九九〇年代半ばから後半ぐらいです。吉備池廃寺や飛鳥池などの遺跡が話題になっている中で、考古学を勉強しました。

相原　私も考古少年ではなかった。家が大阪市内だったので、飛鳥は、小学校の時に遠足でくる。中学でもくる。でも、あまり記憶にありませんでした。高校時代は天文学、プラネタリウムに熱中してました。下ではなくて上を向いて歩いていた。それが、なぜか大学は文学部文化財学科。就職したのが奈文研。最初に行った研修現場は坂田寺でした。それから滋賀県とかうろちょろしながら飛鳥に舞い戻ってきました。天文学が考古学と結びつくのがキトラ古墳で、小型カメラを入れた時に天井に天文図が見つかった時です。

今尾　私の場合は、一九七二年三月の高松塚の発見です。高校二年生の時で、大きなニュースになった。当時、家に配られる新聞は白黒でカラーの紙面はめったになかった。高松塚壁画のカラー写真が夕刊に出るという日があって、早く配達が来ないかと何度も郵便受けを見に行った記憶があります。自宅は京都ですが、一年後の春に、ほとんど乗ったことがない近鉄電車で二時間ぐらいかけて高松塚を訪ねました。現在も農村風景ですが、そんな中に古い都があった。驚くような壁画がある。過去と現代との違い、そして今まで続いていることに心が動かされました。社会に考古学が市民権を得た流れの中で考古学を志しました。

二　飛鳥の始まり

今尾　では、古代における飛鳥の開発の話から始めます。

相原　飛鳥には東漢氏《やまとのあやうじ》、渡来人が住んでいたといいますが、やはり蘇我氏が飛鳥寺を建てたというのが大きいと思います。そこに天皇を呼び込んできて推古天皇として即位させた。蘇我氏の飛鳥みたいな感じで始まった。小さな集落があるところに突然、五重塔のような礎石立ち、朱塗りの柱、瓦葺きの建物が出現した。一般人にとっては、蘇我氏はなんてすごいのだろう。外国の文化とはどういうものなんだ、と圧倒されたと思います。

今尾　飛鳥川の開発を蘇我氏という新興の豪族が六世紀後半に企て、当時は大王と呼んだ方がいいかもしれませんが、具体的には推古天皇ですね。飛鳥の地に招く。岡林さんも同様の考えですか。

岡林　そう思います。それまで何もなかった飛鳥に、初めてつくられる大規模建物が飛鳥寺。インパクトは大きい。それが飛鳥の始まりでしょう。

今尾　それ以前、六世紀の大王の宮殿は転々としますね。それでも奈良盆地東南部にほぼ限定されます。初瀬川《はつせがわ》、寺川《てらかわ》沿いの磯城《しき》・磐余《いわれ》地域に雄略や欽明大王の宮殿がある。一方、飛鳥川沿いには顕著な前・中期古墳がない。開発が低調だった。そこに、六世紀後半、蘇我氏を名乗る集団がやってきて開発を行なう。もっとも最近は五世紀代の中頃ぐらい、初期須恵器や陶質土器を出土する遺跡が、飛鳥からみると北西方向の曽我川《そがかわ》中流域の橿原市内で見つかっています。こうしたことは関係しますか。

岡林　いまのところはそれを飛鳥進出以前の蘇我氏と結びつけることを、全面から言っている人はいないです。しかし、可能性はあります。

今尾　従来、奈良盆地南部の五世紀の遺跡というと、葛城《かつらぎ》山麓の南郷遺跡群が有名でした。玉製品を生産した曽我遺跡を除くと、曽我川流域の拠点的な集落は、はっきりとしなかったのが、京奈和自動車道関連の発掘調査で姿を見せ始めましたね。飛鳥川流域となる藤原地域はどうですか。

石橋　そんなに分かっていないような気がします。

今尾　六世紀になると、檜隈《ひのくま》の奥にあたる高取町域が主になりますが、渡来系の人々が住んだ跡が見つかっています。こ

甘樫丘から飛鳥を見下ろす

こ二〇年で地域の特色がはっきりとしてきましたね。

岡林　東漢氏の集落ですか。墓は与楽《ようらく》古墳群などが知られています。明日香村と高取町の境界あたりですね。集落がなかなか分からなかったのが、高取町域で、たくさんの大壁建物とか、オンドルがある、渡来系一世の人たちが住んだような遺跡が見つかってきています。そのあたりが拠点だったのでしょうね。

今尾　普通の竪穴建物ではなくて、柱と柱の間にも小さな柱が立って壁をつくる。保温性がよい。またオンドル、床暖房ですね、そういった施設を持つ建物は、日本列島の伝統からは導くことが出来ない、渡来文化ですね。以前は、近江の湖西地域で少し分かっていましたが、東漢氏の本拠地の檜隈地域に見つかる。それが飛鳥前史。そして一〇〇年ほどの時を経て飛鳥寺が出現します。それでは、いよいよ飛鳥から豊浦《とゆら》にかけての話に移りましょう。

石橋　地形からみて飛鳥寺の辺りは、広くて高い感じがする。北側の山田道のあたりは湿地です。蘇我氏が開発しようと思った時に、土地のいい開けたところを使える状況があった。豊浦のあたりは川と丘に挟まれて、ちょっと狭いです。

今尾　相原さんは交通、道路網のことをやっておられます。飛鳥寺北、山田道が整備される前の様子を語ってくれますか。

相原　道路の話もありますが、石橋さんと少し違うのは、飛鳥寺は広々とした場所に造ったわけではなくて、多武峰《とうのみね》、甘樫丘《あまかしのおか》など東西両側から尾根が狭まる入り口に造ったのではないかなと思います。

岡林　そうそう。そういうイメージです。

相原　飛鳥寺をつくることによって、のちにはその南側の飛鳥宮跡がある岡に歴代天皇が宮をつくる。盆地の中心部が一等地になっていく。そして飛鳥寺がつくられるもう一つの理由が古道の話です。現在の山田道がつくられるのは七世紀中頃で、それ以前は湿地状態でした。推古天皇の時に、裴世清《はいせいせい》が海柘榴市《つばいち》から小墾田宮《おはりだのみや》へやってきた時に通った山田道は、飛鳥寺の北限のところに古い段階の山田道を考えた方がよい。そうすると飛鳥寺の北の端は、古い山田道に規制されます。道に面して飛鳥寺がつくられたことになる。豊浦寺も同じく道に面して、手狭なところで丘陵の裾部分ですから、広い土地はとれないが造られる。古い山田道沿いに開発が進んでいったと考えます。

相原嘉之

今尾　山田道は、奈良文化財研究所による県道拡幅の事前調査で、七世紀中頃ぐらいに枯れ枝や落ち葉を用いて構造物を強くする敷葉《しきば》工法による地盤整備をして、真東西の直線道路をつくっていた。相原さんが言う古い山田道はもう少し南側ですね。考古学上の痕跡はありますか。

相原　道路の痕跡自体はないですが、一つはさきほどの飛鳥寺の北限の問題、もう一つは現在、考えられている山田道は飛鳥寺創建時まで古くならないという問題があります。そうすると、山田寺のあたりからもう少し南にくだってくるだろう。それが石神遺跡と水落遺跡の間を通過します。側溝や道路そのものが発掘されていないので、弱いところはありますが、諸条件を考えると、そこしか通せないと思います。

今尾　定説では五三八年にいわゆる仏教公伝があって、それから半世紀の五八八年に飛鳥寺の創建があります。塔と金堂、門に講堂が備わる本格寺院です。地形に左右されずに、基本的には真南北に方位を揃えて建物が配置された。当時の人々からみれば、驚くような新しい構造物が六世紀末に出現した。一方、古墳はどんな状況ですか。

岡林　飛鳥地域には基本的にない。飛鳥寺ができるような時期のものはないです。

相原　山手の方に小さい古墳はあるけれども。

岡林　古墳がないというのは、村があっても、有力な人が……、拠点がない空白地になっている。

今尾　それは飛鳥の歴史的、地理的空間を狭くとらえすぎてはいませんか。僕はもう少し広い範囲で考えます。五条野《ごじょうの》丸山古墳と梅山古墳（現、欽明天皇陵）が築かれている。六世紀後半から末葉まで、どちらが先行するかとか、被葬者論は措くとして、今まで大きな前方後円墳がなかった曽我川流域、あえていえば六世紀前半に鳥屋《とりや》ミサンザイ古墳（現、宣化天皇陵）がまず出現して、続いて丸山古墳、梅山古墳がいわば飛鳥の西側の入り口部分に築かれた。つまり、寺院と古墳が六世紀末に姿をみせます。宮殿に先行する。これが遺跡の方からの飛鳥の始まりとしたい。

岡林　そうですね。今おっしゃったのは古墳と飛鳥寺、もう一つ、邸宅です。蘇我稲目の邸宅が「軽《かる》の曲殿《まがりどの》」、仏教公伝の時にお寺にした「向原《むくはら》の家」、「小墾田の家」とか。それらが蘇我氏であるのは明らかで、そして飛鳥寺という蘇我氏の寺があって、お墓はいろいろ意見があると思いますが。そして馬子の時に、飛鳥川のほとりの家、「嶋の家」といえばいいのでしょうか、飛鳥の奥へ展開していく。そういう図式がうまく行き、石舞台古墳ができる。

今尾　岡林さんが挙げられたのは、豊浦から軽に続く丘陵の北麓一帯に蘇我氏が邸宅を持ち、その一角に仏堂を設けたらしい。このあたりの仏教の始まり、定着化してくるまでの間を発掘調査で証明することは難しい。お寺以前の仏教の入り方の手掛かりはありますか。

石橋　飛鳥寺より前のお寺は見つかっていない。普通の家と変わらないでしょうからね。古い仏像とか出てきたら別ですけれど。

相原　飛鳥寺以前、仏教伝来以降は『日本書紀』によると、自分の屋敷の中の部屋の片隅にまず仏像を飾った。次に屋敷地に、専用の仏堂を建てた。当然、瓦葺きではなく、掘立柱建築だろう。次に蘇我氏は飛鳥寺という伽藍を持つお寺をつくるけれども、そのほか大勢の豪族たちは、瓦葺きの小さな仏堂を屋敷地内に建てたのだろう。その豪族も、力をつけてくると伽藍を持つ寺に建て替えるようになります。例えば、檜隈寺《ひのくまでら》では七世紀後半の伽藍よりも古い瓦がでますよね。前身となる瓦葺きの仏堂がきっとあったのでしょう。ただ、瓦葺きでなかったら、考古学的には寺を識別する方法がありません。

今尾　その場合の豪族は東漢氏ですね。檜隈寺がある丘陵の斜面に古い竪穴住居が出ています。結びつかないですか。

相原　時期的には重なると思いますけど、あれは住居ですかね。L字形かまどがあって、一棟しか見つかっていないから、住居といえるかどうか。

今尾　そういったものが飛鳥寺以前の仏教施設と結びついている可能性はゼロではない？

相原　まあゼロではないですけど、難しい。

石橋　ゼロではないけど、積極的に言うのもなかなか難しい。

今尾　六世紀の終わりから七世紀はじめの飛鳥について、万葉学からは、いかがですか。

井上　豊浦とか、飛鳥寺とか、詠まれていますが、平城遷都後に懐古される「ふるさとの飛鳥」としてですね。自分たちのルーツが飛鳥にあるという思いが『万葉集』からうかがえます。それ以前の為政者たちが別の場所にいた時代とは明らかに区別される。画期は舒明《じょめい》で、以降コンスタントに歌が載っています。舒明から始まるという時代意識が『万葉集』にはある。また『万葉集』の中の仏教の影響は限定的です。

渡来人の話が出ましたけど、文字文化がどういうタイミングで、どういう形で入ってきて、自国の音声言語である歌の文化と、書記言語である書く文化がどう融合していくかというのはホットな話題です。日本語の成り立ちという意味でも飛鳥の土地、時代は一つの画期として文学研究からは認識されています。

今尾　『万葉集』一番歌の雄略《ゆうりゃく》天皇が、少子部連蜾蠃《ちいさこべのむらじすがる》に三輪山（三諸岳《みもろのおか》）の神の形を見たいと命じる話が、『日本書紀』にある。蜾蠃は岳に登り、大蛇を捕まえる。これが『日本霊異記』では「鳴雷」を招来せよとなる。磐余宮から阿倍、山田、豊浦寺の前の道、軽の諸越の衢《ちまた》に至り、帰り道の豊浦寺と飯岡の間に落ちた雷を捕えて宮に運んだ。蜾蠃の往来は山田道。雄略天皇の時に飛鳥が始まるという意識はありますか。

古代史の岸俊男先生は、実証すべき課題と慎重ですが、埼玉県の稲荷山古墳出土鉄剣と熊本県の江田船山古墳出土鉄刀に共に「ワカタケル大王」の銘文がある、これを古代国家の「国土支配」の画期を示す実物資料と評価できるならば、万葉人の歴史観に影響を与えた。飛鳥に、直接につながる画期の大王として「雄略」が意識されたのではないかという論文を書かれています。曽我川、飛鳥川流域の古墳時代の集落遺跡の存在と関連付きませんか。

井上さやか

井上　雄略に飛鳥のイメージがあるかというと、『万葉集』の中では難しい。『万葉集』巻一は、どこどこで宮を営んだ天皇と表記され、時代順に並べられています。飛鳥岡本宮とあるのが舒明で、雄略は泊瀬朝倉宮《はつせあさくらのみや》ですから桜井の方になります。

今尾　『万葉集』は、飛鳥以前の歴史を「雄略」に集約して語っている？

井上　そんな感じですね。極端に古い歌であるはずなのに、しかも雄略がつくった歌かどうかわからないのに、雄略の名を冠して最初に置くのはそういう認識があるからです。巻二の巻頭には「磐姫《いわのひめ》皇后」（仁徳天皇の皇后）の歌を置いて、これも極端に古い。それ以降の歌とは全く違う論理で載せられている歌々だと思います。

三　飛鳥時代の移り変わり

今尾　飛鳥の始まりは万葉学から導かれる認識とは違いますが、遺跡に即すと六世紀代のおしまいから七世紀にかかる頃というのが出席者間で共有の見解でした。次に飛鳥では豊浦宮以降の約一〇〇年間、大王・天皇の宮殿が営まれていきますが、一つの時代とみなせるか。歴史学の中で時代区分は基本となる研究です。時代の移り変わりを理解するためにも、その作業は必要です。飛鳥時代をどのように区分したらいいですか。

岡林　難しいですが……。大きな歴史的事件で分けるなら、一つは乙巳の変（六四五年）。次は壬申の乱（六七二年）でしょう。これで三つにわかれる。そういう漠然としたイメージは持っています。

井上　『万葉集』はそういうのがあまりないです。大事件のことは歌に詠まれていない。壬申の乱は、奈良時代の大仏開眼会の直前にかつてそれに関する歌が詠まれましたという記録があるだけ。壬申の乱の直後に詠まれた歌が、八〇年後に唱詠され記録されている。奈良時代の人が天武天皇を回顧し讃えたといえます。

石橋　古代史では、岡林さんがいったような乙巳の変と壬申の乱が大きな画期というのが普通の理解でしょう。あと挙げると藤原京の時代。美術史だと白鳳時代といいます。高松塚古墳の壁画は、奈良時代として文化庁では指定されています。一方、キトラ古墳の指定は飛鳥時代。どうして高松塚は奈良時代なのか。調べてみると、かつての指定は六四五年より後は奈良時代扱いなのです。今の美術史では分かりませんけど、ジャンルによってわけかたが違う。仏像だと飛鳥時代と白鳳時代と呼ばれているものでは、雰囲気が違う。時代区分でいうと、教科書では五九二年の推古天皇の豊浦宮での即位から飛鳥時代にしています。飛鳥資料館のパネルは五八八年から。

今尾　飛鳥寺の造営からですね。

石橋茂登

石橋　政治史ではなくて、考古学的な画期ならそこで切るというのもありうる。

今尾　相原さんは開発史の視点から京域の整備に関する論文を書いておられますが。

相原　二つに分けるのなら真ん中は乙巳の変。もう少し細かくわけると壬申の乱。さらに藤原京。飛鳥時代全般の話をする時には、推古天皇の時代、斉明天皇の時代、天武天皇の時代に分けます。推古天皇が即位した時から藤原京を含めた七一〇年までが飛鳥時代、ただし、飛鳥寺がその前にありますよと付け足して説明します。

今尾　なるほど、長くとると約一二〇年間になりますね。飛鳥時代の区分にも、それぞれの切口がある。古墳の研究からいえば、五条野丸山、梅山という大きな前方後円墳が、飛鳥の範囲に出現する。奈良や大阪で最後の前方後円墳が、飛鳥寺の造営と同じ頃に築かれます。その後は大型方墳と大型円墳に変わる。有名な古墳でいえば石舞台古墳。大王や豪族たちが築いてきた古墳のかたちが変わる。六世紀末葉が前方後円墳の終焉、七世紀前葉が大型方墳、円墳。そして『日本書紀』の記載通りならば六四三年、舒明大王の「押坂陵《おしさかのみささぎ》」とみられる段ノ塚古墳、すなわち大王墓としての八角墳の出現になります。

岡林　今おっしゃったのは墳丘の形態の違いですが、もう一つ重要なのが大きさ。五条野丸山古墳は三〇〇メートルを超える、奈良で一番大きな前方後円墳です。前方後円墳は中期を頂点として小さくなる中で、飛鳥にある最後の前方後円墳だけが大きい。次に、円墳、方墳という観点でいくと、方墳で一番大きいのは小山田《こやまだ》古墳。八〇メートルを超えます。飛鳥時代最大。円墳、方墳も全体として小さくなっていく中で、最後の巨大方墳が飛鳥にある。八角墳でいうと一番は天武・持統陵。

今尾　天智陵と思う。墳丘のボリュームとしてはね。

岡林　前方後円墳から八角墳へという順番はたどれる。そこにどんな意味があるかを考えなければばいけない。五条野丸山は蘇我稲目《そがのいなめ》墓説があって、私はそれに賛成しているのですが、そして小山田古墳は、蘇我蝦夷《えみし》の大陵《おおみささぎ》だと思っています。いずれも蘇我氏の墓です。全体的に前方後円墳も方墳も縮小していく流れにあって、飛鳥の地域だけ蘇我氏が大きな墓をつくっているのが、乙巳の変の前の状況です。後は、天皇陵となる八角墳のみが大きくなり、他は小さくなる。そういう流れを考えたい。

今尾　いわゆる「大化の薄葬令《はくそうれい》」を積極的に墳丘規模の規制に認めていくということですか。

岡林　ちょっと違います。そうではなくて、古墳の視覚性を利用した社会の維持という古墳時代的な在り方を、蘇我氏は最後まで引っ張った。

今尾　蘇我氏本宗が滅亡したことによって、古墳の縮小化が決定的になった、そういう話ですか。

岡林　そうです、そうです。

岡林孝作

今尾　本当ですか。応援団は相原さん？　蘇我氏が古墳の幕引きをしたという……。

岡林　蘇我氏が古墳の幕引きをしたのではなくて、乙巳の変で幕引きをさせられた。

相原　蘇我氏の本宗家が滅亡したことによって、豪族の時代がそこで終わって、法治国家に転換する。大化改新という天皇を頂点としたものに変えようとした。蘇我本宗家が滅んでいなければ、豪族の時代はもう少し遅くまで続いていただろう。

今尾　石橋さんはどうですか。蘇我氏の消長が、大きな古墳がなくなっていく根本的な要素になったという意見ですが。

石橋　乙巳の変そのものよりは、斉明朝、中大兄皇子の時代に水落遺跡の漏刻《ろうこく》（水時計）を六六〇年にたてたり、同じ時期に須弥山石《しゅみせんせき》をたてて、服属儀礼をやったり。ちょっと違う政治的な動きというか、中国の支配概念を取り入れた国造りをしようとして、それをアピールする動きができてきます。そういった意味でも、乙巳の変の頃に支配者層の考え方が変わってきているという印象は持ちます。

今尾　それまでのいわば武断的な統治体制が、朝鮮半島情勢もあると思うが、法治的な体制への整備を具体的な施設面でも整えていく。中国律令にのっとって。そういうお話ですね。古墳がなくなっていくのもそういうことだと理解していいですか。

石橋　大きな古墳をつくるような古い価値観がなくなって、より大陸的な価値観を取り入れていこうとする。古い価値観を持っていた蘇我本宗家が滅びるのは、そういう流れを加速させる大きい契機になったと思います。

今尾　蘇我氏の評価について、乙巳の変で滅亡したのは蘇我氏本宗であり、石川麻呂の系統は命脈を保つという主張が古代史の複数の先生から出されています。そもそも持統のお母さんの遠智娘《とおちのいらつめ》は石川麻呂の娘ですから、豪族として蘇我氏自体が滅びたわけではない。また、蘇我氏本宗だけが葬送イデオロギーとして格別に大規模な古墳をつくっていたわけではない。たとえば、天理市杣之内《そま》の天理高校のキャンパス内に塚穴山古墳という大きな円墳がある。直径七〇メートルぐらい、空濠を持ち、巨石を使った大型横穴式石室が備わる。型式編年上、白石太一郎先生は石舞台式に包括されていますが、壁面構成とか、加工をみると、石舞台古墳より新しい。一帯は物部氏拠点の石上《いそのかみ》です。飛鳥を離れた場所に大きな円墳がある。蘇我氏だけが大きな墓を七世紀前半代に築いていたとは必ずしも言えない。

岡林　蘇我氏だけが、ではないと思います。ただ、飛鳥ということになれば、基本的には蘇我氏です。『日本書紀』に、蘇我氏の一族が集まって蘇我馬子の桃原墓《ももはらのはか》をつくったという記事があります。乙巳の変で滅亡したのは蘇我氏本宗家ですけれども、ほかの蘇我氏がその後も存続していることと、一族全体でつくる蘇我氏トップの大きな墓が途絶することとは、話の次元が違うという気がします。

今尾文昭

今尾　私は舒明期の評価について見直しが必要と主張しています。岡に最初に宮殿をつくるのが、舒明即位後の宮殿となる飛鳥岡本宮。没したのが香具山北方の百済大宮《くだらのおおみや》、初めての勅願寺の百済大寺《おおてら》を東西対称に配置する。これは後の官寺と宮殿の関係に受け継がれます。川原寺《かわらでら》と飛鳥浄御原宮の関係で、飛鳥川を挟んで対称性のある配置です。飛鳥時代後半の都宮をデザインする行為は、いずれも舒明大王の業績に嚆矢《こうし》がある。従来説のように専横の極みの蘇我氏の傀儡《かいらい》のように評価するのは、舒明期の歴史評価に予断を持ち込むことになりませんか。『日本書紀』の書き方に惑わされているのではないか。

さて、八角墳の話ですが、大王・天皇位に就いた人物が採用したというのは『万葉集』の枕詞となる「やすみしし　わがおおきみ」の「やすみしし」に通ずる。つまり国土支配する最高首長の勢威や徳が四方、八方の隅々まで及ぶという中国思想を古墳の墳丘形態に現わしたものだと思います。井上さんのお考えはいかがですか。

井上　枕詞は意味がわからないことが多いですが、おっしゃったように文字のあて方をある程度意識していた可能性はあります。少なくとも柿本人麻呂が使っている段階では、「やすみしし　わがおおきみ」という表現がセットで、大王を賛辞する意味があります。人麻呂の活動時期は六七二年以降になってしまいますが。

殯宮《ひんきゅう》での挽歌《ばんか》は天智天皇と天武天皇の時代に集中しています。何か古墳の様変わりした時期とそうした挽歌が関連づくのか。中国式の「挽歌」と『万葉集』は違う。棺をひく時の葬送儀礼の歌ではない。「誄《しのびごと》」を意識したとすれば、公的な披露の場があるといえますが、どうか。墓とか葬送儀礼の中国文化の影響が、どこまでリンクするか。

今尾　草壁皇子の挽歌って十首、もっとありますか。真弓の丘に宿直《とのい》する舎人《とねり》が詠んだとされる。墓埋葬場所そのもの、これは古墳ということになりますが、モガリ期間中の宿直の場所が用意され

のどかな田園風景の下に飛鳥宮の遺跡が眠る。奥の建物は飛鳥寺

ている。歌のとおりだとすれば、飛鳥時代に葬送儀礼が整っていく様子が読み取れます。草壁皇子墓がどこかは問題だけれど、終末期古墳の近くにそうした施設がでてこないかどうか、探さないといけませんね。

井上　わかったらぜひおしえていただきたいです。ここで殯宮儀礼が行われましたという痕跡みたいなものが出てきたらすごくうれしい。

今尾　古墳の終末と『万葉集』に挽歌が詠まれた時期が重なる。もしかすると、関連付く遺構が出てくるかもしれないですね。次に宮殿とか苑池の移り変わりについて意見をいただきたい。

明日香村岡の宮殿遺構は大まかに三時期に分けられます。第三期が天武天皇の宮殿となる飛鳥浄御原宮とされる。内郭は南北二〇〇メートル弱、東西一六〇メートル弱、一本柱塀に囲われた南三分の一の位置に東西方向の仕切り塀がある。仕切り南側に四間×七間の大きな建物がある。内郭大殿（前殿）と呼ばれることもある。杜だけでも六〇センチぐらいありました。南には内郭南門がある。さらに南東に、エビノコ郭（東南郭）があり、中央に四間×九間のやはり大きな建物（エビノコ大殿）がある。

内裏にあたる私的空間は仕切り塀の北側ということになります。南側の公的空間に前庭をもつ大きな建物がある。藤原京や前期難波宮に比較すると大きく違います。国家の重要儀礼、たとえば、外国の賓客を招いた時や正月の朝賀の儀式をする、そういう空間。それから二官八省の衆議の建物。いわゆる朝堂院の存在をめぐる議論がある。このあたりの話をお願いします。

相原　大化の改新前後の話にかかわりますが、基本的に飛鳥宮跡と呼ばれているのは、後の「内裏」に匹敵する部分が中心です。それに、公的な部分として内郭前殿と呼ばれる建物が付いてくる。乙巳の変直後、難波宮に遷った時に、南に「朝堂院」という後の藤原宮、平城宮につくるような朝堂をもって、それが回廊で囲われています。

今尾　孝徳朝の前期難波宮ですね。

相原　そこでいったん朝堂院ができたが、飛鳥に戻ってくると、なくなる。内郭だけになります。飛鳥浄御原宮の段階でエビノコ大殿という後の「大極殿」につながる建物ができる。宮殿の変遷をみると、単純に右肩上がりに立派になっていく、充実していくというものではなく、ある段階では一気に発展するが、次には後退します。乙巳の変の後、新たな政策をやる意気込みを感じるのが難波宮だと思います。ただ現実問題として政治体制がそこまで成熟していなかったということもあって、飛鳥に帰ってきた時には昔ながらの宮殿に戻ったのではないか。

斉明天皇の時代には、宮殿の造営にはあまり力を入れない。石神遺跡で迎賓館や水時計をつくったり、酒船石の祭祀場をつくったり、飛鳥寺の西の槻の樹の広場を整備したりします。宮殿そのものではなく都の部分を整備した。その目的、理念には「中華思想」の日本版となる「小中華」と言いますが、国土開発、蝦夷地に国土を広げていますし、そういうことをやる時代になってくる。

今尾　石橋さんはどうですか。前期難波宮が孝徳朝、あるいは天武朝という説もあるが、難波長《なが》柄《ら》豊碕宮《とよさきのみや》とする定説を採ると大極殿、朝堂院が主軸を揃え、南北に配置されるにもかかわらず、飛鳥宮では朝庭と二官八省の体現である十二堂の朝堂院というプランを持たないことについて。

石橋　さっき相原さんがおっしゃったように揺り戻しがあると思う。中国風の宮殿をつくってみたが、当時の社会制度ではまだそれを使い切れなかったのではないか。昔風のスタイルがよいと飛鳥へ帰ってくる。一方、大陸の思想を採り入れ、国づくりをしようという動きがあって、水時計とか迎賓館をつくる。須弥山石は世界の中心を象徴していますが、このようなものは中国にはない。朝鮮半島にもない。異民族を集めて服属儀礼をやるのは大陸的ですけれど、変な石造物をつくるのは地方的というか、日本独自の感じです。

今尾　それは一応、難波から飛鳥に都が戻った斉明朝の頃のことと考えますか。

石橋　須弥山石は最初、推古朝に出て来て、斉明朝で三回登場します。大陸風の宮殿をつくろうとしながらもやりきれない。そういう過渡的な状況というか、行ったり来たりを繰り返しながら進んでいくような雰囲気があります。

今尾　外国の賓客を饗応する記事が、『日本書紀』にみえますが、飛鳥では朝堂院で行なわれているわけではない。つまり、お二人の話によると、飛鳥宮の外側に饗応施設を整備したというのが飛鳥時代の中頃、七世紀中葉の状況だということですね。伝統への回帰とも評価できるし、伝統からの脱却が不十分だとも言える。むしろ天武天皇が即位後の早い段階から新しい都づくりを飛鳥の外に求めたというのも、中国風の宮殿に変えていこうという意思があったということでしょうか。大極殿の前に朝廷があって、十二堂が並ぶという機能を新宮殿に求めるということにつながるということでしょうか。

石橋　飛鳥で宮をつくろうとした時には必要なかったのかもしれない。政治の進め方、実務の進め方として。

相原　飛鳥浄御原宮は斉明の後飛鳥岡本宮を使いながら、増改築をしたりしているので、あの場所に飛鳥宮の内郭がある限りは、物理的に南側に朝堂院はつくれません。

今尾　飛鳥川がありますからね。

相原　エビノコ大殿が「大極殿」ですが、藤原宮みたいに定型化されたものはできていない。天武天皇がいつから藤原京をつくり始めようとするかという話にもなるが、天武天皇の前半はまだそこまでの構想はなかったと思います。

今尾　宮殿の中枢部分の建物の問題、使われ方の問題を言ったわけですけれども、斉明朝を中心

酒船石遺跡。遺構が発掘された状態で公開されている

に先ほどから話がでていた飛鳥寺北西の石神遺跡、飛鳥宮東側の酒船石遺跡、西側の飛鳥京跡苑池。苑池の登場も飛鳥に備わる特徴です。

相原　酒船石遺跡は、苑池というと語弊があります。天皇祭祀の場であることは間違いない。飛鳥京跡苑池のほうは最近の発掘で見つかりましたが、祭祀的なこともやったけど、メインの使い方は庭園です。石神遺跡の迎賓館は、隼人、蝦夷という夷狄と呼ばれた人が対象。苑池はどちらかというと国賓を迎える庭園かな。

岡林　飛鳥京跡苑池は、薬草に関わる木簡が出ていて薬草園があるとか、大きな池があって、目を楽しませるような噴水や中島があるとか、今年見つかった祭祀的な空間もある。宮殿の横のまさに苑池だと思います。飛鳥京跡苑池を指す記事として『日本書紀』には天武朝に白錦《しらにしきの》後苑《みその》が出てくる、持統朝では御苑。二回しか出てこない。井上さんに『万葉集』に苑池が出てこないかと聞いたことがありますが、『万葉集』にはない。奈良時代の漢詩集『懐風藻』を調べてもらい、苑池っぽいものをおしえてもらった。その中の一つに大津皇子が、いかにも苑池のことを歌っていそう。時代も合っている。場所を「金苑」と呼んでいる。これは白錦後苑の錦に通じます。みんながものすごくお酒を飲んで、ひっくり返って車にのせられて帰っていくという内容。そういう宴会の場、遊宴の場というイメージがあります。

井上　はっきりと苑池を詠んだ例は残念ながらないです。ただ、今お話にでた漢詩も含めて披露の場を想像してもいいかなと。それが、単に表現として、中国文学を学んで詠んでいるだけなのか、実体として目の前で繰り広げられているのか、文学だと証明のしようがない。山部赤人が、飛鳥の古い都を詠む時にも、高々とした山がそびえ、広々とした川がありと詠むのですが、それは漢詩の理想的な景であって実際には存在しない。でも飛鳥のことを讃える意味合いで表現する。同じようなことは十分ありえます。元々苑池自体が中国の文化を取り入れて日本風にアレンジしたものと考えるならば、文学も同じことをしていた可能性があります。

　一方で、人工的な池で何をしたのかというと、祭祀に付随する儀礼があって、直会じゃないが酒宴もある。そこで和歌や漢詩を披露する可能性はゼロではない。外国の賓客を迎える時に漢詩で交流するのは、奈良時代ですが、『懐風藻《かいふうそう》』に長屋王邸で新羅の客を迎えた例がある。こうしたことを遡らせて考えてみてもよいのではと思います。

四　最近の調査から

今尾　最近の調査に注目すべき成果があります。まず、藤原宮の大極殿院の北側を奈良文化財研究所が発掘しています。
石橋　大極殿院の北側に東西方向の回廊が見つかった。予想されていなかった新しい発見です。それが、途中で止まっているようで、反対側はどうなっているのか掘ってみないと分からない。
今尾　報道によると、ますます難波宮に近くなったという評価ですが。
石橋　建物配置の詳細な比較検討によって、これまで以上に前期難波宮との類似が指摘されています。もう一つ話題になったのは二〇一六年、幢幡（旗）が大極殿院南側で並んでいたことがわかりました（一九九ページの幢幡配置の模式図参照）。平城宮、長岡宮、恭仁宮だと一直線に並んでいるが、藤原宮では全然違う形で、真ん中が三角で、その東西に前後に柱を立てる独自の配置をしている。元日朝賀の旗竿の配置が具体的にわかったというのはすごくいい成果でした。場所も予想したところと違って南門の南側でした。藤原宮はちょっと違うなと改めて思いました。
今尾　そうですね。大宝元年（七〇一年）元日朝賀の「文物の儀、是れに備われり」という『続日本紀』の記述は、文武天皇が大極殿に御して、その前に横一線に幡が並ぶ情景をこれまで思い描いてきたのですが、大極殿院南門南側に上から見れば中央に三角形に三本、外側東西に二本ずつ合計七本の配置ですね。

飛鳥京跡苑池の調査はいかがでしょう。まず南池には噴水施設が備わる。中島があり、木組みの水上舞台を設けて、水による趣向を観賞しながら宴を催す苑池である。池は真ん中に土堤があって北池と南池に分かれる。北池は貯水機能を重視しており、儀礼の空間ではない、と従来評価されて来ましたが、二〇一九年に石組みの遺構が見つかりました。

岡林 北池は南池と暗渠でつながっていて、メインの南池の水位を調整するための池という程度のイメージで考えられていました。ところが、実際に掘ってみると、護岸が階段状になっていたり、たんなる調整池という評価が変わってきました。二〇一九年、池の北東部に広さ一〇〇平方メートルほどの一面石敷きの施設が見つかった。東端には枡を組んだ湧水点があって、そこからあふれ出す上澄みのきれいな水を、石敷きの中央を通る底に天理砂岩を敷いた石組み溝に流すようになっています。西端まで流れた水は、北池本体の排出溝を通じて北へ排出されますので、池への給水といった実用的な機能はない。目を楽しませるようなものでもない。単にきれいな水をとって流すという機能は、古墳時代の水辺のまつり遺構を髣髴《ほうふつ》させます。おそらくそのような祭祀施設だろうと評価しました。

今尾 驚いたのは、流水施設の周りの石敷きが三種類ぐらい、大きさが違う。溝に近い方が大きめの敷石で、だんだんと石が小さくなるが、きれいに並んでいる。石の違いによって、空間を区分する。区分が利用する者の区別、すなわち身分や職位を反映したものか、興味深いですね。

岡林　人が立つ場としての空間が必要で、水を貯めて水を流す施設となる。酒船石遺跡のスペースも一〇〇平方メートルぐらいなので、そういう意味では、飛鳥宮をはさんで東に酒船石遺跡、西に苑池の北池の流水施設があり、対の関係になります。

今尾　与えられた空間も同じようなので、同じような人数がまつりに参加しただろう。言い過ぎですか。

岡林　どういう儀礼であるかは、分からないけれども、何か水のまつりだろう。漠然とした話ですが、水のまつりで連想するのは蝦夷の服属儀礼に流水で口をすすいで服属を誓うというのがある。飛鳥寺から宮殿にかけての飛鳥川よりの一帯は、石神遺跡もそうですし、飛鳥寺西の槻の樹の広場もそうですし、服属儀礼にかかわるものと、それにまつわる宴の場があります。それらにつながる一連の施設の一角をなすのかも。むしろ儀礼の中核施設かもしれないという想像はしています。

相原　私が最初に見た時は、酒船石遺跡の亀形石のところとそっくりだと思いました。これで亀形石が置かれていたらという話ですけど。石組みの溝に砂岩を敷いているところもそっくり。もう一つは、改修されて、水の湧き出し口は最初からあったという話でしたが、酒船石の亀形石のところも、今見えている石敷きは天武朝、亀形石もピンポイントにあそこにあったかは別ですけど、そういう意味では、遺構の変遷、改修時期、改修方法が全く一緒だと思います。

今尾　そうすると一体的な歴史的経緯の中にあると。

相原　ただ北池には亀がいない。

岡林　酒船石遺跡では、取水塔から亀の前まで懸け樋で導水します。飛鳥京跡苑池の北池のものも最初はそうなっていたのだろう。そこもよく似ています。

石橋　最初は樋というのは、どういうことですか。

岡林　石組み枡が二つあって、一つ目の枡は湧水の場所、そこから水位が一定まで上がると、手前のもう一つの枡に流れ出ます。現状では枡どうしは溝で直結しているが、手前の枡底の天理砂岩がすり鉢状にへこんでいるんです。はじめは懸け樋で上から水を落としていたから、へこんだんじゃないか。

今尾　井上さんは、どのように思いますか。

井上　やはりすごいなと。苑池の歌が『万葉集』にないといっても、歌の場として注目されます。万葉文化館の共同研究で芸能関係の面打の先生と話していて、苑池から出土した面のような木製品について、普通に顔につけるのではなく、胸か頭につけた可能性を指摘されていました。宴会の場でしか使わないものばかり出てくるとか、おもしろいです。先日、北池で水の祭祀の場が出た時には、藤原京もそうですけど、藤原の御井《みい》の歌っていう形で、ランドスケープを詠むので、川ではなくて湧き水があるところに古代の宮があるのかなというイメージがあり、それが水の祭祀とつながった。言葉で言祝《ことほ》ぐ、祝い事をするというのがそもそも歌の成り立ち、祭祀から始まるという説があるので、遠く結びついていくのかなと想像しました。

枕詞で「ももしきの」は、石敷きをイメージしているとも言われています。大宮人とか宮にかかる枕詞で、現実に石敷きがある特殊な空間を意味していると思うと非常に興味深いです。

今尾　はじめは誰の作歌として出てきますか。石敷きで空間処理する広場を持つといえば、飛鳥の宮殿とか、宮滝遺跡とかになってくるのですけど。

井上　額田王の天智天皇挽歌です。人麻呂も詠んでいます。人麻呂の歌は大津宮ですが。

今尾　もちろん、枕詞としての成立とリアルタイムは違うかもしれない。

井上　そうかもしれないですね。ただそういう認識が当時あっても、その後は「ももしきの」の意味が分からなくなる。それが、最近の発掘で宮殿遺跡の中に石が敷いてあるとか、そういうことを聞くと、当時の人は実体として、「ももしきの」を認識していて、修飾語、決まり文句として大宮人には「ももしきの」っていう枕詞が成立したのかなと思います。

今尾　飛鳥京跡苑池の北池は、斉明期から天武期まで一貫して同じ使われ方をしていたかどうか。途中で整備があるということで、池の性格が変わっているかもしれない。気になるのは、南池に出土した川原寺関係の遺物です。さきほどの小さな木製面がある。川原寺には伎楽団がおるわけで関係するかもしれない。「川原寺」の墨書や「川原寺の坏であるから取るな」と刻んだ土師器。川原寺の影響が苑池に及んでくる時期がある。

もう一つは、水のまつりとなると、岡林さんが言及した「伝統的な」となるのだけれど。飛鳥宮の調査で視点として抜けているのが、天武末年の朱鳥《あかみどり》元年（六八六年）に出てくる「御窟院《みむろいん》」

です。宮中にある仏教行為の空間が飛鳥浄御原宮の御窟院です。一つのエリアがあるはずで、どこに存在するのか、かねてから気になっています。飛鳥宮の南部分は内郭とエビノコ郭、そうすると北部分、飛鳥京跡苑池の上の台地上にも大部分が未発掘ですが宮殿遺構が広がっている。宮中の仏教儀式でも、おそらく水を使う。だから、その一郭を北池と東側上の宮殿部分に想定できないか。酒船石遺跡は外郭の閉塞施設がある。飛鳥宮との区分は、酒船石遺跡と飛鳥京跡苑池は違う。水のまつりとはいえ、伝統的なカミが水を媒体に去来するようなまつりと理解するのか、新たな仏教的な儀式とかかわっているのか、課題です。最後に飛鳥の未来について、研究面や行政への期待も併せてうかがいます。

おわりに——飛鳥の未来について

岡林　飛鳥京跡苑池では、南池を復元整備するという方針で作業が進んでいます。遺構を保護しながら往時の姿を復元できた暁には、素晴らしい空間になると期待しています。

井上　かつては『万葉集』の歌からは場所が全く特定できなかったのが、考古学的にここだと分かるのはすごく大きくて、そこから歌の解釈もあらためていくことができます。その中で私自身の専門に引きつけて言えば、飛鳥に都があった時代と、藤原京以降とはものすごい違いがあって、それは志貴皇子《しきのみこ》の「采女《うねめ》の袖吹き返す……」の歌に象徴されます。徒歩三〇分のところで隔世の感を抱くというのは、社会的な背景が大きく変わったという認識があったのだろうと感じています。

歌の世界では人工的な空間が藤原京、平城京で出来ていく。植物を手で植えて愛でるという文化自体も、飛鳥には全く歌にないのに、平城京になると出てきます。都のつくりが変わったというのが大きい。世界遺産登録でネックになっている、現地にモノが残っていない、建物がないということも、記憶の中に、あるいは文献の中に記録として十分に残っていることをお伝えできれば。そういうことに貢献できる研究もしていけたらと思っています。

石橋　井上さんの話を聞いていて勉強になりました。考古学はそれなりに情報を得やすいですけれど、『万葉集』でどんなことがいわれているのかとか、そういった世界をちょっとクロスするだけで、イメージが膨らむなと改めて感じました。飛鳥では日々新しい成果も出てきます。飛鳥資料館という博物館施設で働いているので、できるだけ分かりやすい形で、魅力的な展示をして飛鳥の魅力を発信していけたら。そういった中から、若い人が将来飛鳥を勉強してみようと思ってもらえれば一番いいかなと思います。

相原　飛鳥の実体が、だいぶ分かってきました。ここが「日本国誕生の地」だと。木簡にどこどこの地方から税金が納められてきた、ここでお金が初めてできたとか。天皇と呼ばれたのもこの時代。日本国というのも飛鳥、藤原京の時代からだよと。その完成形で宣言したのが、藤原宮の大極殿院南門前にたてた旗の前で、大宝元年に「文物の儀、是れに備われり」と日本国誕生の宣言をする。一〇〇年かけて少しずつできあがっていった過程がこの場所からわかります。それが現代生活のベースになっている。社会的な制度、風習など、国民生活の基本形が、ここから始まったといえます。そういうことも踏まえて、世界文化遺産を目指している。イコモス委員会の人たちを案内して説明すると、重要性なりコンセプトは理解してもらえます。ただ、飛鳥寺へ行って、ここに東金堂があった所ですと言いながら、いま駐車場とか。それが分からないですよねと。そういうことで、飛鳥京跡苑池とか飛鳥宮跡とか、部分的に「みえる化」しようという動きになっています。昨今、文化財の活用を言われている。ただ、やり過ぎると問題になります。保護しながら活用するのが大前提ですが、もうちょっと分かりやすくしなければいけないのかなと思います。

もう一つは発掘調査で、『日本書紀』に書いてあることが遺跡として出てくる。たとえば酒船石遺跡。発掘する前は、宮殿の東の山に石垣を造ったというのは、うそに違いないと思っていました。それが実際に発掘される。少なくとも飛鳥時代に関していえば、まんざらうそは書いていないというのが実感です。ということは、『日本書紀』に書かれてあってまだ見つかっていないものが二つあります。一つは両槻宮《ふたつきのみや》、多武峰《とうのみね》の山の方にきっとあると思っています。もう一つは、高市《たけち》大寺。百済大寺は見つかりましたが、高市大寺がどこにあるのかは謎です。そして天武天皇が造った占星台。これもきっとどこかにあるはずです。

今尾　九七二年に高松塚古墳の壁画が発見されて、考古学が大いに市民権を得ました。そして古都飛鳥保存財団も、行政と民間の文化財保存をつなぐ性格を持つということで成り立ってきたと聞いている。飛鳥は大阪の中心から一時間ぐらい。その通勤圏ということで放っておいたら大きな都市開発が起きてもおかしくない地域だった。高松塚古墳の調査も一つのバネになって、国を挙げて飛鳥を守る施策が示された。現在も景観を保全するため風致関係の法律が明日香村全域にかかる。埋蔵文化財も、村内で土木事業が起これば、文化財保護法の発掘届を出す。全国でここしかないのではないか。行政の心意気ということだが、逆に言えば村民は法律に縛られます。自由な行為に対して制限がかかる。とはいえ、了解があって守られたのが今日の飛鳥の景観です。また予期せぬところから遺跡が出てくる。大きな開発が起きていたら、知らないうちに消滅していたかもしれない。現代人の知恵を駆使して、保たれてきました。住んでいる人と遺跡の保存が親しく結びついた、希有な土地です。ここに価値がある。地上に構造物がないから分かりにくいという話がありますが、逆に、そこに大きな社会的意味を発見できる。万葉の時代の明日香風は今も吹いている。その頃からあまり変わらない歴史空間が維持されてきた。ここに、重い価値がある。私たち研究者も、現代社会を生きる人間としてそれを次代につないでいく、それぞれの責務を果たしたいと思います。

（二〇一九年一二月一二日、古都飛鳥保存財団事務所にて収録）

第三部　周遊紀行

飛鳥見て歩き

第一章　飛鳥の宮都——宮殿・寺院を訪ねて

相原嘉之

▼山田道を東へ（橿原神宮前駅〜向原寺）【所要80分】

近鉄橿原神宮前《かしはらじんぐうまえ》駅の東口を出ると、小さなロータリーがあります。ここから東へ一三〇メートル進むと、交通量の多い「丈六《じょうろく》」交差点に出ます。交差する国道一六九号線を南に行けば吉野へ、北へ行けば奈良市へと繋がっています。この国道は古代の幹線道路を踏襲する道で、南は紀路、北は下ツ道となり、平城宮の朱雀門へとつづきます。そして、今、歩いてきた東西道路もまた古代幹線道路である「阿倍山田道」を踏襲する道です。この交差点は、今も昔も交通の要所で、古代においては「軽衢《かるのちまた》」とよばれ、軽市も立てられていました。

では、山田道を東へ進んでみましょう。しばらく進むと、右手に大きな池が見えてきます。**剣池《つるぎいけ》**（石川池）です。『古事記』や『日本書紀』

丈六交差点

剣池・孝元天皇陵

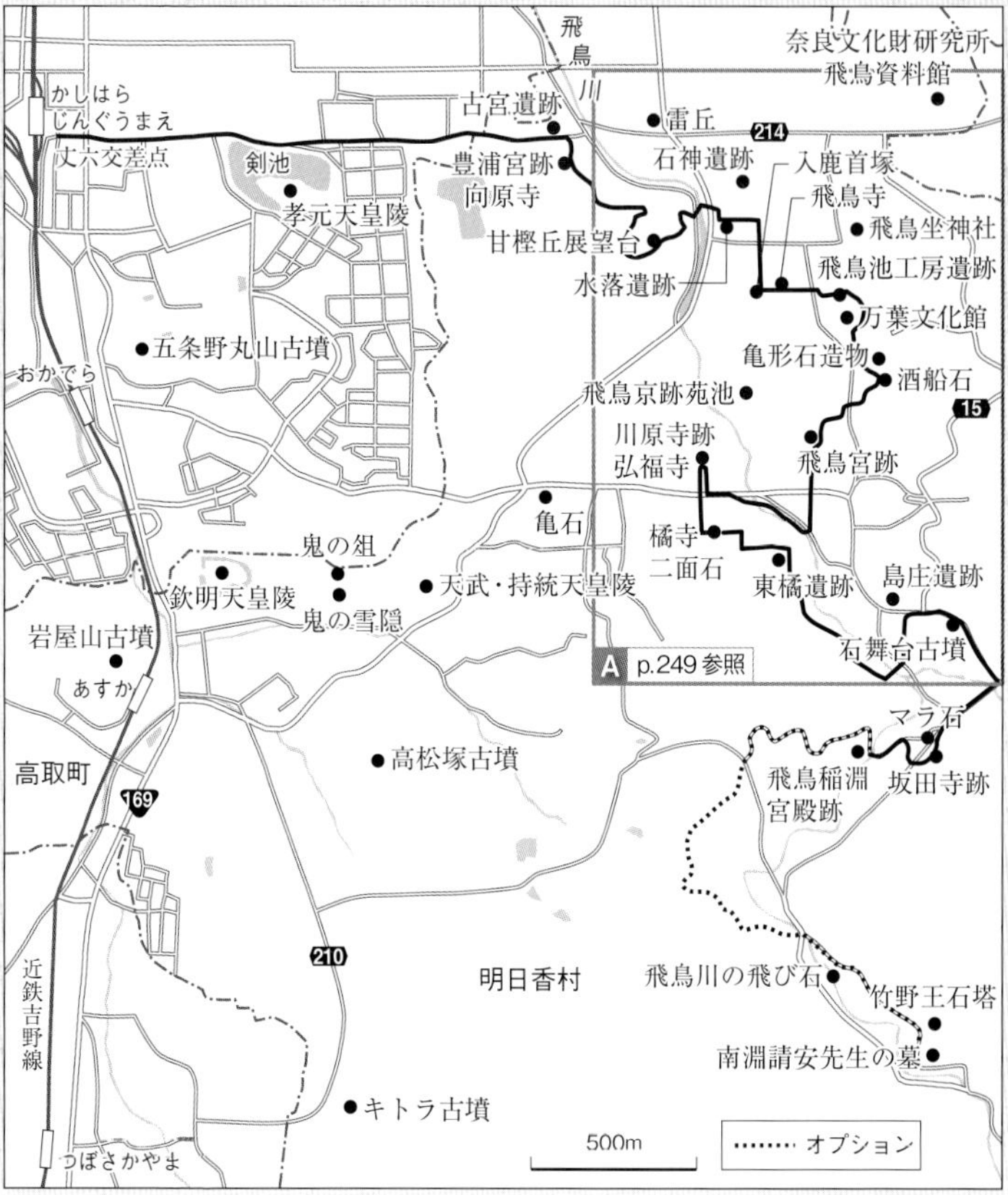

「宮殿・寺院探訪」ルート図（全体図）

の応神天皇の条に「剣池を作る」とあり、『万葉集』（巻一三―三二八九）には「御佩《みはかし》を剣の池の蓮葉《はちすば》に渟《たま》れる水の行方無み」と詠われ、蓮花で知られる池でした。谷口を堰き止めた古代の溜池です。池中には半島状に突き出した丘陵があり、その上に数基の古墳があります。第八代孝元天皇の陵に治定《じじょう》される剣池島上陵《つるぎいけしまのえのみささぎ》です。

剣池のあたりから、道は緩い上り坂になります。甘樫丘から樹枝状にのびる尾根が幾筋も北へのびているためです。さらに東に進んで住宅地を抜けると、右手には水田が広がり、甘樫丘が見えてきました。ここからが明日香村です。左手には大きな駐車場があります。この駐車場の奥の方に行ってみましょう。駐車場北側は水田があり、見晴らしの良い風景が広がっています。大和三山がすべて見えるビューポイントでもあります。この駐車場の南東には**古宮《ふるみや》遺跡**の解説板があります。そして、ヨノミ木（えのき）が一本生えた土壇が見えます。そこは推古天皇の小墾《おはり》田宮《だのみや》推定地と以前に考えられていた場所でしたが、周辺の発掘調査によって、飛鳥時代の小池を伴う庭園の遺跡は見つかったものの、宮殿の遺跡は見つかりませんでした。その後、雷丘の東方で「小治田宮」と記された奈良時代の土器が井戸跡から出土したことにより、古宮遺跡は蘇我

古宮遺跡

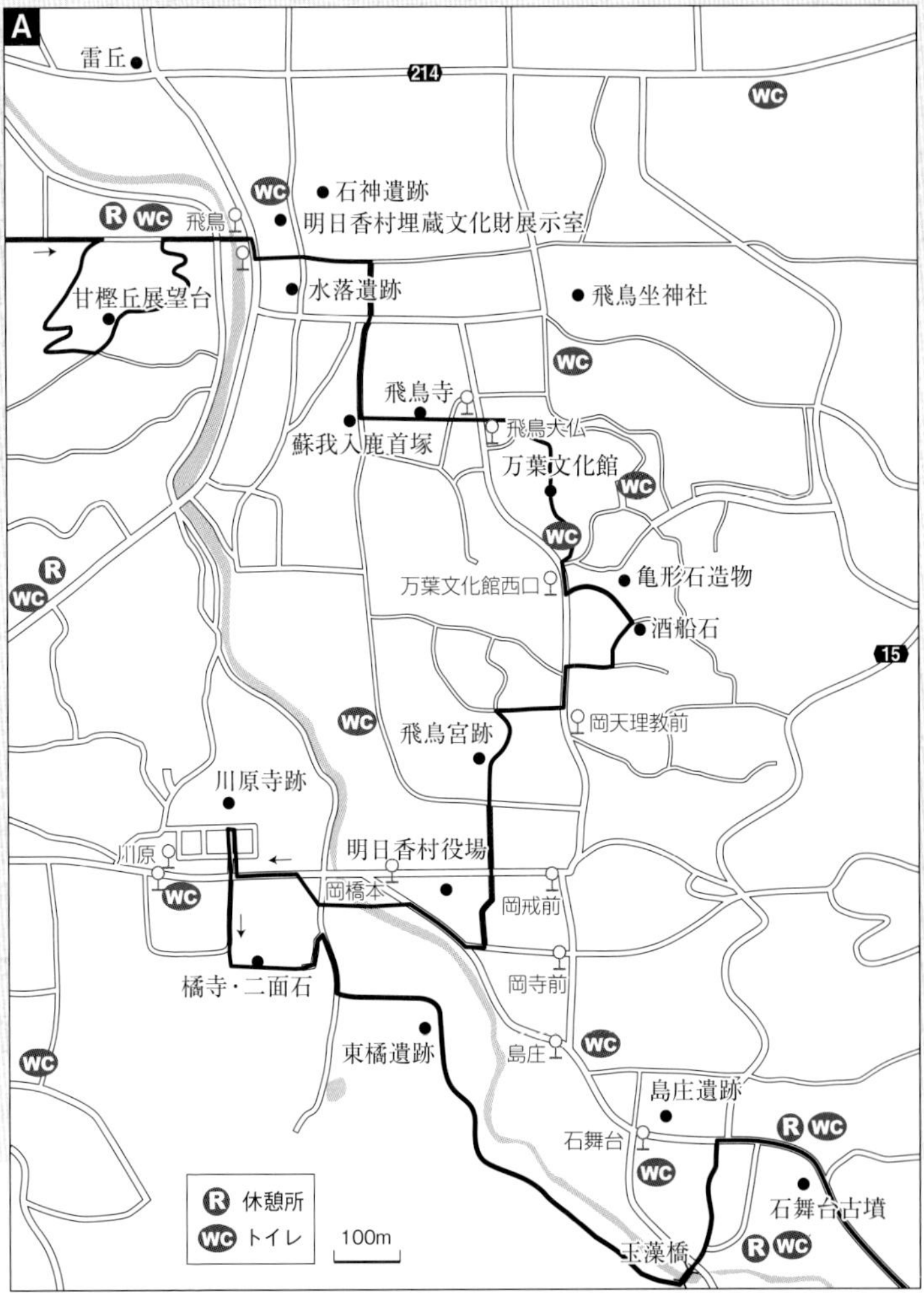

「宮殿・寺院探訪」ルート図（拡大図）

氏に関わる庭園の遺跡と考えられています。

再び、山田道を東へ進み、飛鳥川の少し手前で右側の集落内に入っていきましょう。「豊浦《とようら》」と呼ばれる集落です。集落の中央には、太子山向原寺《こうげんじ》と呼ばれる小さな寺があり、ここが**豊浦寺**《とゆらでら》の跡です。豊浦寺は推古天皇の豊浦宮を寺に建て替えたものとされています。向原寺つまり牟久原寺《むくはらでら》で、飛鳥時代の蘇我稲目の牟久原（向原）の家に通じ、現在の住職は蘇我原さんというのも意味深です。発掘調査では向原寺境内で講堂跡、南の集会所で金堂跡、隣接する甘樫坐《あまかしにいます》神社では回廊か僧坊と考えられる遺構が見つかっています。これらの礎石のいくつかや文様石は、現在も向原寺境内で見ることができます。向原寺の発掘では、講堂跡の下層から周囲を石敷舗装した掘立柱建物も確認され、豊浦宮跡と推定されています。実は、この遺構は**豊浦宮遺跡**として、本物の遺跡が見られるようになっています。また、物部氏によって、難波堀江に捨てられたという仏像が、隣接する難波池から出土し、現在は本堂に祀られています（これらを見学する時は、住職さんに声をかけてください）。

向原寺南側の集会所に回り込み、さらに南への細い道を上ると、左手

豊浦寺礎石

豊浦宮遺跡

民家の玄関に「推古天皇豊浦宮趾」の石碑と、巨大な礎石が据えられています。豊浦寺の塔心礎と考えられるものです。

▼甘樫丘に登って（甘樫丘～水落遺跡・石神遺跡）【所要60分】

ここから南東へ、甘樫丘裾に沿って進んでいくと、国営飛鳥歴史公園甘樫丘地区が広がっています。**甘樫丘**は飛鳥盆地の西側にある丘陵で、まさに飛鳥を守る自然の要害となっていました。ここに、蘇我蝦夷・入鹿親子の邸宅「上《うえ》の宮門《みかど》」「谷《はざま》の宮門」も建てられていました。では、甘樫丘に登っていきましょう。園路に沿って坂道を登ると、頂上は展望台（標高一四八メートル）になっており、飛鳥の盆地を見ることができます。今はのどかな集落と水田景観が広がっていますが、その地下に宮殿・官衙・寺院などが埋もれているのです。ここから北西方向に振り返ると、大和三山や二上山を見渡すことができます。この大和三山を含む範囲に、六九四年に遷都した**藤原京**が造営されました。一辺五・三キロメートル四方の条坊制都城で、国家寺院としての本薬師寺《もとやくしじ》や大官大寺《だいかんだいじ》も都の中に建立されました。都の中央には、大極殿・朝堂院《ちょうどういん》・官衙《かんが》（役所）を約一キロメートル四方の中に集約した**藤原宮**があります。このような都の形態が、次の平城京・長岡京・平安京へと受け継がれていったのです。この飛鳥地域で様々な事件が起こり、政策が行われ、建物が建てられました。まさに「日本国」がここで生まれ、藤原京で完成したのです。

では、甘樫丘を降りていきましょう。今度は階段で下っていきます。途中には犬養孝先生揮毫の「明日香風」万葉歌碑もあります。飛鳥川に架かる甘樫橋を渡ると、旧飛鳥小学校の建物が目に入ります。現在は直売所「あすか夢の楽市」と「明日香村埋蔵文化財展示室」として利用されています。この展示室は「日本国誕生」をテーマとした展示で、キトラ古墳石室模型や牽牛子塚《けんごしづか》古墳の内扉石なども展示されています。

展示室の前に大きな駐車場がありますが、その南に整備された遺跡公園があります。**飛鳥水落《みずおち》遺跡**です。斉明六年（六六〇）五月条「皇太子、始めて漏剋《ろうこく》を造る」とあり、日本で初めて水時計が造られました。発掘された遺跡は、周囲を石張りの濠がめぐり、基壇上に楼閣状建物が建てられていました。建物内部には、水を使った漏刻が設置されていたと推定され、ここが斉明朝に造られた漏刻（水時計）台の遺跡であることが

甘樫丘から飛鳥をみる（撮影　中央公論新社）

わかったのです。この時から、人々は時間に管理される生活になり、その時間や暦を作ることができるのは、時の為政者「天皇」にだけ許された特権だったのです。また、ここの小字名が「水落」であったことも意味深で、地名も歴史を示す重要な文化財だといえます。

水落遺跡の北東に水田が広がっていますが、この下には斉明～持統朝に行われた服属儀礼に伴う飛鳥の迎賓館とも呼ばれる石神《いしがみ》遺跡がありました。豪華な建物が計画的に建てられており、方形の池や蝦夷《えみし》からもたらされた黒色土器・新羅産の壺なども出土しています。さらに、現在は飛鳥資料館に展示されている「須弥山石《しゅみせんせき》」「石人像」も明治三十五・三十六年に、この水田から出土しました。また、展示室の東隣には、小さな範囲ですが、飛鳥時代の石敷を見ることもできます。

ここから北方を見渡すと、香具山のなだらかな山並みが正面に見え、その背後左奥には耳成山も見えます。手前を横切る道は、橿原神宮前駅前から飛鳥資料館まで続く「山田道」で、現在も交通量の多い道路として継承されています。ここから見える山田道の西端に、こんもりとした小さな丘があります。**雷丘**《いかづちのおか》です。『日本霊異記』に、雄略天皇の時代に少子部栖軽《ちいさこべのすがる》が雷を捕まえた場所として記され、「雷丘」の由来となっ

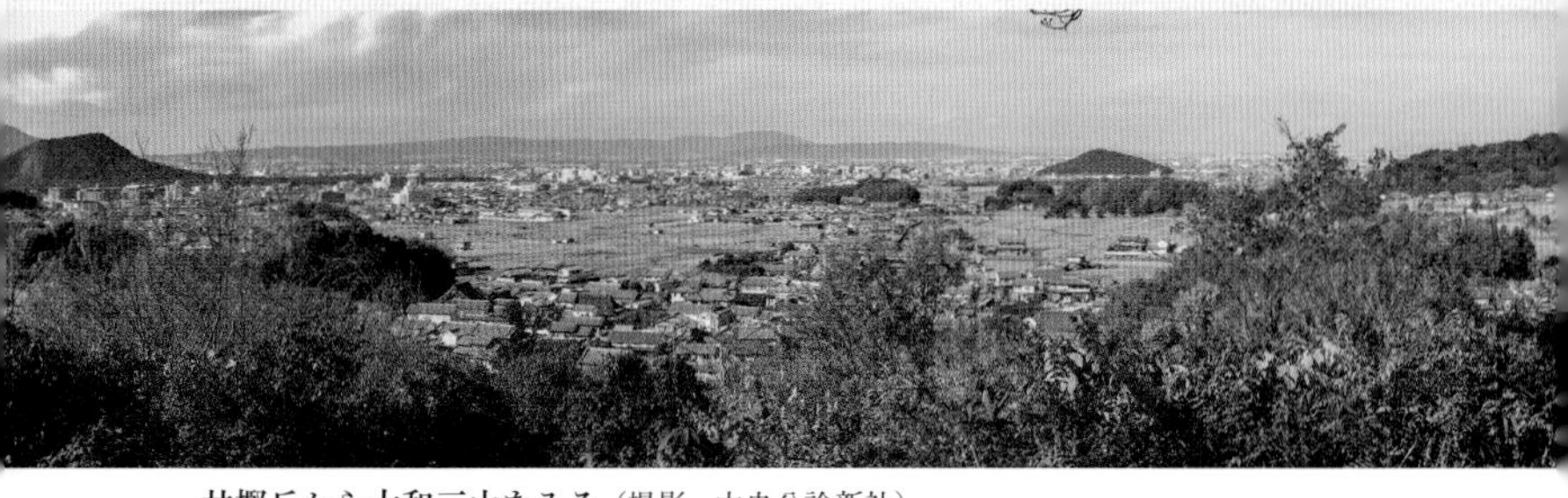

甘樫丘から大和三山をみる（撮影　中央公論新社）

ています。この丘の東裾で、奈良時代の井戸から「小治田宮」の墨書土器が多数出土しました。これにより、奈良時代の称徳天皇が滞在した小治田宮が特定され、遡って推古天皇の小墾田宮も**雷丘東方遺跡**であることが有力視されています。ただし、飛鳥時代の小墾田宮の候補地は他にもあります。石神遺跡の東側には推古朝の大規模な区画施設や瓦葺建物があり、飛鳥寺と対峙する位置関係から、この場所も有力な候補地と考えています。

▼飛鳥寺旧境内の全容をたどる【所要50分】

水落遺跡と石神遺跡の間を通る小道を東へ一〇〇メートル程進むと、十字路となります。この場所は飛鳥寺旧境内の北西隅にあたり、東西道路が北辺、南北道路が西辺になります。当時の飛鳥寺境内の地割りが、現在の道路などとして残されていることがわかります。そして、この東西道路は飛鳥寺北面大垣に面する道路で、先の山田道の築道が斉明天皇の頃であることから、推古天皇の時代の山田道こそ、この東西道路と考えられます。そして、この道路を境に、北側が「小墾田」、南側が「飛鳥」という古代の地域名称であったと考えられます。

飛鳥水落遺跡

飛鳥寺旧境内北西隅

それでは十字路を南に下ってみよう。細い道を一八〇メートル程進むと、**飛鳥寺西門跡**の広場に出ます。飛鳥寺西門は西面大垣に開かれた門で、飛鳥寺の四門の中では、もっとも大きく造られていました。西門の外には、飛鳥川までの間に、広大な広場が広がっていました。そこには槻樹《つきのき》の大木が聳えていたと推定されています。この大樹の下は、乙巳の変のきっかけとなった中大兄皇子と中臣鎌足の出会いの場であり、孝徳天皇即位にあたって皇子たちが誓約を行った場所でもあります。また、斉明朝以降、飛鳥寺の西は、蝦夷や隼人《はやと》など夷狄に対する服属儀礼が行われた場所であり、壬申の乱にあたっては、近江軍が陣を置くほど、広大な広場があったことがわかります。発掘調査でも石敷・バラス敷の広場が確認されています。また、西門跡のすぐ前には、**入鹿《いるか》首塚**と呼ばれる五輪塔があります。乙巳の変の際、蘇我入鹿の首がここまで飛んできたという伝承があるが、五輪塔は南北朝頃のもので、新しい時代のものです。なぜ、後世に五輪塔が建てられたのか？　なぜ、入鹿首塚の伝承が残されたのかは不明ですが、槻大樹が五輪塔周辺にあったためかもしれません。

一方、西門跡から東を見ると塀に囲まれた**飛鳥寺**（安居院《あんご》）がありま

入鹿首塚

す。塀の中に入ると本堂があります。現在の本堂は江戸時代に建てられたものですが、この中には飛鳥大仏（釈迦如来坐像）が安置されています。飛鳥大仏は鎌倉時代の落雷による火災で損傷が激しいものの、竜山石《たつやまいし》の台座に座しており、元の位置を動いていないことがわかっています。つまり一四〇〇年間、飛鳥の都の繁栄や、水田景観へと変化する歴史を、じっと見つめてきたのです。

ここを基準に発掘調査が実施されたのは昭和三十一年（一九五六）のことです。その結果、塔を中心に東西北に金堂をもつ一塔三金堂の伽藍配置であることがわかりました。当時、初期寺院の伽藍配置といえば、四天王寺式か法隆寺式と考えられていました。しかし、飛鳥寺はそれまで見たことのない伽藍配置をしていたのです。このような伽藍配置の寺院は、高句麗の清《せい》岩里廃寺《がんりはいじ》に類例が見られ、高句麗の影響が考えられました。一方、出土瓦を見ると、百済の瓦文様と酷似することから、百済との関係も窺えます。これらのことは、『日本書紀』の記事とも合致します。飛鳥寺の造営は、当時の国際交流の賜物だったのです。現在の本堂が中金堂で、す

飛鳥寺の正門

飛鳥大仏

ぐ南側の地下に塔跡があります。西金堂は塀の西側の畑に、東金堂は東の駐車場の場所にあたります。また、飛鳥寺の当初の境内は、南北二九三メートル、東西二一五～二六〇メートルの不整形な五角形であることもわかりました。現在の飛鳥集落の街並みは、ほとんど飛鳥寺旧境内地の中に収まることになります。

▼官営工房と祭祀の場（万葉文化館～酒船石遺跡）【所要60分】

飛鳥寺を正門から出て、そのまま東の集落内を通りすぎ、**奈良県立万葉文化館**の裏口から近道をしましょう。右手の丘陵斜面には、飛鳥寺の瓦を焼いた登窯が二基確認されています。この丘陵と東側にあった丘陵に挟まれた谷に万葉文化館が建てられました。この場所は、飛鳥時代最大の官営工房である**飛鳥池工房遺跡**があるところです。ここでは金銀銅鉄ガラス製品、玉・瓦など、実に様々なものを作っていました。特に和《わ》同開珎《どうかいちん》よりも古い「富本銭《ふほんせん》」も鋳造されていることがわかりました（出土品は飛鳥資料館で展示しています）。富本銭発行の意義は、単に和同開珎よりも古い鋳造貨銭が見つかったというだけではなく、当時の政府が独自の銭貨を発行できるほど成熟した国家であったことを示すところに

飛鳥池工房遺跡（撮影　中央公論新社）

万葉文化館

価値があります。また、ここで作られた様々な製品も、当時の最先端技術を用いたもので、今風に言えば、ハイテク工房といえるでしょう。この飛鳥池工房は両側を丘陵に挟まれた谷底に造られ、その中央には三条の塀によって、北区画と南区画に分かれます。北区画は工房の管理部門、南区画は工房の現業部門となっていました。万葉文化館の庭には、掘立柱建物や方形池、石敷をもつ井戸などの表示や復元がされています。また、万葉文化館の二つの建物の間のブリッジからは、工房の炉跡群の復元を見ることもできます。

万葉文化館を正面玄関から出ると、**酒船石遺跡**《さかふねいし》です。駐車場の向こう（南方）に竹藪で覆われた丘陵が見えます。現在は緑の竹藪になっていますが、飛鳥時代には幾重もの石垣がめぐる人工的な景観でした。まずは、その手前の低い位置にある**亀形石槽**《かめがたせきそう》を見に行きましょう。遺跡の入口を入ると、正面に石の階段が見えてきます。そして底の低い所には石敷が広がり、砂岩切石を積み上げた湧水施設（復元）、船形石槽、亀形石槽が設置されています。これらは湧水施設を除いて、一三五〇年前の本物で、飛鳥地域でも実物の遺跡を見られる数少ないポイントです。ここでは、湧水施設の取水塔から流れ出た水を、木樋を通して船形石槽の

亀形石槽

酒船石遺跡

水槽に溜め、水槽底から少し上に穿たれた小穴から上澄みの水が、亀形石槽の口に入り、背中の水槽に溜まる構造となっています。地下からの湧水ですから、冷たく綺麗な水を、船形石槽の水槽で濾過し、聖なる亀の背中に溜めることから、亀形石槽の水は「聖なる水」とされていたことがわかります。丘陵や石垣に囲まれた閉鎖空間に設置されていることからも、天皇祭祀が行われていたと考えられます。さらに東側にある石の階段を登ると、丘陵上には酒船石があり、一体的な利用がされていたのでしょう。

では、丘陵に登っていきましょう。亀形石造物の入口横にある園路を登ると、途中で小屋が見えます。平成四年（一九九二）に発見された**砂岩切石を使った石垣**です。この石垣は、飛鳥で採石される石英閃緑岩《せきえいせんりょくがん》（通称：飛鳥石）を基礎石として並べ、その上に天理市で採石される凝灰岩質細粒砂岩のレンガ状ブロックを積み上げて石垣としています。丘陵の中腹を、等高線に沿って総延長七〇〇メートルも続いています。また、石垣を造るにあたり、丘陵の上を平らに削り、低いところに版築で盛土を施していました。さらにその後の調査では、少なくとも宮殿から見える丘陵西斜面には四重の石垣・石列がめぐることが判明し、現在の竹藪

酒船石遺跡の石垣

とは異なり、飛鳥時代には人工的な石の山があったような景観をしていたと推定されています。『日本書紀』斉明二年（六五六）是歳条には「香《かぐ》山《やま》の西より、石上山《いそのかみのやま》に至る。舟二百隻を以て、石上山の石を載みて、流《みず》の順《まま》に控引《ひ》き、宮の東の山に石を累《かさ》ねて垣とす」と記されており、まさに宮殿の東にある丘陵で石垣が見つかり、その石材は天理市で採石される石材（石上山石）であると判明したことから、酒船石遺跡は、この記事に該当するものと考えられます。さらに石材を運ぶための運河「狂心渠《たぶれこころのみぞ》」も、遺跡の東裾で確認されています。このように『日本書紀』に記されている内容が遺跡と詳細に一致することは非常に珍しいことです。『日本書紀』の飛鳥時代の記事は、事実を正確に記していたのです。

さらに丘陵を登っていくと、そこには有名な**酒船石**があります。江戸時代以来、その用途については、様々な見解が唱えられていました。酒を作った、朱を作った、庭園のオブジェだ、祭祀に使ったなど。松本清張さんはゾロアスター教の秘技に使った石だとし、手塚治虫さんは三つ目族の祭祀に使用する石とされています。いまだ謎多き石造物ですが、亀形石槽の発見により、酒船石も祭祀に使ったのは間違いありません。

酒船石

しかし、どのように使ったのか？　あなたも古代の謎解きにチャレンジしてはどうでしょうか。これらを考えて歩くのも、飛鳥ウォークの醍醐味です。

▼発掘・整備がすすむ飛鳥宮跡【所要50分】

酒船石での謎解きを終えたら、すぐ横にある階段を降りていきます。天理教会の建物の脇を通り、水田が広がる場所に出てくると、そこは飛鳥時代の宮殿があった場所です。昔は「伝飛鳥板蓋宮《いたぶきのみや》跡」と呼ばれていましたが、近年は「**飛鳥宮跡**《あすかきゅうせき》」と呼んでいます。これまで六〇年以上にわたる発掘調査で、この場所には皇極天皇の飛鳥板蓋宮だけでなく、舒明天皇の飛鳥岡本宮や斉明天皇の後《のちの》飛鳥岡本宮や天武天皇の飛鳥浄《きよ》御《み》原宮《はらのみや》など、大きく三時期（細かく四時期）の宮殿が、ほぼ同じ場所に建て替えられていたことがわかりました。つまり飛鳥〇〇宮は同じ場所にあったので、その宮殿の総称として「飛鳥宮跡」と呼んでいるのです。

特に、宮殿の内容が判明しているⅢ期遺構（斉明・天武朝）は、内郭《ないかく》とエビノコ郭、これらを包括する外郭によって構成されています。内郭は、後の内裏にあたり、天皇の住居で、南辺には、政治を行う内郭前殿

飛鳥宮跡

が付属します。一方、エビノコ郭は、天武朝に増設された大型建物の区画で、『日本書紀』にも記されている「大極殿」に対応する建物と考えられています。一方、外郭には、内郭やエビノコ郭周囲に広がる官衙（役所）施設が建ち並んでいた空間ですが、発掘調査があまり及んでいません。外郭の塀は、まだ東面大垣しか確認されていませんが、その場所は酒船石遺跡の丘陵裾近くにあり、先ほどの天理教会建物の前の道に重なります。また北限は飛鳥寺のすぐ南と推定され、南限と西限は、唯《ゆい》称《しょう》寺川《じがわ》・飛鳥川と推定されます。このようにみると、飛鳥寺の南側の平地部すべてが飛鳥宮の敷地となります。この中には、近年発掘調査が継続されている**飛鳥京跡苑池《えんち》**もあります。内郭の北西の一段低くなった飛鳥川沿いです。苑池は南池と北池で構成されており、南池には石造物から放水する施設や中島があり、宴遊用の池と推定されています。一方、北池は調整池としての性格が高いものの、祭祀施設もあり、周囲には菜園や植物園も想定されています。これらの庭園は、本格的な苑池としては最古のもので、後の日本庭園につながる原型と考えられています。

　飛鳥宮跡で現在、史跡整備されているのは、Ⅲ期遺構（後飛鳥岡本宮・飛鳥浄御原宮）の内郭北東隅部の石敷を伴う井戸跡と、掘立柱塀や

飛鳥宮跡から見た風景
1 北方向　2 西方向
3 南方向　4 東方向
（撮影 中央公論新社）

建物です。これらの遺構の柱位置を丸太と植栽で表示しています。また、ここで見つかった井戸跡も復元しており、現地表の一メートル下には、本物の遺構が保存されているのです。また、内郭の南東隅部も小さな公園として整備されています。しかし、多くは水田や住宅となっていますが、史跡指定範囲は徐々に広がり、公有化も進められています。近い将来、宮殿の様子が、もう少しわかるように整備されるでしょう。また、飛鳥京跡苑池でも復元整備計画が進んでおり、飛鳥時代の庭園も近いうちに体感できるでしょう。

　この飛鳥宮跡の井戸跡に立ったときは、ぜひ三六〇度見渡してください。まず北の方を見ると、手前に見える集落が飛鳥集落で、ほぼ飛鳥寺旧境内地です。その奥には大和三山のうちの香具山、さらに奥には耳成山も少し見えます。ここから視線を反時計回りに向けると、なだらかに横たわる甘樫丘があります。蘇我蝦夷・入鹿の邸宅があった場所です。右端の頂上が展望

1

2

4

3

台となっており、春には桜の名所にもなっています。さらに左手には飛鳥京跡苑池があり、飛鳥川の対岸には川原寺《かわらでら》があります。さらに左手には橘寺の伽藍があり、その背後の山は仏頭山《ぶっとうさん》と呼ばれています。南の方を見渡すと山並みが連なっています。南東方向は、飛鳥川の上流となっており、石舞台古墳もこちらの方向にあります。そこから東に目を向けると、談山《たんざん》神社がある多武峰《とうのみね》が大きく聳えており、そこから樹枝状に広がる尾根の先端に酒船石遺跡があり、谷地形に飛鳥池工房が操業していました。

このように飛鳥の立地は、宮殿から見るとよくわかり、丘陵や山並みに囲まれた小さな盆地であることがわかります。唯一開けた北側の入り口には、飛鳥寺の伽藍が占地していました。つまり飛鳥宮は、防御のしやすい盆地に設けられたのです。しかも、盆地の中には宮殿・官衙・苑池・寺院が建ち並ぶ、いわゆる公共施設しかありませんでした。皇族や人々の居住地は、尾根をひとつ越えた丘陵部に営まれていたのです。

飛鳥宮の井戸跡の史跡公園から、真っ直ぐ南へと進むと、郵便局の手前で小さな史跡公園に出会います。内郭の南東隅にあたり、掘立柱建物跡の柱が丸太として表示されています。さらに道を進むと左手に大きな駐車場が見えてきます。ここが大極殿とも推定されるエビノコ大殿のあった場所です。残念ながら現在は駐車場となっていますが、すぐ南の公園には、解説板が立てられています。

▼飛鳥川に沿って（川原寺～石舞台古墳～坂田寺跡）【所要120分】

この公園から西に道を下ると飛鳥川に出ます。飛鳥川沿いの周遊歩道をすこし北へ向かうと、小さな橋で飛鳥川を渡ります。旧高市橋《たかいちばし》です。この場所には飛鳥時代から東西道路があり、橋が架けられていました。持統元年（六八七）八月六日条に天武天皇が崩御した時に橋のたもとで人々が泣いたとある記事は、飛鳥川に架けられたこの橋のことと考えられます。そのまま西に進むと、自動車の多く通る県道に出ます。道路の北側には、**川原寺**《かわらでら》の史跡公園が広がっています。川原寺は斉明天皇の菩提を弔うために、中大兄皇子が建てた寺院です。史跡公園の入口は、川原寺南大門跡の基壇です。ここから見ると、中門跡とその両側に回廊跡、回廊内の東側に一段高い塔跡、西側には低い土壇の西金堂があります。そして正面には弘福寺《ぐふくじ》（川原寺）があり、その境内には「瑪瑙《めのう》の礎石」と呼ばれる中金堂の礎石が残されています。中門の両側の回廊をよく見

川原寺（弘福寺）

川原寺跡

ると、回廊復元の高さが異なっています。西側が高く、東側が低くなっています。これは東側の回廊が本物の礎石を展示しているため、復元レベルが低くなっているのです。

　川原寺南大門から南を見上げると、**橘寺**《たちばなでら》の伽藍が見えます。そこに向かって、西門から入りましょう。橘寺は聖徳太子誕生の地の伝承がある寺院です。当時の伽藍配置は、東面する四天王寺式あるいは山田寺式と考えられています。現在の伽藍は江戸時代以降のものですが、古代の伽藍を偲ぶものとしては塔跡の礎石があります。心礎は半地下式で、中央に心柱を受ける円形の穴があり、さらに心柱の添木を受ける彫込みが見られる独特なものです。この他には、飛鳥時代のものと考えられる石造物「**二面石**《にめんせき》」が太子殿の南側にあります。

　東門を出て、階段を降りると、南北の周遊歩道に出ます。この南北道は橘寺の東面大垣を踏襲する道です。ここを南に進み、周遊歩道に沿って東へ曲がると、右手にビニールハウスが並んでいます。**東橘遺跡**です。この地下には、建物に廊状施設がとりつく大規模な遺構が発掘調査で見つかっています。建物が二五度程西偏していることから、対岸の嶋宮に関わる遺跡の可能性もあります。嶋宮の一部、あるいは中大兄皇子宮の

橘寺塔心礎

橘寺

可能性も指摘されています。フグリ山裾の飛鳥川沿いの気持ちのよい周遊歩道をさらに進むと、飛鳥川に架かる玉藻橋があります。

この橋を渡ると、国営飛鳥歴史公園石舞台地区に入ります。石舞台古墳を含むこの地域は、**島庄《しまのしょう》遺跡**と呼ばれています。蘇我馬子の嶋家や嶋皇祖母命《しまのすめみおやのみこと》（糠手姫《ぬかてひめ》皇女・吉備姫王《きびつひめのおおきみ》）の宮、草壁皇子の嶋宮が推定されています。これらの宮には、いずれも庭園が付随していたことが史料からわかります。県道に面したレストランの西側では、一辺四〇メートルの方形の池が見つかっています。これは蘇我馬子の時代と重なり、嶋家の池ともされています。現在は水田になっていますが、南北方向の規則正しい畦のなかに、四五度程傾いた方位の大きな段差が残されています。これは方形池の角部の痕跡が、現在の地割りとして残されたものです。このような痕跡から、古代を思い描くのも楽しいものです。また、県道の南側にある大きな駐車場での発掘調査では、七世紀前半・中頃・後半の建物群が見つかっており、先の居住者の変遷とも一致します。

島庄遺跡から県道に沿って東に向かうと、**石舞台古墳**があります。蘇我馬子の墓とされており、巨石を使った石室は一見の価値があります。さらに進んで都橋を南（奥飛鳥方面）へ。途中、左手に都塚古墳を眺め

島庄遺跡の池の痕跡

二面石

ながら、坂田寺跡に向かいます。現在の県道は、坂田寺の伽藍中心部を斜めに横切っており、山側が一部史跡公園となっています。そこで県道から斜め左への道を少し登ると、「坂田金剛寺址」の石柱があります。ここが鞍作《くらつくり》氏の氏寺であった**坂田寺《さかたでら》跡**です。飛鳥時代の伽藍は未確認ですが、瓦が出土することから、その存在が推定されています。それに対して奈良時代になると信勝尼が建立した伽藍が見つかっています。金堂からつながった回廊の中には、基壇建物が二棟見つかっています。この伽藍の痕跡が里道として残されています。中門は飛鳥川側にあり、門を出た所には、謎の石造物である「**マラ石**」が立てられていました。

　ここは国営飛鳥歴史公園 祝戸《いわいど》地区にあたります。この園路にそって歩いて飛鳥川を清瀬橋で渡ると、目の前に砂利を敷いた駐車場があり、**飛鳥稲淵《いなぶち》宮殿跡**と呼ばれています。現在は、石柱と解説板しかありませんが、駐車場を造るときに発掘調査をすると、宮殿クラスの遺跡が見つかりました。正殿・前殿・脇殿があり、中庭には石敷を施していました。宮殿中心部の建物配置に類似していることから、中大兄皇子・皇極太上天皇が難波から飛鳥へ戻ってきた時に入った「飛鳥川邊行宮《かわべのかりみや》」と推定されています。

飛鳥稲淵宮殿跡

坂田寺跡

▼時間があれば足を伸ばして（オプション・奥飛鳥）【所要70分】

ここから園路に沿って公園を上っていきましょう。途中、研修宿泊所「祝戸荘」を通りすぎ、さらに進むと大きな道に出ます。稲渕と立部を結ぶ新道です。ここを稲渕《いなぶち》側に少し下ってから右手に登る小道に入ります。ここを進むと、通称、案山子《かかし》ロードと呼ばれる道につながります。棚田のなかを地形に沿ってできた道です。ここの展望台からは、坂田集落や棚田がよく見えます。「奥飛鳥の文化的景観」にも選定されている**稲渕の棚田**では、秋の彼岸花まつりの時に、手作りの案山子が並び、畦道には彼岸花の赤いラインが幾筋も見られます。このあたりは、古代には「朝風《あさかぜ》（旦風）」と呼ばれ、「朝風千軒」の伝承もあります。昔はこのあたりに集落があったようです。現在の稲渕集落は室町時代頃に、この朝風から遷されたものと考えられます。

案山子ロードを進むと、飛鳥川に架けられた勧請橋《かんじょうばし》に出ます。この上には**男綱**《おづな》が架けられています。男綱は川や道から入る疫病などを封じるとともに、五穀豊穣を祈る神事とされています。毎年成人式の日（一月第二月曜）に新しい綱に架け替えて、神事が行われています。この勧

勧請橋に架けられた男綱

稲渕のジャンボ案山子

請橋を渡って、稲渕集落の旧道を遡っていきましょう。稲渕集落は、急斜面にへばりつくように家並みが張り付いており、独特な集落形態をしています。これも奥飛鳥の文化的景観の特色のひとつです。さらに進むと、左手（山側）に高い石垣の上に建つ龍福寺《りゅうふくじ》があります。稲渕龍福寺には**竹野王《たけのおう》石塔**があります。天平勝宝三年（七五一）の銘文が刻まれ、もともと「朝風」に立てられていたと考えられることも、集落移転の傍証になります。龍福寺の南には、「南淵先生墓」の石柱があります。この狭い小道を登っていくと、尾根の先端に談山神社と呼ばれる祠のある小さな神社に出ます。ここには**南淵請安《みなぶちのしょうあん》先生の墓**もあり、春には桜が綺麗な景色をしています。南淵請安は乙巳の変の頃に活躍した漢人系渡来人で、南淵請安先生の墓も、元は朝風の地にあったとされています。ここから先は、飛鳥川に沿って自然の豊かなエリアです。さらに進むと、吉野へと抜ける芋ヶ峠を越え吉野川まで出て、川を遡ると、吉野宮（宮滝遺跡）に至ります。持統天皇が夫の天武天皇を想い、何度も足を運んだ思い出の地でした。

写真撮影　相原嘉之（特記あるものを除く）

南淵請安先生の墓

竹野王石塔

第二章　古墳をめぐる——終末期古墳を中心に

今尾文昭

▼橿原神宮前駅発、車窓から

近鉄吉野線は橿原神宮前駅と吉野駅の間をつなぎます。橿原神宮前駅を電車が出発してまもなく、車窓の左手前方に**五条野丸山古墳**《ごじょうのまるやま》の墳丘が見えてきます。真平らな前方部、奥の後円部頂上だけ樹木が茂っています。墳長三一八メートル、奈良県最大の前方後円墳です。五七〇年代に死没記事がある蘇我稲目か、欽明大王か、被葬者論争があります。

ひとつ目の岡寺駅に着く直前、右手に**牟佐坐神社**《むさにます》の鳥居と参道の石段が見えます。『日本書紀』天武元年条には壬申の乱（六七二年）の経過が記されますが、そこに生雷神（生霊神《いくみたまのかみ》とも）が座す「身狭社《むさのやしろ》」が出てきます。牟佐坐神社は「身狭社」の後継です。近世には菅原道真を祭神とする榊（境）原天神でした。それゆえに「身狭社」が古代以来、ここに営まれたものかは検討の必要もあります。しかし、一帯が古代には広く「身狭」とよばれた地域であったことはまちがいないでしょう。社前に高取川《たかとりがわ》が流れています。『万葉集』にある「檜隈川《ひのくまがわ》」はこの川（および支流）のことだといわれています。後方にあたる西から北にかけては橿原ニュータウンが広がります。古代に益田池があった場所で、社前はちょうど池の流入口にあたります。

▼飛鳥駅着、西へ【所要80分】

電車は、車窓右手の高取川に沿って南に向かいます。次の駅が飛鳥駅です。駅前は周遊バスが入るロータリーになっています。総合案内所やレンタル自転車がある飛鳥探訪の玄関口です。

飛鳥駅の改札口を出て、国道一六九号線を横断して東に行けば梅山《うめやま》古墳（現、欽明天皇陵）から野口王墓《のぐちおうのはか》古墳（天武・持統天皇陵）で、その先は石舞台古墳方面、南に行けば高松塚古墳からその先のキトラ古墳方面に行けます。どちらに行こうかと迷うところですが、ここは改札口の反対側にあたる西側丘陵に築かれた古墳の見学から始めます。丘陵は越智岡《おちおか》丘陵とよばれ、駅がある場所はその東端の裾部分にあたります。立地環境や墳丘周囲の造成といった終末期古墳の特色を知るための見て歩きです。

駅の北側、岡寺駅寄りに戻り、踏切を渡ると越《こし》の集落が広がっています。「皇紀二千六百年記念」の石碑が立つ小道を入ると、北側に**越岩屋山《こしいわややま》古墳**があります。方形の墳丘下段（東西の一辺約四〇メートル）に設けられた石段を上り、南に口を開けた横穴式石室に入ります。全長約一八メートル、七世紀中頃に築かれた花崗岩《かこうがん》（石英閃緑岩）の巨石による切石《きりいし》を用いた精緻な石室として有名です。玄室の壁は下段を垂直に、上段を内側に傾けた二段積みで、石室の型式は飛鳥時

第二章では地図Bのエリアを巡る

代の大型横穴式石室の標識で「石舞台式」につづく「岩屋山式」として知られています。

羨道《せんどう》南端の天井にかかる石材は、前端面と傾斜面を平滑に加工しています。家の屋根の妻側部分を意識したものでしょう。石室に入ってすぐに上を見て下さい。幅五・五センチの浅いU字形の溝が彫られています。石室を閉じる扉施設を嵌め込む仕口として設けられたと考えられます。石室を出て裏側にあたる北に回ると、西と北に墳丘を囲う丘陵が見えます。丘陵裾は直線的で墳丘下段の側辺に平行します。南に開く、逆L字形の地形が人為的に造り出されたものと推測します。墳丘周辺の地形を大きく変えるのは、終末期古墳の特徴です。

越岩屋山古墳の横穴式石室

案内板に従ってさきほどの道を上ります。途中には、服部甚兵衛が建てた安政五年（一八五八）の簡略常夜燈型とよばれる道標があります。人の背丈を超すほどの大きさで、上端の四面には仏像の彫刻があります。道標の存在は、この道が近世には御所《こせ》方面へ抜ける街道であったことを物語ります。許世都比古命《こせつひこのみこと》神社の前を過ぎると越集落

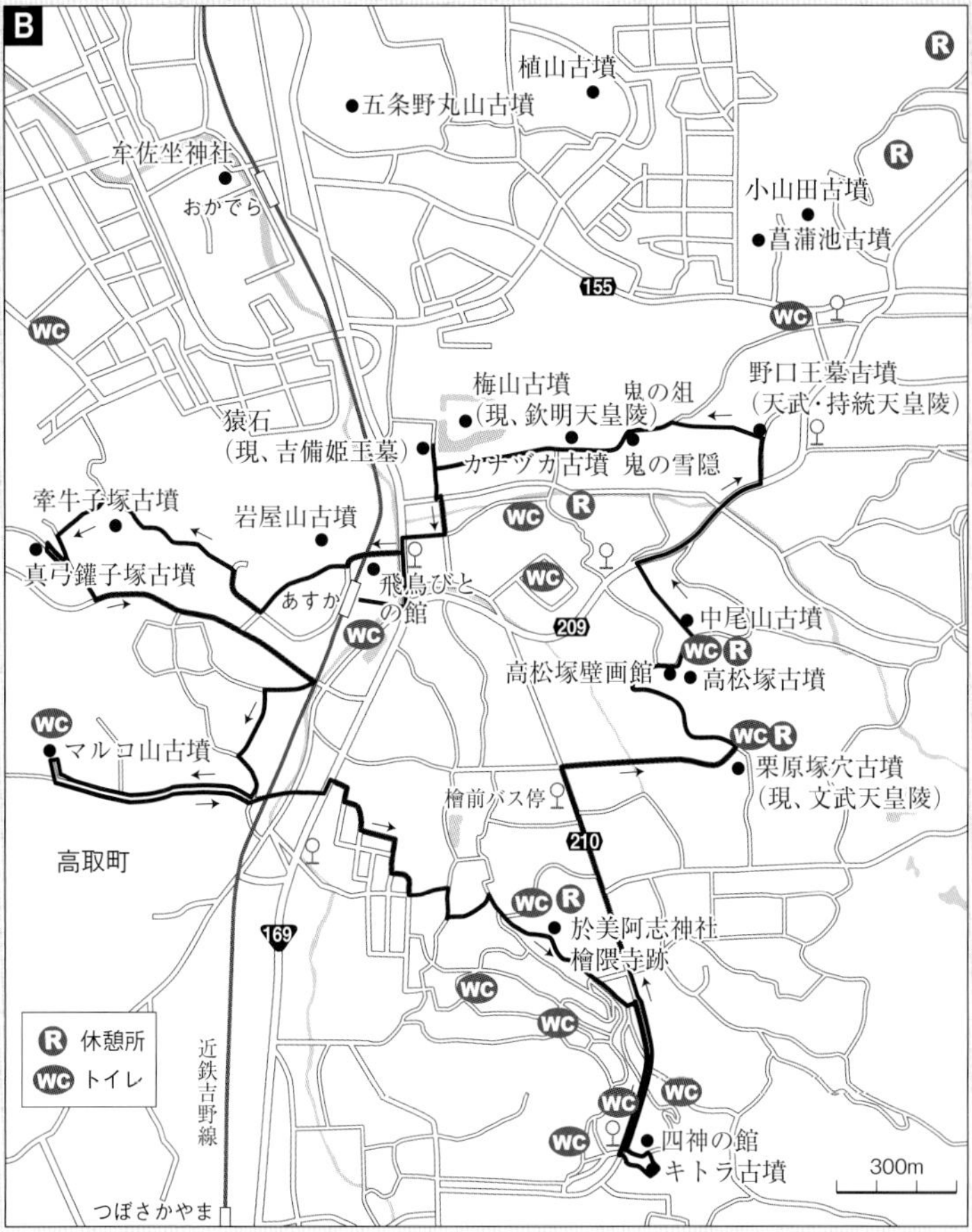

「終末期古墳探訪」ルート図

越岩屋山古墳の墳丘

が途切れます。そこを右となる北側に曲がり少し丘を越えて下がった先を左へ、尾根頂上に**牽牛子塚古墳**《けんごしづかこふん》を遠望することになります。谷間の田畑を横に見ながら、くねくねと農道を上って行くことになります。ただ、史跡整備事業が現在進行中で古墳の墳丘まで行くことはできません。岩屋山古墳からは徒歩約八分、約六六〇メートルの距離です。

墳丘復元と周辺整備が進められていて、以前の姿を知る方からすれば少々、戸惑うかもしれませんが、整備後は越智岡丘陵にある終末期古墳のなかでもぬきんでた存在であることを印象づけることになるでしょう。明日香村教育委員会による二〇一〇年の発掘調査で八角墳になることが確実となりました。石槨を覆う墳丘盛土は三段、対辺間距離二二メートル、さらに外を二段の区画（外周石敷き）がめぐります。被葬者は、斉明大王と間人《はしひと》王女が合葬された「小市岡《おちのおか》上陵《うえのみささぎ》」を充てることに異論なしです。眺望に優れた南に面した支尾根上に立地しており、陵名もそれに相応しいものです。考古学の立場からみれば、七世紀末葉の特徴があると考えますが、この点は『日本書紀』天智六年（六六七）に示された合葬記事とに時期的な矛盾があり、議論をよんでいます。二上山《にじょうさん》凝灰岩《ぎょうかいがん》を刳り抜いた仕切り壁を挟んだ奥行二・一メートル、幅一・二メートルの東西二室が一体となり、同時に閉塞された構造となる横口式石槨《よこぐちしきせっかく》に特色があります。

牽牛子塚古墳の遠景（整備中）

『続日本紀』文武三年（六九九）の修造記事を重視して、すでに別の場所（古墳）に合葬されていたふたりの人物（斉明大王と間人王女）の改葬を前提に築かれたのではないかと、私は考えています。

　牽牛子塚古墳のある尾根上の道を西へ、路傍に掘られたショウガ穴（飛鳥の産物のショウガを地下に貯蔵した穴）を見ながら進み、「カンス塚」の案内板に従って逆V字の方向に山道を下ります。谷間の水田の向こう側の丘陵に、**真弓鑵子塚《まゆみかんすづか》古墳**があります。直径四〇メートルの円墳に今は入ることができませんが、かつては羨道の反対側にあたる玄室北側にも口が開いており、二方向に入り口を備えた不思議な古墳だといわれたこともありました。もっともこれは奥室だと今日では理解されています。玄室の側壁は、上部に行くほど

マルコ山古墳

に石材が前にせり出す持ち送りが著しく、ドーム状となる高い天井が特徴です。六世紀後半代の築造と考えられます。西側には、玄室の床面積に対して天井高のある横穴式石室墳（与楽鑵子塚《ようらくかんすづか》古墳・与楽カンジョ古墳など）が続きます。一帯の古墳からは、ミニチュアの竈《かまど》や髪に飾る釵子《さいし》の出土があります。特色のある構造や出土品からこれらを「東漢氏《やまとのあやうじ》」として史料にあがる渡来系集団が営んだ古墳だと考えられています。

牽牛子塚古墳の西側尾根筋から南へ、ほどなく二車線の農免道路（越智明日香線）に出ます。左側の東方向に曲がり、越集落を見ながら道路を下りて行きます。踏切が見えたら、その手前を右に入ります。近鉄吉野線を左に見ながら真弓の家並みと小道を南に向かいます。左へまた左へ、そして櫛玉命《くしたまのみこと》神社がある森を右方向に回り込み、西へしばらく行くと芝生が張られた**マルコ山古墳**の墳丘が見えて来ます。その奥は真弓（地《じ》ノ窪《くぼ》）の集落です。真弓鑵子塚古墳からは徒歩約三〇分、約一・七キロです。

マルコ山古墳の最初の発掘調査は一九七七年でした。当初は高松塚古墳に続く彩色壁画が横口式石槨内に描かれていることを期待する向きもありました。しかし、内壁全体を漆喰《しっくい》で白く整えていますが、壁画を描くことはありませんでした。奥行二・七メートル、幅一・三メートル、高さ一・三メートル、今は埋め戻され、閉ざされています。石槨の天井は屋根形に掘り込まれています。天井が平らにかかる平天井の高松塚古墳よりは、古い型式だと考えられます。そういえば、牽牛子塚古墳の横口式石槨の内壁上部も屋根形でした。墳丘は対辺間二四メートルの六角形になる可能性があります。東側への眺望が開けます。丘陵の尾根先端の南斜面を削り込んで、墳丘を設けたことがわかります。墳丘は高く、下から見あげると五・五メートル、腰高で山寄せの終末期古墳の特徴をよく示しています。史跡整備がなされていて、手洗い併設の休憩施設もあります。

マルコ山古墳の被葬者は誰か。『万葉集』に収められた柿本人麻呂による川嶋皇子（六九一年没）の挽歌に「越智野《おちの》」が歌われており、越・真弓の一帯に葬地があると考える見解があります。天智天皇の皇子ですが天武・持統朝に活躍した川嶋皇子を充てることに時期や位置、また古墳の規模や構造からみても矛盾はありません。

▼越・真弓から東、檜隈へ【所要60分】

地ノ窪集落の入り口まで戻ります。南に県立高取国際高校が見えます。近鉄吉野線の向こう側、高校がある丘陵の東側を南に抜ける道が巨勢路《こせじ》です。途中では直線的な箇所もあり、地形を開き長く使われてきたことが推測できます。山間を抜けた先は高取町森、そこから北側手前に森王《もりおうの》墓古墳《はか》（現、草壁皇子墓）、奥に束明神古墳《つかみょうじん》があります。奈良時代後半の天平神護元年（七六五）に称徳天皇は紀伊国へ向かう途中、草壁皇子の「檀《まゆみ》山陵」に拝礼したと『続日本紀』は記します。ふたつの古墳のうち、どちらかが該当する可能性があります。いずれにせよ、山陵を通過する際に臨んだわけですから、前期や中期古墳に比べると終末期古墳は随分と規模が小さくなったとはいえ、後世の人からも見られること、つまり可視性にも配慮して築く場所が選ばれたものと思います。

さて、今は紀路を採らず高取川にかかる地ノ窪橋を渡って東に進みます。その向こうは国道一六九号です。「檜隈《ひのくま》」の交差点の横断歩道を渡り、明日香村内ではめずらしい新興住宅地内を道なりに右手にあたる南から東に向かいます。住宅地のなかほど、西福寺に抜ける小道があります。寺の門前を南へ、「檜隈寺跡」を示す案内板に則して左側へ曲がります。低い丘陵を上り、檜隈集落の家並みが現れてほどなく**檜隈寺跡**に到着です。一帯の檜隈（檜前の表記も）は、東漢氏が拠点とした場所です。東漢氏は複数の渡来系氏族の集合体で、平安時代はじめの桓武朝に征夷大将軍となる坂上田村麻呂はその子孫です。

檜隈寺は七世紀後半に建てられた飛鳥時代の寺院ですが、今は於美阿志《おみあし》神社の境内地になっています。社殿の奥には平安時代の十三重石塔（重要文化財）があります。社殿左手の北側の木立《こだち》のなかに礎石が並んでいます。講堂跡です。講堂は版築《はんちく》による瓦積基壇で上面は塼《せん》で飾っていたとされます。北東の礎石（北側柱の東からふたつ目）を、是非とも確認して下さい。黄茶灰色の

檜隈寺の礎石転用（横口式石槨の床石）

礎石は、他とは明らかに色味が異なります。竜山石《たつやまいし》製で側辺に切り込みがあります。横口式石槨の床石材を転用したものです。もっとも、すでに使われていた終末期古墳の石槨用材を持って来たとは考えにくく、何か事情があったと思いますが、うまく解けません。講堂の北側には「檜隈寺跡前休憩案内所」があり、暫らく身体を休ませることができます。マルコ山古墳からは徒歩四〇分、距離二・三キロです。

檜隈寺から歩みを南へ、「国営飛鳥歴史公園キトラ古墳周辺地区」の低丘陵頂上の一本道の先に、「キトラ古墳壁画体験館　**四神《しじん》の館**」があります。保存のために剝ぎ取られたキトラ古墳の壁画を保管、公開するための施設として、二〇一六年に文化庁が開設しました。壁画の精密な映像や石槨の原寸大模型が常設されており、四神を中心に壁画の主題となる世界観を学ぶに最適の施設です。

キトラ古墳は「四神の館」の上方にあります。下段の直径一三・八メートル、上段の直径九・四メートルの二段に築かれた円墳です。一九八三年にファイバースコープで先ず横口式石槨北壁の玄武、その後の小型カメラ撮

キトラ古墳の墳丘

影で他の四神などが確認され、高松塚古墳に次ぐ飛鳥の壁画古墳の発見となりました。

墳丘は、北側の尾根頂上部を背後に南向きに造られています。芝生張りで整備された墳丘の姿を西から南正面に、回り込む動線が設定されています。山寄せの状態を側方から観察できるわけです。四神の姿態を極軟質の鉛筆で紙に転写する乾拓板が手前に置かれています。手製の見学記念品を作ってみてはいかがでしょう。横口式石槨は二上山の凝灰岩の切石を一八枚、組み合わせたもので、奥行二・四メートル、幅一メートル、高さ一・二メートルで漆喰を塗った上に四神の図像、その下に十二支像、天井に星宿《せいしゅく》図《ず》などを描いています。

▼直線上にある終末期古墳、野口王墓古墳へ【所要80分】

キトラ古墳から、ほぼまっすぐ北方向に栗原塚穴《くりはらつかあな》古墳（現、文武天皇陵）、高松塚古墳、中尾山古墳、野口王墓古墳（天武・持統天皇陵）が並びます。さらに北延長上には、藤原宮大極殿があります。かつて、藤原京の中軸線南延長の一直線を「聖なるライン」とよんで格別な終末期古墳がこの線上に営まれたと強調されました。その後は、藤原京の墓域をもっと大きな範囲でとらえようとする見解や飛鳥時代後半の古墳を築く適地がたまたま直線上にあるとする意見も出されています。飛行機にでも乗れば、こういった位置関係を目視することもできるのかもしれませんが、地上からでは間の丘陵に阻まれてしまって、古墳のすがたを相互に認めることはできません。でも当時の人々はこれらの終末期古墳が、ほぼ南北の直線上に並ぶことの意味を認識していたのではないかと私は考えています。こういった課題を思い浮かべながら、キトラ古墳から県道(平田阿部山線)を北に歩きます。

前方はるかに畝傍山《うねびやま》、西に檜隈寺跡を見上げながら進みます。「檜前」のバス停がある十字路を東側となる右に

高松塚古墳の周辺（1972年撮影、奈良県立橿原考古学研究所提供）

栗原塚穴古墳（現、文武天皇陵）

曲がります。緩やかな上りで、途中で檜前川（高取川の支流）にかかる御園《みその》橋を渡り、「高松塚古墳（古墳前駐車場）」の看板を越して進むと**栗原塚穴古墳**（現、文武天皇陵）です。キトラ古墳からは二〇分、距離一・五キロです。生垣に沿って南側に回り込むと拝所と制札、鳥居が立つ正面です。現代の陵墓には、お馴染みの風景です。栗原塚穴古墳は一八八一年（明治十四）に新たに文武天皇の「檜隈安《ひのくまのあ》古岡上陵《このおかのえのみささぎ》」に治定《じじょう》されて、陵墓となりました。かつては古墳ではないとする見方もありましたが、破壊された切石造りの埋葬施設の存在を示唆するレポートがあり、終末期古墳の一つと考えて良いと思います。

なんとか墳丘の様子を窺いたいと生垣のなかに眼を凝らすのですが、常緑樹の繁茂が著しくて、確かな様子がわかりません。それでも、わずかな隙間から背後の丘陵を切断した跡が見え隠れします。それが築造当初のものだとすれば、山寄せの墳丘を造成したと見立てることになります。注目点は、古墳から南への眺望です。けっして高位置にあるわけではないのですが、丘陵の先端の南斜面が選ばれたために、檜隈一帯を見渡すことができます。右手方向には丘陵越しに葛城《かつらぎ》山と金剛《こんごう》山も遠望できます。よく見えるということは、よく見られるということで、檜隈寺跡からも望むことが出来ました。可視性に富むことは、被葬者の生前の社会的地位の反映のひとつでしょう。

高松塚古墳の墳丘

さらに北へ向かいます。一帯は「国営飛鳥歴史公園高松塚周辺地区」として整備されています。公園内は要所に休憩所、遊歩道の各所に案内板が設けられています。ほどなく**高松塚古墳**に到着です。江戸時代には文武天皇陵に擬されたこともありましたが、長く忘れられた存在でした。一九七二年三月の再発見までは、竹林のなかに眠っていました。発掘調査後は、壁画保存のための機械室が下部に設けられ、まるでトーチカのようだと揶揄されたこともありました。しかし、残念なことにカビの発生による壁画と下地となる漆喰層の劣化が二〇〇四年に社会問題化し、横口式石槨は解体されて別施設で修理されることになりました。一方、解体作業にともなう再調査は新たな成果をもたらしました。墳丘の築造方法や石槨石材の構成が判明しました。それらの考古学成果にもとづき芝生を張った墳丘復元が今の姿です。下段の直径二三メートル、上段の直径一八メートルの二段築成の円墳です。高松塚古墳も南側正面ばかりでなく、背後に回っての観察をお勧めします。また少し離れて広く墳丘周囲を眺めてみましょう。丘陵尾根頂上から南斜面を開いた墳丘の築成に気付くことができます。

山寄せの終末期古墳として、キトラ古墳より少し遅く、中尾山古墳よりは少し早く築かれたのではないか。それは、いつのことか。副葬品として出土した海獣葡萄鏡《かいじゅうぶどうきょう》がもたらされた時期が根拠になります。唐代に製作された白銅鏡です。同型の鏡が六九七年に亡くなったことを記す墓誌を持つ中国西安《せいあん》の独孤思貞《どっこしてい》墓から見つかっています。さらに日本にもたらされた契機は、かねて指摘があるとおり慶雲元年（七〇四）に帰国した遣唐使一行による蓋然性が高いものです。しかも飛鳥の終末期古墳に眠る高位の人物の副葬品ともなれば、国家による直接の贈与も想定可能です。八世紀のごくはじめのことだと考えて良いのではないでしょうか。もちろん都が藤原京《ふじはらきょう》（新益京《あらましのみやこ》）の時期のことです。

高松塚古墳の西側下方に**高松塚壁画館**があります。入館して右側には現状模写、左側には一部復元模写を展示しています。実物の壁画は非公開となりましたが、その替わりとして、一九七七年の開館以来、多くの来館者が鑑賞してきました。日本画家の前田青邨・守屋多々志・平山郁夫・近藤千尋・月岡栄貴による模写です。発見から時間を空けることなく取り組まれました。正面には原寸大の横口式石槨レプリカが展示されています。一六石の凝灰岩切石を組み合わせた石槨で、奥行二・六五メートル、幅一・〇三メートル、高さ一・一三メートル、天井は平らです。終末期古墳の石槨は、一人の被葬者の棺が納まるともう隙間がありません。原則として単次葬に対する埋葬施設です。最初に越岩屋山古墳を訪れましたが、追葬を前提に造られた横穴式石室との区別を実感することができます。

　壁画館の前の道を丘陵の上方向に登ります。展望台に行く園路の手前で尾根の背を横切り谷部分にいったん下ります。谷間は園内の広場になっていて、遠足の生徒たちが弁当を広げたり、若者が遊戯に興じたりする風景に出会《でくわ》すこともあります。その向こう側の丘陵上にあるのが**中尾山古墳**です。また、丘陵を上がることにします。南回りと北回りのうち、今回は南を選択して尾根の背に出て石畳の上を行くと、「史蹟中尾山古墳」（一九二七年内務大臣指定）の標柱が見えて来ます。背後に傾斜角度のある墳丘が見えます。基底部の大きさの割に高さが著しい腰高の墳丘です。

　中尾山古墳は一九七四年の発掘調査で八角墳になることが確認されました。埋葬施設の横口式石槨は側石と閉塞石が凝灰岩、天井石と床石が花崗岩で内部は立方体、東西幅九〇センチ、南北幅九三センチ、高さ八七センチ、大きさからみて骨蔵器が納められていたのだろうと推測できます。かねてから『続日本紀』の慶雲四年（七〇七）に「飛鳥岡」に火葬され、五ヶ月の殯《もがり》の後に「檜隈《ひのくまの》安《あ》古山陵《このやまのみささぎ》」に葬られたと記された文武天皇が被葬者だと言われていました。この調査

東から見た中尾山古墳の墳丘と外周石敷（明日香村教育委員会提供）

でそれを改めて確認することになりました。調査後、石槨は大半が埋め戻されて、天井石の一部のみが現われた状態にありました。また北西の稜角の地上表示があり、見学時に注意すれば八角墳としての大きさを知る手掛かりになっていました。

そして先頃（二〇二〇年十一月）、明日香村教育委員会と関西大学文学部考古学研究室の共同調査があり、改めて横口式石槨内部の確認と墳丘および周囲が発掘調査されました。墳丘は三段、従来は二重とされた外周石敷きが三重であることが新たに判明しました。墳丘の対辺間距離は一九・五メートル、高さ四メートル以上、外周石敷きの三重目の対辺間距離は三二・五メートル、墳丘一段、二段は花崗岩の根石に上部は拳大ほどの石材を垂直に積んで基壇状となる一方、三段は版築土のまま報告されました。

石槨は一〇石の切石を組み合わせており、側壁の壁面は朱塗りで側壁・奥壁・閉塞石、隅石などの凝灰岩が竜山石製であることも明確になりました。そして、以前の調査で一重目の外周石敷き部分に上部から転落した状態で出土した沓形《くつがた》石造物ですが、これも竜山石製の凝灰岩であることがわかりました。さらには、鎬《しのぎ》状の稜が造り出された端面の内角が約一三五度になると発表されました。墳丘のどの部分に使われたものか、従来から謎の点が多かった石造物ですが、正八角形の内角に同じということですから、八角墳丘の上部の稜角部分に用いられたと考えられます。

飛鳥時代の大王、天皇のうち舒明・皇極（斉明）・天智・天武・持統、そしてここ文武の山陵は八角墳です（なお、孝徳陵への採用は不明）。方形プランの四隅を切り落とすと八角形プランになりますが、どうしてそれまでの方墳を採用せず、八角墳に舒明大王以降の歴代最高位の為政者は拘ったのか。この調査の研究からその解答が得られるかもしれません。栗原塚穴古墳から中尾山古墳までは徒歩三〇分、距離一・三キロです。

中尾山古墳から野口王墓古墳に向かいます。まっすぐ丘陵の背から北西に段を下り、県道（野口平田線）に出たら右方向の北東に向かいます。歩道は付けられていますが、村内では交通量が多い道路ですから注意して歩きましょう。

実は、この県道部分を一九八二年に奈良県立橿原考古学研究所が発掘調査しています。調査担当は私で、平田金池遺跡・平田大芝遺跡の名前で報告しています。野口王墓古墳（天武・持統天皇陵）と南北で向き合うような位置にある平田金池遺跡は、丘陵斜面の調査でしたが、飛鳥時代の土器包含層を確認しています。七世紀前半の土器類が数量的に多かったものですから、調査範囲外の尾根上に集落の存在があり、一帯に中尾山古墳や高松塚古墳が造営されたのを契機に廃絶

野口王墓古墳（天武・持統天皇陵）

したのではないかと推測しました。調査後は、道路建設で開削されてしまいました。飛鳥といえども、現代社会との折り合いのなかで消滅した遺跡があります。古代飛鳥の正確な歴史復元にはこういった運命をたどった遺跡や古墳にも思考を働かせなくてはなりません。

地形が開けたところで前方を見上げると、緑に覆われた**野口王墓古墳**の姿を認めることができます。中尾山古墳からは約一〇分、宮内庁の駐車場の奥にある石段を上ります。陵前の制札屋形に「檜隈大内陵《ひのくまのおおうちのみささぎ》」とあります。現陵墓は、今日の古代史や考古学の研究から導かれる被葬者に合致しないこともあります。ほかに有力候補となる古墳が存在するというわけですが、ここは立地や内容、時期を考え合わせても天武天皇（六八六年没、六八八年葬）と持統天皇（七〇二年没、七〇三年葬）の奥津城《おくつき》になることに異論はありません。とはいえ、明治政府は当初、この古墳を文武天皇陵に仮に治定していました。それが一八八〇年（明治十三）に京都栂尾《とがのお》の高山寺《こうさんじ》から『阿不幾乃山陵記《あおきのさんりょうき》』が発見されたことで治定替えとなります。

史料は、文暦《ぶんりゃく》二年（一二三五）に当時、「阿不幾乃山陵」（青木御陵とも）とよばれた天武・持統天皇陵へ盗人が乱入した事件があり、その後に行なわれた実検録の写しです。示された内容から、ここが史料にあがる「阿不幾乃山陵」であることが判明したのです。史料にもとづき内部は朱塗りで「内陣《ないじん》」（羨道か）と「外陣《げじん》」（玄室か）に分れ、床石が備わり、「馬瑙《めのう》」（大理石かも）を用いた精緻な構造であったことがわかります。寸法を換算すると、内陣は長さ四・二メートル、幅二・八メートル、高さ二・四メートル、外陣は長さ三・五メートル、幅二・四メートル、高さ二・二メートル、全長七・七メートルになります。

墳丘は辺長一五メートル前後、対辺間距離三七メートル、高さ七・七メートルの八角墳で、外表には二上山の凝灰岩を互の目に積み上げて、段を築いています。五段の墳丘にさらに外周となる石敷きの区画がめぐる復元案が示されていますが、別案もあり確定はしていません。北側に回ると、訪れる季節や時間によっては木漏れ日の隙間に意外によく墳丘が観察できることがあります。外構柵をめぐる道からでも墳丘上部に四角く白っぽい四〇センチほどの石材が見え、また一九六一年に宮内庁による墳丘裾の発掘調査で確かめられた稜角を地上明示するコンクリート柱を見つけることもできます。

今回は向かいませんが、野口王墓古墳から東へ橘寺と川原寺を経て島庄へ、そこには**石舞台古墳**、冬野川にかかる橋をわたり阪田には**都塚《みやこづか》古墳**、川を渡らずそのまま細川の集落に入り果樹園を抜けた木立のなか、墓地の手前には**打上《うちあげ》古墳**があります。山中に少し入るので迷わないように下調べが必要です。それに石室内には先住のコウモリがぶら下がっていることも多いので、心づもりも要ります。一方、野口王墓古墳から北へ**小山田古墳**《こやまだ》が位置します。奈良県立明日香養護学校の敷地に重なっています。遺構は、発掘調査後に埋め戻されています。今は、敷地外から場所の確認のみに止めて下さい。その西側には**菖蒲池古墳**《しょうぶいけ》が営まれています。さらに西方には**植山古墳**《うえやま》、そして、はじめに車窓から望んだ五条野丸山古墳があります。

▼野口から西へ、飛鳥駅まで【所要40分】

それでは野口王墓古墳から丘陵上を西に向かって歩きます。西隣りにあるのが**鬼の俎**《まないた》・**雪隠**《せっちん》**古墳**です。歩道脇の鉄製の手すりが付く石段を数段、上ります。鉄製の柵囲いのなかに花崗岩の平らな大きな石が据わっています。鬼の俎です。昼間でも薄暗い竹林の奥に墳丘の背後となる丘陵の背が見えます。飛鳥の終末期古墳の特徴である北・東・西の三方を丘陵で囲み、南に開く三方山囲みの地形を造りだしています。鬼の雪隠（鬼の厠《かわや》とも）は歩道の下方、こちらも低い鉄製の柵で囲われています。併せて宮内庁の「檜隈坂合陵《ひのくまのさかあいのみささぎ》」（欽明天皇陵）の陪冢《ばいちょう》に定められています。

鬼の俎が底石（床石）、そこに鬼の雪隠が蓋石（天井石）として被さり、ひとつの横口式石槨となります。いつの頃か、墳丘盛土が取られ、蓋石がまくられて分解した上、南斜面に落下して反転の状態になったということです。内法で奥行二・七メートル、幅一・五メートル、高さ一・三メートルになります。

鬼の俎・雪隠古墳の西隣には、**平田カナヅカ古墳**があります。この古墳も三方山囲みの中央に墳丘を設けた終末期古墳です。墳丘上部を失っており、気付かないまま通り過ぎてしまうかもしれないので要注意、明日香村教育委員会の発掘調査で一辺六〇メートルの大型方墳になることが

鬼の俎（石槨の底石）

鬼の雪隠（石槨の蓋石）・**遠景**

梅山古墳（右）**と外堤**（左側歩道の部分）

判明しました。一八九〇年（明治二十三）には石室を解体して石材を持ち出そうとした過去があります。高市郡《たかいちぐん》選出の県会議員西内成郷《にしうちなりさと》は保存を建議します。この時に作成された記録によれば、切石を用いた全長一六メートルほどの「岩屋山式」の横穴式石室になるとみられます。

そして、西隣りに大きな古墳が見えてきました。今回の見て歩きの終点となる**梅山古墳**（現、欽明天皇陵）です。墳丘の側面を見ながら西方向に歩くことになります。墳長一四二メートル、近畿中部の奈良・大阪では最後の前方後円墳として六世紀末葉頃に築かれました。道の途中で立ち止まります。北側の墳丘に向かって右手側が後円部、左手が前方部です。現在、北側は空濠、南側には水が入っています。東西方向の丘陵の南側を切り開いて墳丘を設けています。地形図や航空写真を見ると南に開いたコの字状の地形がよくわかります。現地に立つと、東側の丘陵が南に延びる様子、西側の丘陵が南に延びる様子と北側に尾根の背が見え、三方山囲みの地形を実感できることでしょう。周濠の幅も北が狭く、南が広くなっています。さらに墳丘段築も南が三段、北が二段になるかもしれません。

墳丘の主軸は大いに課題です。一九九七年に宮内庁書陵部による発掘調査があり、西側にあたる前方部前面裾の確認がなされています。その裾をつなぐとほぼ正確に南北を示します。つまり前方部前面は南北方位に則すことを配慮して造られたということです。そうすると、墳丘主軸線はそれに直角の東西方向にあると考えます。それならば、未見の梅山古墳の埋葬施設も正しく南向きに開口していることへの蓋然性が出て来ます。現在、陵墓に治定《じじょう》された古墳（天皇陵古墳、または陵墓古墳と呼称）には、鳥居と拝所があるため前方部前面を正面としますが、実は梅山古墳は南側からの正面

梅山古墳の周辺・西から（1958年撮影、奈良県立橿原考古学研究所提供）

現在、「吉備姫王墓」に移築されている猿石

観を意識して築かれた可能性が高いということです。つまり、今、歩いている道が飛鳥時代の正面だろうということです。

また二〇一〇年のこと、西側を囲う丘陵先端部分（「吉備姫王《きびつひめのおおきみ》墓」の説明板が立つ場所）に対して、奈良県の風致事業に先立ち奈良県立橿原考古学研究所が発掘調査を実施したところ、現在の地表から少なくとも二・五メートル分が盛土になることがわかりました。明治初年に猿石が運び込まれた吉備姫王墓となる場所も基盤は、この際の造成土が及んでいることと思います。丘陵の先端を人為的に継ぎ足したということです。墳丘を囲むことへの拘りが並大抵でないと感じます。

三方山囲みの地形のなかに方位に即した墳丘や埋葬施設の営み、これら飛鳥の終末期古墳の特徴ですが、前方後円墳となる梅山古墳がその嚆矢となります。では、被葬者はだれか。欽明大王、蘇我稲目、また推古大王とみなす意見もありました。ここでの被葬者論は措きますが、もしか、時を溯《さかのぼ》って被葬者葬送の日に出会うとしたならば、朱塗りの大きな石棺は今ほど歩いて来た道部分（実は梅山古墳の外堤になる可能性が高い）を通り、正しく南に口を開いた巨石を用いた横穴式石室に運び込まれて行ったのではないでしょうか。

最後に、**猿石**を訪れます。梅山古墳の西側の「現、吉備姫王墓」に四体分が置かれています。猿石の名付けは江戸時代の人々なので、飛鳥時代にどのようによばれていたかはわかりません。元禄十五年（一七〇二）以降に複数回に分れて、梅山古墳の南側の水田（小字ィケダ）から引き上げられ、江戸時代には梅山古墳の南側のくびれ部から前方部第一段にかけて置かれて、地域社会の信仰を集めました。飛鳥にある謎の石造物のひとつですが、現代人からみれば、なんともユーモラスな造形は、旅の一日の疲れを癒やしてくれることでしょう。平田の集落を抜けると、歩きはじめの近鉄飛鳥駅はもうすぐ、国道一六九号を渡った先です。

写真撮影　今尾文昭（特記あるものを除く）

第三章　『万葉集』の風景——明日香の万葉故地探訪

井上　さやか

▼旅のはじまり

本章では、〈万葉歌で巡る明日香〉をテーマに、明日香村内の万葉故地をご紹介します。『万葉集』は現存する日本最古の和歌集です。全二〇巻、約四五〇〇余首の歌が収められています。さまざまな歌がありますが、大きく分けて「雑歌《ぞうか》」（公的な儀式の歌や旅の歌）・「相聞《そうもん》」（恋の歌）・「挽歌《ばんか》」（死に関わる歌）に分類されます。中には伝説的な人物の作とされた例もありますが、実質的なはじまりは舒明天皇の「国見」の歌（巻一―二番歌）で、おおよそ七世紀前半～八世紀半ばにかけての約一三〇年間にわたる歌が収載されています。その間、飛鳥に諸宮が営まれた時代を経て、六九四年に藤原京へ遷り、七一〇年にはさらに平城京へと遷都されました。飛鳥宮跡がある明日香村にはたくさんの万葉故地がありますが、本章では公共交通機関と徒歩で訪れることのできる場所を中心に、ごく一部をご案内します。一日ですべてを堪能するのは至難の業ですので、ぜひ一泊してみてください。明日香村内には、民宿やペンション、B&B（べ

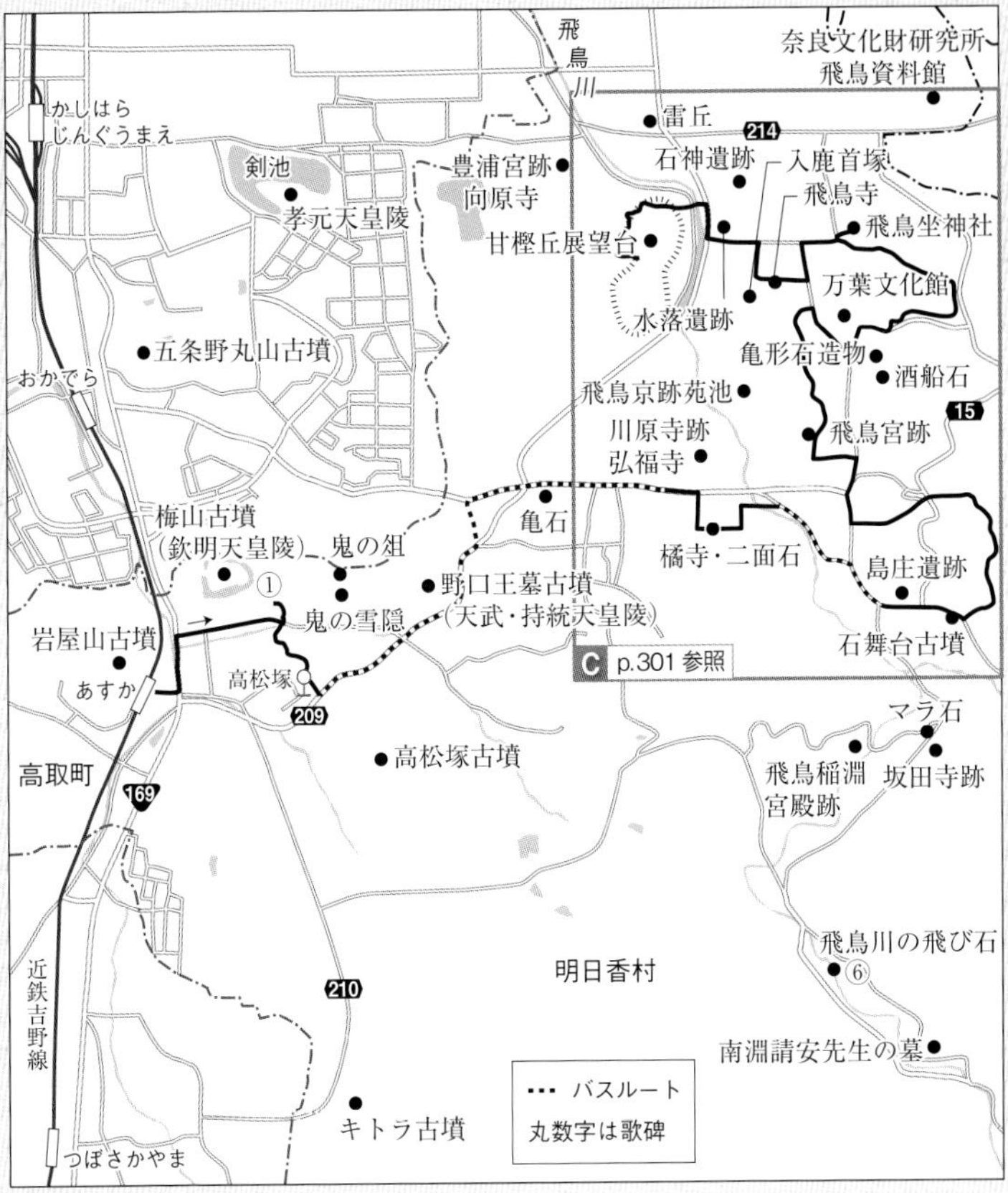

「万葉歌碑探訪」ルート図（全体図）

ッドアンドブレックファスト）、ゲストハウス、一日一組限定の宿などがあり、高級ホテルもオープンの予定です。

あわせて万葉歌碑もできるだけ紹介してまいります。決して歌碑の建つ場所が歌の詠まれた場所というわけではないのですが、一応の目安にしていただければと思います。

旅の出発点は、明日香村内唯一の鉄道駅である近鉄「飛鳥駅」にしましょう。

▼君が手取らば――檜前川【所要20分】

近鉄吉野線「飛鳥駅」の前には、「飛鳥びとの館」という観光案内施設があります。まずはここで「明日香周遊バス1日フリー乗車券」もしくは同「2日フリー乗車券」と「赤かめ周遊バス時刻表」を入手し、目の前のバス停から「赤かめ」バスにご乗車ください。ただし、観光シーズン（春・秋）でも三十分に一本、通常は一時間に一本しかバスはありませんのでご注意ください。

もしもバスの発車までまだかなりの時間があるというときは、駅から徒歩十分足らずで行ける万葉歌碑があります。駅前ロータリーの先、高取川にかかる橋を渡ってすぐの信号を左折し、次の信号を右に曲がります。住宅地の中を進むと左手に入る道がありますのでそこを左折、次の角を右折してください。徐々に上り坂になる、鬼の俎・鬼の雪隠へ向かう道をしばらく歩くと、右手の木立の中にひっそりと万葉歌碑①があります。

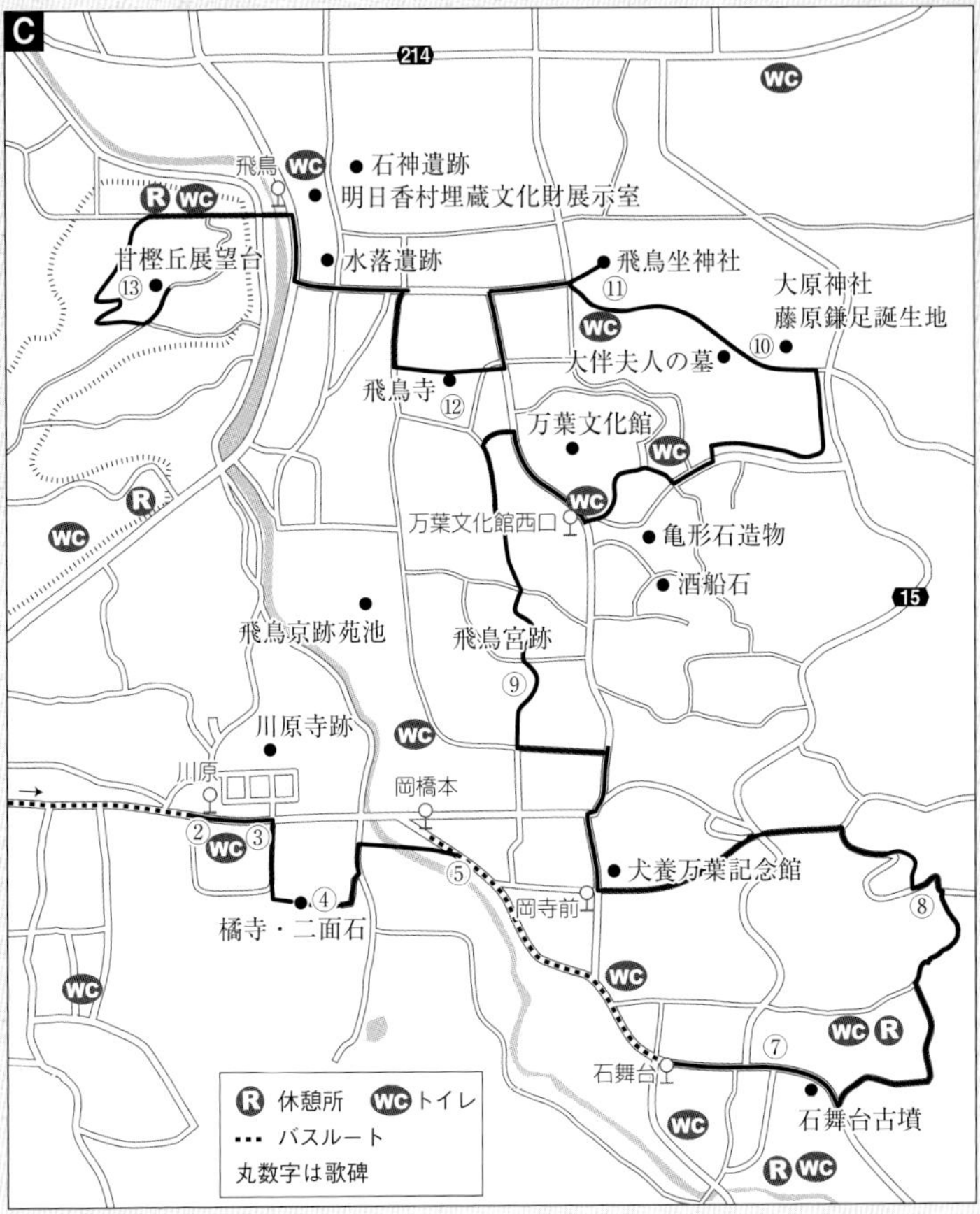

「万葉歌碑探訪」ルート図（拡大図）

佐檜乃熊　檜隅川之　瀬乎早　君之手取者　将縁言毳
（『万葉集』巻七―一一〇九）

この歌碑には「さ檜《ひ》の隈檜隈川《くまひのくまがは》の瀬を早み君が手取らば言寄《ことよ》せむかも」（檜前《ひのくま》を流れる檜前川の流れが速いから、あなたの手にすがったら、人々は言い立てるだろうか）という歌の漢字本文が揮毫《きごう》されています。川の流れにことよせて好きな人の手を取るというモチーフは、地名などを変えてほかにも詠まれています（万葉集巻三―三八五番歌、仁徳記歌謡、など）。現在、檜前川と呼ばれる小川はこの歌碑の建つ場所よりもう少し南を流れていますが、古代には高取川東岸のこの辺り一帯を広く檜前と呼び、歌に詠まれた檜前川とは現在の高取川を指したとみられています。

①巻7-1109「さ檜の隈」の歌碑（犬養孝揮毫）

なお、この歌碑は国文学者の犬養孝《いぬかいたかし》氏の揮毫によるもので、『万葉集』本来の漢字本文が刻まれています。古代日本にはまだひらがなもカタカナもありませんでしたので、『万葉集』はすべて漢字で記されていました。現代語とは異なる用字や独特の当て字のような表記方法などがあり、それぞれの歌をどう訓読するのかは研究者によっても異なります。お手持ちの『万葉集』で確認したり、図書館で複数の本を見比べてみたりするのも、ひと味違った楽しみ方ではないかと思います。

この歌碑の下を通る道に出て小川を渡り、国営飛鳥歴史公園館へ続く遊歩道を進むと、「高松塚」バス停から明日香周遊バスに乗ることができます。

「飛鳥駅」周辺にはカフェや売店などもあり、歌碑に行く途中には猿石（吉備姫王《きびつひめのおおきみ》墓）や欽明天皇陵がありますので、バスの時刻と相談しながらお立ち寄りください。

▼明日香と飛鳥――天武・持統陵【バスの車窓から】

「高松塚」からはしばらく上り坂ですので、思い切って、高松塚古墳、中尾山古墳、天武・持統陵などはバスの中で思いを馳せていただくことにしましょう。

天武・持統陵を見ると、ここに歌碑はないのですが、次の歌が思い出されます。

和銅三年庚戌《かのえいぬ》の春二月、藤原宮より寧楽宮《ならのみや》に遷《うつ》りまし時に、御輿《みこし》を長屋の原に停《とど》めて迥《はる》かに古郷《ふるさと》を望みて作れる歌［一書に云はく、太上天皇《おほきすめらみこと》の御製といへり］

飛鳥《とぶとり》の明日香《あすか》の里を置きて去《い》なば君があたりは見えずかもあらむ　（巻一―七八）

題詞には和銅三年（七一〇）平城遷都の際の歌だとありますが、別の書籍には「太上天皇《だいじょう》」の御製歌《ぎょせいか》として載っていたようです。『万葉集』は現存する最古の和歌集ですが、その編纂当時には、先行する歌集が複数存在していたことがわかっています。

当時の「太上天皇」とは持統天皇のことを指しますが、持統天皇は七〇二年に崩御していますから、この歌は平城遷都以前の作だとする資料もあったことになり、その場合の「君があたり」とは天武天皇陵を意味していたと考えられます。

歌は、飛ぶ鳥の明日香の里を後にしていったならば、あなたのいるあたりを目にすることができなくなってしまうだろうかという内容で、漢字本文は「飛鳥　明日香能里乎　置而伊奈婆　君之當者　不所見香聞安良武」です。「飛鳥」「明日香」がともに含まれている点でも興味深い歌です。

「飛ぶ鳥（の）」は、アスカという地名にかかる枕詞です。枕詞とは、地名など特定のことばを修飾する決まり文句のようなもので、古代日本の歌は文字ありきではなくまずは口承の中で成立したと考えられており、その名残がこうした修辞にみられるといわれています。枕詞は現代語に訳せないことが多く、語調を整えるだけの意味の無いことばとして処理されてしまうことすらありますが、本来は何らかのイメージの連鎖を意識して使われていたと思われます。ここではアスカという地に対するほめ言葉であったとみられ、鳥がたくさん飛ぶのはそこに鳥の餌となる魚や虫が豊富にいるからであり、それは人間にとっても豊かな恵みをもたらす土地であることを意味していますアスカの地を象徴することばが「飛ぶ鳥」であり、「飛ぶ鳥」と言えばアスカの地が連想されるまでに歌の表現が定着してはじめて、アスカを「飛鳥」という文字列でも表せるようになったと考えられます。

「飛鳥」は、現在の明日香村の大字名《おおあざ》の一つでもありますが、一般には飛鳥浄御原宮《あすかきよみはらのみや》などの歴代の宮が営まれていた大字岡を中心とした一帯の古代名として認識されています。一方、「明日香村」という村名は、昭和三十一年（一九五六）に、旧高市郡阪合村《たかいちぐんさかあい》・高市村《たかいち》・飛鳥村が合併した際に採用されたそうです。

「飛鳥」は『日本書紀』などにみられる表記であり、『万葉集』においては「阿須可」「安須可」などの一字一音表記を除くと、むしろ「明日香」と表記される場合が多いので、本章でも原則として明日香を用いています。

▼仮の宿り――橘寺・川原寺【所要40分】

さて、「川原《かわはら》」停留所でバスを降りると、柿本人麻呂の長歌を刻んだ歌碑②を見ることができます。バス停から南へ八十メートルほどのところに橘寺の裏参道口があり、そこに次のような歌碑が建っています。

うつせみと　思ひし時に　取り持ちて　我が二人見し　走り出の　堤に立てる　槻《つき》の木の

②巻2-210「うつせみと」の歌碑（坂本信幸揮毫）

こちごちの枝の　春の葉の　茂きがごとく　思へりし　妹にはあれど　頼めりし　児らにはあれど　世の中を　背きしえねば　かぎろひの　もゆる荒野に　白妙の　天領巾隠り　鳥じもの　朝立ちいまして　入日なす　隠りにしかば　我妹子が　形見に置ける　みどり子の　乞ひ泣くごとに　取り与ふる　物しなければ　男じもの　わき挟み持ち　我妹子と　二人我が寝し　枕づく　つま屋の内に　昼はも　うらさび暮らし　夜はも　息づき明かし　嘆けども　せむすべ知らに　恋ふれども　逢ふよしをなみ　大鳥の　羽易の山に　我が恋ふる　妹はいますと　人の言へば　岩根さくみて　なづみ来し　良けくもそなき　うつせみと　思ひし妹が　玉かぎる　ほのかにだにも見えなく思へば

（巻二―二一〇）

この長歌は、柿本人麻呂が亡くなった妻を悼み「泣血哀慟」（血の涙を流すように嘆き悲しむ）して詠んだと記された歌群の中の一首です。古代日本語において「妹」は、妻や恋人のことを表

中央が三輪山、左に龍王山、右に巻向山を望む

しました。二人の間に生まれた子とともに残された夫の悲哀が、情感豊かに表現されています。

歌の中に「大鳥の羽易の山」という表現があり、三輪山を大鳥の頭部に見立て、それを挟むように位置する巻向《まきむく》山と龍王《りゅうおう》山とが大鳥が羽を広げているように見えることを指すといわれています。この歌碑に正対したときにちょうど遠景として「大鳥の羽易の山」が見えることから、この場所に建立されたようです。奈良女子大学名誉教授である坂本信幸《さかもとのぶゆき》氏の揮毫です。長歌の歌碑は珍しいので、景色とあわせて味わっていただければと思います。

三輪山は『万葉集』や『古事記』『日本書紀』において繰り返し登場する古代の聖地であり、隣接する桜井市内の山ですが明日香村内からもよく見えます。きれいな円錐形《えんすいけい》の山で、額田王《ぬかたのおおきみ》が「三輪山をしかも隠すか雲だにも情《こころ》あらなむ隠さふべしや」（巻一―一八）と詠んだことでも有名です。現在でもこの地域のラン

③巻16-3850「世間の」の歌碑（犬養孝揮毫）

川原寺の回廊跡

ドマークといえます。

バス通りに戻り橘寺の表参道へ向かうと、途中に次の歌碑③もあります。

世間之　繁借廬尓
住〻而　将至國之
多附不知聞
（巻十六―三八五〇）

「世間《よのなか》の　繁《しげ》き刈廬《かりほ》
に　住み住みて　至
らむ国の　たづき知
らずも」

世間という煩わしい仮の宿りの世に住んできて、住みたいと願う浄土への手段を知らないことだという歌で、この歌碑も犬養孝氏の揮毫です。『万葉集』には、川原寺の仏堂の中の倭琴に書かれていた歌だ、と記されています。

橘寺の本堂

④巻16-3822「橘の寺」の歌碑（鈴木芭光揮毫）

県道一五五号線を挟んで向かいに広がっているのが、飛鳥四大寺の一つであった当時の川原寺の回廊跡です。この世を仮の世と考え浄土を希うのは、いかにも仏教寺院らしい内容といえます。川原寺には倭琴《やまとごと》が常備されていたようです。琴《きん》は、現代一般にいう琴《こと》（箏《そう》）とはまったく異なる弦楽器でした。

　表参道を上った先にある橘寺は、聖徳太子ゆかりの寺として知られ、不思議な石像物「二面石」があることでも有名です。その境内には次の歌碑④があります。揮毫者は、明日香村在住の書家・鈴木芭光《はこう》氏です。

橘の寺の長屋に吾率宿《わがゐね》し童女放髪《うなゐはなり》は髪あけつらむか
（巻十六―三八二二）

　橘寺の長屋に連れてきて寝た童女放髪の少女は、もう髪あげをしてほかの男と結婚しただろうか、という作者未詳の古歌です。古代においては、成人女性は髪を結《ゆ》い上《あ》げる風習があり、それが結婚適齢期を表してもいました。
この歌には、そもそも寺の長屋は俗人の寝るところではない、歌の表現も内容重複がある、というような注意書きがあり、それとともに添削された歌が掲載されています。『万葉集』の中でもとても特殊な例です。
巻十六は、そうした由縁のある歌々を収載した巻で、滑稽な歌なども豊富に収められていますので、ご興味がある方はぜひ他の歌もご一読ください。『万葉集』を身近に感じていただけるきっかけになるのではないかと思います。

▼明日も渡らむ――明日香川（飛鳥川）【所要90分】

橘寺の東門から出ると、すぐそこを飛鳥川が流れています。橋を渡り、川沿いの道を石舞台方面へ向かう途中にも、犬養孝氏揮毫の歌碑⑤が佇んでいます。

明日香河　瀬湍之珠藻之　打靡　情者妹尓　因来鴨
「明日香川　瀬瀬《せぜ》の珠藻《たまも》の　うち靡《なび》き　情《こころ》は妹に　寄りにけるかも」
（巻十三―三二六七）

明日香川の瀬々の玉藻《たまも》が靡《なび》き流れるように、心は妻に寄ってしまったことだ、という作者未詳歌です。玉藻とは美しい藻のことで、「玉」は藻の形状ではなく美称です。水中の藻が水の流れに沿ってなびいていくように、愛しい女性の方へ心が引き寄せられることを表現しています。万葉歌において、玉藻は女性の黒髪を描写する場合にも用いられました。この歌では男性側の心情を表現していますが、美しい女性の黒髪をも連想させるような気がします。目の前を流れる飛鳥川を見ながら、言葉が紡ぐイメージの連鎖が楽しめます。

道なりに進むと、瓦屋根を頂く南都銀行明日香支店が見えてきます。その近くに「岡橋本《おかはしもと》」のバス停がありますので、石舞台古墳までの上り坂はバスで移動しましょう。

明日香村は、いわゆる「明日香法」によって村全体が歴史的風土保存の対象となっていることから、銀行やコンビニエンスストアも瓦葺で建物の高さや色も制限されています。他ではなかなか見られない、そんな銀行やコンビニエンスストアも旅の風情を演出してくれます。

足をのばせるなら、上流にある「飛鳥川の飛び石」もぜひ一度訪れてみてください。そこにも万葉歌碑⑥があります。

⑤巻13-3267「明日香川　瀬瀬の珠藻」の歌碑（犬養孝揮毫）

⑥巻11-2701「明日香川　明日も渡らむ」の歌碑（犬養孝揮毫）。飛び石のほとりにある

明日香川　明日文将渡　石走　遠心者
不思鴨
（巻十一―二七〇一）
「明日香川　明日も渡らむ　石橋の　遠
き心は　思ほえぬかも」

明日香川の名のごとく明日も渡っていこう、石橋のように間遠な心は考えられないことだ、という歌です。「石橋」とは石製の橋ではなく今でいう飛び石のことであり、川の流れの中に点々と置かれた石を渡って対岸の集落と行き来したようです。

この歌のように、明日香川は「明日」という言葉に掛けて「昨日」「今日」とからめて表現されることもありました。柿本人麻呂は明日香皇女《あすかのひめみこ》挽歌（巻二―一九六〜一九八）の中で、「御名《みな》にかかせる明日香川」（一九六）と詠み、さらに「明日香川明日だに見む」

（一九八）とも詠むことで皇女の名前と川の名前を、さらに「明日」という言葉を掛けて表現しており、すでに持統天皇代に後世の歌枕化に繋がるイメージの連鎖が生じていたことがうかがえます。平安時代以降も数多くの和歌に詠まれた名所でした。

歌に詠まれた「石橋」が当時どこにあったのかは不明ですが、現在は棚田《たなだ》で有名な奥飛鳥の稲《いな》渕《ぶち》地区において復元されています。車道から土手を下った所に歌碑と飛び石があり、学生の頃の夏の踏査旅行で学友と清流に足を浸して涼んだ覚えがあります。また、この辺りから眺める夕日も格別で、畝傍山と二上山の向こうへ沈んでいく太陽と、周辺の棚田や茅葺屋根がだいだい色に照らされていくのを見て、自然と心が穏やかになっていったおぼえがあります。「男綱《おづな》」と呼ばれる勧請綱《かんじょうづな》が目と鼻の先にあり、季節によってはホタルが飛び交う様子もご覧いただけます。

晩秋の稲渕地区の棚田

明日香周遊バスには、輪行バッグに入れた自転車を積載することが可能ですので、奥飛鳥までの上り坂に挑戦してみては。脚力に自信がないという方には、観光タクシーがお勧めです。時間単位で貸し切りにでき、マニアックな観光ルート設定も自由自在です。

▼君いまさずとも——石舞台古墳（島庄）・岡寺（龍蓋寺）【所要60分】

「岡橋本」から二つ目の停留所が「石舞台」で、明日香村内でもっとも多くの方が訪れる観光スポットです。蘇我馬子の墓といわれていますが、近世には露出していたようで墓誌などは出土していません。

そんな石舞台古墳と道を挟んだ所にある小さな休憩所には、ひっそりと万葉歌碑⑦が建っています。

御食向《むか》ふ　南淵山《みなぶちやま》の　巌《いはほ》には　ふれるはたれか　消え残りたる　（巻九—一七〇九）

犬養孝氏が師と仰いだ国文学者・辰巳利文《たつみとしぶみ》氏の揮毫です。先述の「明日香法」制定のきっかけを作った人物の一人であり、『明日香村史』の編集委員長でもありました。

御食に供える蜷《みな》——南淵山の岩には、降ったまだら雪が消え残っているのだろうか、という内容で、「御食《みけ》」とは神饌を意味し、蜷《タニシ》を供したことに拠る表現かといわれています。「南淵山」とは多武峰《とうのみね》の南方の稲淵あたりの山地を指すと思われ、「南淵」が後世に「稲渕」となったとされます。先述のとおり、現在の稲渕は奥飛鳥の文化的景観地区として知られています。この場所から遠望できることから建立されたようです。歌にあるように、雪がまだらに積もる日に訪れたい歌碑です。明日香の観光シーズンは春と秋ですが、冬の明日香も風情があります。

　蘇我馬子はこの近くに邸宅を構え、当時まだ珍しかった人工池を備えた庭を有していたことから、「嶋の大臣《おおおみ》」とも呼ばれました。乙巳《いっし》の変で蘇我本宗家《そがほんそうけ》が滅んだあとは草壁皇子の宮として活用され、草壁皇子への挽歌では「島の宮勾《まがり》の池」（巻二―一七〇）や「島の宮上《かみ》の池」（巻二―一七二）などと詠まれています。

　石舞台古墳から岡寺へ向かう山中の遊歩道沿いには、その歌碑⑧が建てられています。

　嶋宮　上池有　放鳥　荒備勿行　君不座十方

「島の宮　上の池なる　放ち鳥　荒びな行きそ
君いまさずとも」　（巻二―一七二）

⑦巻9-1709「御食向ふ」の歌碑（辰巳利文揮毫）

　島の宮の上の池の放ち鳥よ、すさんでいくな、君がいらっしゃらなくても、と亡き草壁皇子を悼んだ歌です。島の宮の池の鳥に呼びかけるような表現ですが、草壁皇子に仕えていた者同士で言い交しているような趣が感じられます。同様の歌が二十首以上残されており、草壁皇子が臣下たちに愛されていた様子がうかがわれます。

石舞台古墳周辺には、レストランやカフェ、お土産物屋などが点在していますので、お昼休憩にもピッタリです。公園として整備されていますので、気候の良い時期ならばお弁当を広げるのも気持ちがいい場所です。

時間に余裕がある方は、岡寺《おかでら》（龍蓋寺《りゅうがいじ》）へも足をのばしてみてください。龍を封じたという池のある日本最初の厄除霊場とされ、ご本尊の如意輪観世音菩薩は日本最大の塑像です。三重塔が建つ場所からの眺めも素晴らしく、ここから一度だけ見た、黄金の光の塊のような夕日が金剛山地に沈んでいく様子の神々しさは、いまだに忘れられません。

▼都を遠み——飛鳥宮跡【所要120分】

岡寺の参道を下ると「岡寺前」のバス停があります。「石舞台」からこのバス停までバスに乗っての移動も可能です。もともと岡寺があった場所は現在の治田《はるた》神社境内で、バス停の傍には立派な鳥居があります。この鳥居は『西国三十三所名所図会』にも描かれており、道幅もほとんど変わっていないと思われます。水路や格子窓の古民家など、近世の面影が残るまちなみが楽しめます。

飛鳥宮跡に向かう途中には、旧南都銀行明日香支店の建物を利用した、犬養万葉記念館があります。数多くの万葉歌碑を揮毫した国文学者・犬養孝氏を顕彰する施設です。中庭には高市皇子が十市皇女の死を悼んで詠んだ歌（巻二―一五八）の歌碑もあります。同館作成の明日香村内の万葉歌碑マップが手に入りますので、ぜひ立ち寄ってみてください。

飛鳥時代とは、七世紀から八世紀にかけてこの辺りに営まれていた飛鳥岡本宮・飛鳥板蓋宮・後飛鳥岡本宮・飛鳥浄御原宮といった歴代の天皇の宮の名にちなんでいます。かつてそれらは別々の場所にあったと考えられていましたが、発掘調査によってほぼ同じ場所にあったことがわかり、その場所は現在、「飛鳥宮跡《あすかきゅうせき》」として国の史跡に指定されています。石敷き井戸跡や建物の柱跡などで、往時の姿をしのぶことができます。

志貴皇子《しきのみこ》が藤原京遷都後に詠んだ「明日香風」の歌は有名です。その漢字本文を平山郁夫《いくお》氏が揮毫した歌碑⑨が、飛鳥宮跡に建てられています。

⑨1-51「采女の」の歌碑（平山郁夫揮毫）

采女乃　袖吹反　明日香風　京都乎遠見　無用尓布久
（巻一―五一）

「采女の　袖吹き返す　明日香風　都を遠み　いたづらに

吹く」

采女とは天皇の身の回りの世話などに従事した才色兼備の女官のことをいい、高松塚古墳壁画の女性たちが着ているような袖の長いきらびやかな服を着ていたとみられます。彼女たちの袖を吹き翻《ひるがえ》す明日香の風は、都が遠くなってしまったのでただむなしく吹いている、と表現されていますが、飛鳥浄御原宮と藤原宮とはせいぜい五キロ程しか離れていません。藤原京は日本初の中国式都城であり、律令国家形成の画期であったともいえることから、実際の距離ではなく、心理的な隔世の感を表現したのではなかったかと考えられます。志貴皇子は皇族ではありましたが、皇位とは無縁の生涯でした。

近年、隣接する飛鳥京跡苑池遺構も確認され、古代東アジアの庭園文化の中でも特異な苑池として話題となりました。奈良県立飛鳥京跡苑池休憩舎で一休みしながら、古代の飛鳥宮と庭園に思いを馳せるのも一興かと思います。

そこから用水路沿いの遊歩道を辿《たど》ってバス通りに戻ると、酒船石遺跡や筆者の勤務先である奈良県立万葉文化館があります。美術館と博物館をミックスしたような施設で、最古の鋳造銭《ちゅうぞうせん》である富本銭が作られていた古代の工房跡でもあり、『万葉集』をテーマにした展覧会や古代文化を体感できる展示や、図書室、カフェなどもあります。万葉庭園内ではお弁当を広げることも可能ですし、周辺にはレストランやお土産物屋も点在しています。ぜひお立ち寄りください。

▼大君は神にしませば——大原（小原）・飛鳥坐神社【所要60分】

万葉文化館の東側には、万葉歌に「大原《おおはら》」（現在は小原《おおはら》）と詠まれた地があります。館内のカフェから見える集落がそれで、藤原氏の拠点の一つがあったとされています。『大和名所図会』にも描かれた藤原鎌足生誕の地とされる大原神社には、天武天皇と藤原夫人とが交わした歌の碑⑩があります。

吾里尓　大雪落有　大原乃　古尓之郷尓　落巻者後
（巻二―一〇三）

［わが里に大雪《おほゆき》降《ふ》れり大原《おほはら》の古《ふ》りにし里に降らまくは後《のち》］

吾岡之　於可美尓言而　令落　雪之摧之　彼所尓塵家武
（巻二―一〇四）

［わが岡の龗《おかみ》に言ひて降らしめし雪のくだけしそこに散りけむ］

天武天皇が、わが里には大雪が降っている、大原の古

⑩巻2-103、104天武天皇、藤原夫人の歌碑（犬養孝揮毫）

びた里に降るのはもっと後だろうね、と飛鳥浄御原宮から詠んだのに対して、藤原夫人が、わが岡の龍神に言いつけて降らせた雪のかけらがそちらに散ったのでしょう、と返しました。

万葉歌において、雪は豊作の吉兆として表現されます。この歌でも、わが里に大雪が降ったというのは、飛鳥浄御原に天からの恵みの大雪が降ったことを意味し、藤原夫人のいる「古りにし里」と対比させて冷やかしたようです。それに対して藤原夫人は、それはわが里の龍神が降らせた雪のかけらだとやり返しています。大原と飛鳥浄御原宮とは直線距離で一キロメートルも離れていませんから、どちらもほぼ同時に雪が降ったと思われ、親し気で軽妙な歌のやり取りといえます。「夫人」とは中央豪族出身の天皇の妻に与えられた称号で、当時は一夫多妻制、別居も一般的でした。

大原神社の前の小道を下ると、飛鳥坐《あすかにいます》神社の目の前に出られます。奇祭といわれる「おんだまつり」で知られる飛鳥坐神社の境内には、次の歌碑⑪が建てられています。

皇者　神尓之座者　赤駒之　腹婆布田為乎　京師跡奈之都　（巻十九―四二六〇）

［大君は　神にしませば　赤駒の　腹這ふ田居《たゐ》を　都と成しつ］

大伴《おおとも》御行《みゆき》が壬申の乱（六七二年）の平定後に詠んだ、天武天皇を讃える歌です。

「大君は神にし坐せば」とは、天皇の威徳を讃える特異な表現で、後句に人間業では実現不可能な内容を詠むことで神性を強調する手法です。壬申の乱の平定は、それほどの偉業として表現されたことになります。この歌が『万葉集』に収められたのは、その八〇年後の七五二年のことだとも記されており、その頃、壬申の乱を振り返り顕彰する機運があったようです。

この歌に詠まれた都とは藤原京のことだという説もありますが、八〇年後の奈良時代の人々にとって重要だったのは、皇統のルーツとしての飛鳥の地であったとみられます。当時すでに上皇となっていた聖武天皇は、在世時から天皇行幸やそうした儀礼の場における長歌を復活させるなど、天武・持統朝を回顧する政策をとっています。そしてこの歌が詠唱され記録された天平勝宝四年（七五二）二月とは、東大寺の大仏開眼会《だいぶつかいげんえ》の直前にあたります。そこに、皇統のルーツとしての天武天皇の飛鳥浄御原宮をあらためて顕彰し印象付ける必然性があったと考えられます。

⑪巻19-4260「大君は」の歌碑（犬養孝揮毫）

先掲の「飛ぶ鳥の明日香」の歌のように、平城遷都の際にも直前の藤原京ではなく明日香を惜しむ歌が詠まれていますし、奈良時代になってからも、大伴坂上郎《おおとものさかのうえのいら》女《つめ》らが飛鳥を「故郷」と詠み、山部赤人《やまべのあかひと》が明日香古京を讃えました。

▼飛鳥寺【所要30分】

飛鳥坐神社の前には飛鳥寺へ続く道があります。今も路線バスが通る明日香のメインストリートの一つで、家々の屋根をすり抜けるようにバスが通ります。毎日のことではありますが、通勤バスで通るたびに、運転手さんたちの熟練の運転技術に心の中で拍手を送らずにはいられません。かつてはこの道にもう一つ大鳥居があったようで、写真家の入江泰吉《いりえたいきち》氏の昭和期の写真には、その頃の村の様子が映り込んでいます。

最古の本格的寺院とされる飛鳥寺の境内には、先ほど言及した山部赤人が詠んだ明日香を讃えた長歌の歌碑⑫があります。

三諸乃　神名備山尓　五百枝刺　繁生有　都賀乃樹乃　弥継嗣尓　玉葛　絶事無　在管裳　不止将通　明日香能　舊京師者　山高三　河登保志呂之　春日者　山四見容之　秋夜者　河四清之　旦雲二　多頭羽乱　夕霧丹　河津者騷　毎見　哭耳所泣　古思者

（巻三―三二四）

反歌

明日香河　川余藤不去　立霧乃　念應過　孤悲尓不有國

（巻三―三二五）

国文学者・佐佐木信綱《ささきのぶつな》揮毫の歌碑で、飛鳥寺の南側に広がる農地が、先述のとおりかつて飛鳥諸宮が営まれた場所にあたります。

長歌に詠まれているような高々とそびえる山も雄大な川も、実際の明日香にはありません。山部赤人は、中国文学を学び、それを倭語化して、山と川、春と秋、朝と夕、と対句表現を用いて理想の景を表現することで、明日香を讃えました。そんな明日香の旧き都を思慕し、絶えず通うと表明しています。反歌でも、そうした明日香を象徴する景として明日香川を取り上げ、川霧がなかなか消え去らないように、自分の明日香への思慕も簡単には消えないと表現しています。

先述したような飛鳥が「故郷」であるという共通認識は、歴代の天皇の宮が営まれた記憶に基づくと考えられます。しかも『万葉集』の実質的な幕開けが飛鳥岡本宮で政治を行った舒明天皇の国見歌《くにみうた》（巻一―二）からであり、『古事記』はその序文において編纂の契機を飛鳥浄御原宮で即位した天武天皇の発言に求め、『日本書紀』は飛鳥浄御原宮で政治を行った最後の天皇である持統天皇をもって閉じます。これらのことからみても、奈良時代の人々にとって、飛鳥が特別な意義を持つ土地であったことは間違いないといえるでしょう。

⑫巻3-324、325山部赤人の長歌の歌碑（佐佐木信綱揮毫）

▼旅のおわりに――甘樫丘【所要60分】

飛鳥寺の西門から出て、入鹿首塚を見ながら民家の間を抜けると、飛鳥川にかかる橋が見えてきます。そこを渡った目の前が甘樫丘です。売店のあるあたりから階段で上るルートがあり、その中腹には次の歌碑⑬があります。

采女乃　袖吹反　明日香風　京都乎遠見　無用尓布久　（巻一－五一）

飛鳥宮跡に建っていた歌碑と同じ歌ですが、こちらは犬養孝氏揮毫です。高度成長期にこの丘の上にホテルを建設する計画が持ち上がりましたが、この歌碑が建ったことで立ち消えとなったそうです。いわば景観保全運動のモニュメントのような歌碑といえます。

その当時は、現在の史跡「飛鳥宮跡」はまだ「伝飛鳥板蓋宮跡」と呼ばれており、飛鳥浄御原宮はもっと北方にあるという説が有力でした。この歌碑が甘樫丘の北寄りにあるのも、そのためと思われます。

志貴皇子は、子の一人が後に光仁天皇となったことから、没後に春日宮《かすがのみや》御宇《にあめのしたしらしめす》天皇《すめらみこと》と追尊《ついそん》されました。以降、奈良時代に回顧され顕彰された天武天皇系ではなく、天智天皇の皇統となります。

甘樫丘の頂上は展望台として整備され、中大兄皇子（後の天智天皇）が歌に詠んだ香具山・耳成山・畝傍山のいわゆる大和三山や、藤原宮跡、遠くには二上山や生駒山も見えます。東側に目を転じれば飛鳥宮跡が一望できます。ここから藤原京は目と鼻の先でした。どちらも盆地ではありますが、その規模の違いは一目瞭然です。志貴皇子が隔世の感を感じたのも当然のことと思います。

⑬巻1-51志貴皇子の歌碑（犬養孝揮毫）

そして、ここに都があった時代も、その頃から現代までの約一三〇〇年の間にも、さまざまな自然災害や疫病、戦争などがありました。しかし、万葉歌には個人を悼む挽歌はあるものの、そうしたネガティブな事象はほとんど詠まれていません。和歌が個人的な心情を詠むものだからでもあるでしょうが、死者の魂を鎮め、人々の心を潤すのが和歌なのだと思います。

早春の蠟梅《ろうばい》の香り、満開の桜と菜の花、空を映す田んぼ、輝くような若葉たち、ホタル飛び交う夜、蟬しぐれ、にわか雨のにおい、山々から立ち上る雲、たなびく稲穂と曼珠沙華《まんじゅしゃげ》、鈴虫松虫の大合唱、目にも鮮やかな紅葉、黄金色の夕日、夜の暗さと静けさ、明け方の川霧、まだらに積もった雪、……。

明日香村は四季折々、時々刻々にさまざまな顔を見せてくれます。本章でご紹介できたのはほんの一部にすぎません。

現在もまた未曽有の苦難に襲われています。絵画や音楽、詩歌など、芸術文化の力が、次の時代を拓いていく原動力になることを願っています。

写真撮影　中央公論新社写真部

第一部　「飛鳥学」編
……『読売新聞』奈良版2017年4月12日～2020年3月25日連載
「飛鳥学　冠位叙任試験より」を加筆修正

第二部　座談会　古都飛鳥の百年、これからの飛鳥
……2019年12月12日、古都飛鳥保存財団事務所にて収録

第三部　周遊紀行　飛鳥見て歩き
……書き下ろし

マ　行

ヤ　行

ワ　行

タ　行

ナ　行

ハ　行

カ　行

サ　行

索　引

（地名・遺跡・遺物・宮殿・寺院など）

ア　行

写真提供・撮影掲載協力

宮内庁侍従職
宮内庁書陵部
文化庁
独立行政法人国立文化財機構 奈良文化財研究所
奈良県立橿原考古学研究所
奈良県立万葉文化館
橿原市
明日香村教育委員会

国文学研究資料館
國學院大學図書館

法隆寺
飛鳥寺（安居院）

相原嘉之
井上さやか
今尾文昭
大森亮行
岡林孝作
西本昌弘

世界遺産「飛鳥・藤原」登録推進協議会
古都飛鳥保存財団

読売新聞社
中央公論新社写真部

執筆者一覧（五十音順）

相原嘉之（あいはら・よしゆき）
1967年生まれ。明日香村教育委員会文化財課長などを経て、現在、奈良大学文学部文化財学科准教授。専門は日本考古学。

石橋茂登（いしばし・しげと）
1972年生まれ。奈良文化財研究所都城発掘調査部などを経て、現在、同研究所飛鳥資料館学芸室長。専門は考古学。

井上さやか（いのうえ・さやか）
1971年生まれ。中京大学非常勤講師などを経て、現在、奈良県立万葉文化館指導研究員。専門は日本文学。

今尾文昭（いまお・ふみあき）
1955年生まれ。奈良県立橿原考古学研究所調査課長を定年退職後、現在、関西大学文学部非常勤講師など。専門は日本考古学。

大森亮尚（おおもり・あきひさ）
1947年生まれ。兵庫大学教授などを経て、現在、古代民俗研究所代表。専門は上代文学・民俗学。

岡林孝作（おかばやし・こうさく）
1962年生まれ。現在、奈良県立橿原考古学研究所副所長、兼附属博物館長。専門は日本考古学。

杉平正美（すぎひら・まさみ）
1953年生まれ。現在、公益財団法人古都飛鳥保存財団理事。

鶴見泰寿（つるみ・やすとし）
1969年生まれ。現在、奈良県立橿原考古学研究所資料係長。専門は日本古代史

西本昌弘（にしもと・まさひろ）
1955年生まれ。宮内庁書陵部主任研究官を経て、現在、関西大学文学部教授。専門は日本古代史。

森川　実（もりかわ・みのる）
1974年生まれ。現在、奈良文化財研究所都城発掘調査部主任研究員。専門は日本考古学。

協力　公益財団法人 古都飛鳥保存財団

本文ＤＴＰ　　今井明子
本文地図作成　ケー・アイ・プランニング

装幀　小林ひとみ（ケー・アイ・プランニング）
カバー写真撮影　八木沼卓（中央公論新社写真部）

飛鳥《あすか》への招待《しょうたい》

2021年３月25日　初版発行

著　者　飛鳥《あすか》学《がく》冠《かん》位《い》叙《じょ》任《にん》試《し》験《けん》問《もん》題《だい》作《さく》成《せい》委《い》員《いん》会《かい》

編　者　今《いま》尾《お》文《ふみ》昭《あき》

発行者　松 田 陽 三

発行所　中央公論新社

〒100-8152　東京都千代田区大手町1-7-1
電話　販売 03-5299-1730　編集 03-5299-1740
URL　http://www.chuko.co.jp/

印　刷　図書印刷
製　本　大口製本印刷

Published by CHUOKORON-SHINSHA, INC.
Printed in Japan　ISBN978-4-12-005417-4　C0021